JN117296

オーストリアの民話

アルプスの人びとの世界

窪 明子 著

刀水書房

まえがき

十数年前の三月、ウィーンから約五十キロ離れたヴィーナーノイシュタット市に住む友人を訪ねたとき、友人の飼っていた亀が、ねずみに甲羅をかじられ、肉を食べられ、瀕死の重傷を負っていた。友人の話では、当時、付近一帯にねずみがはびこって、大変な被害を及ぼしているのだが、猫いらずを使用してもねずみを撲滅できず、市をあげてねずみ退治に躍起になっているということだった。

友人の話は、私にドイツの有名な民話「ハーメルンの笛吹き男」を連想させ、ねずみの害が単なる荒唐無稽な作り話でないことを実感させられた。その後、まもなく、ウィーン郊外のコアノイブルク市にも、ハーメルンの笛吹き男に瓜二つの話が伝わっていることを知り、大変興味深く思った。ねずみの害が、ドイツ・オーストリアに普遍的であること、中世のみならず、科学の進んだ現代にも起こっている事実が、民話の持つ重みとなって感じられた。友人の亀は幸い生きながらえたが、冬眠もできず、私が訪れた時には、ようやく甲羅の穴がふさがり、白い膜のようなもので覆われているだけで、まだ動くこともできなかった。私は甲羅にできた一円硬貨ほどの穴を見ながら、ねずみの害の恐ろしさに背筋が寒くなった。そしてこれが、オーストリアの民話の語る現実を目のあたりにした始まりであった。

オーストリアは、国全体がアルプス山脈の中にあり、人びとはアルプスの放牧による酪農を中心として生計を立てている。オーストリアの民話の大部分は、そのような人びとの生活から生まれたもので、そこには、厳しい自然と戦いながら必死に生きる人びとの姿が躍動しているといえよう。現在でも、毎年、雪崩、土砂崩れ、川の氾濫が報告され、犠牲者や多くの被害があとを絶たない。かつて、人びとはそれを増上慢への天罰として呪う反面、底意地の悪い悪魔や魔女のしわざに見立てて、悪魔払いを行なった。いまから二十年近く前のことになるが、ある夏、二カ月も長雨が続いて冷害に見舞われ、牛が乳を出さなくなった年があった。これは寒さの結果、牛が健康を害し、乳が出なくなったのだが、民話の時代には、さしづめ、魔女のしわざとされ、魔女払いが行なわれたことだろう。

また、「美しく青きドナウ」で有名なドナウ川も毎年氾濫を繰り返して、犠牲者も多い。氾濫は、ドナウ川の水量を司るドナウ侯の怒りに触れたためだとされ、犠牲者は、ドナウ侯の娘のドナウの乙女たちに川底へ引きこまれたのだともいわれた。そして川底には、ドナウ侯とドナウの乙女たちの住む水晶宮があると想像され、そこを訪れた人びとの話も多いが、これは、氾濫による犠牲者がいかに多かったかという事実の裏返しに他ならない。

ドナウ侯やドナウの乙女ばかりでなく、どの湖や洞窟にも竜や水の精が住み、山には小人や山の精が、森の中にもゲルマンの時代から信じられてきたさまざまな妖怪変化が跳梁している。その一方で、カトリック信仰に基づく神と悪魔の存在意識も強く、オーストリアの民話には、キリスト教以前のゲルマン民族の信仰とカトリック信仰とが渾然一体化して一種独特な雰囲気を作り上げている。どの民話も、一見荒唐無稽でありながら、背後にかならず事実が厳然と存在しているので、それを通して、人びとの生活をかいま見ることができる。さらに、クリスマス、復活祭、万聖節、万霊節などのオーストリアの祝祭と信仰とが、民話の基盤を作り上げている。オーストリアの習俗や年中行事を知ることは、民話を理解する大きな鍵になるのではないだろうか。

本書では、数限りないオーストリアの民話のなかから、オーストリアの自然と人びとの生活、思想などが大へんよく反映されていると思われた二百余りの民話を集めて、私なりにまとめてみた。これらの民話の中から、アルプスに生きる人びとの姿を汲み取って頂ければ、これにまさる喜びはない。

なお二〇〇三年に、復活祭やクリスマスなど、オーストリアの年中行事を簡易にまとめて、山川出版社の野澤伸平社長のご厚意により、『オーストリア歳時記』として出版した。本書はその続編にあたるものである。

おわりに、困難な出版を引き受けて下さった刀水書房の桑原社長のご厚意に心からの感謝を献げたい。

著者

オーストリアの民話——アルプスの人びとの世界

目次

五　シュタイアマルク州

六　ケアンテン州

八　ティロル州 ……… 267〜297

九　フォアラールベアク州 ……… 299〜329

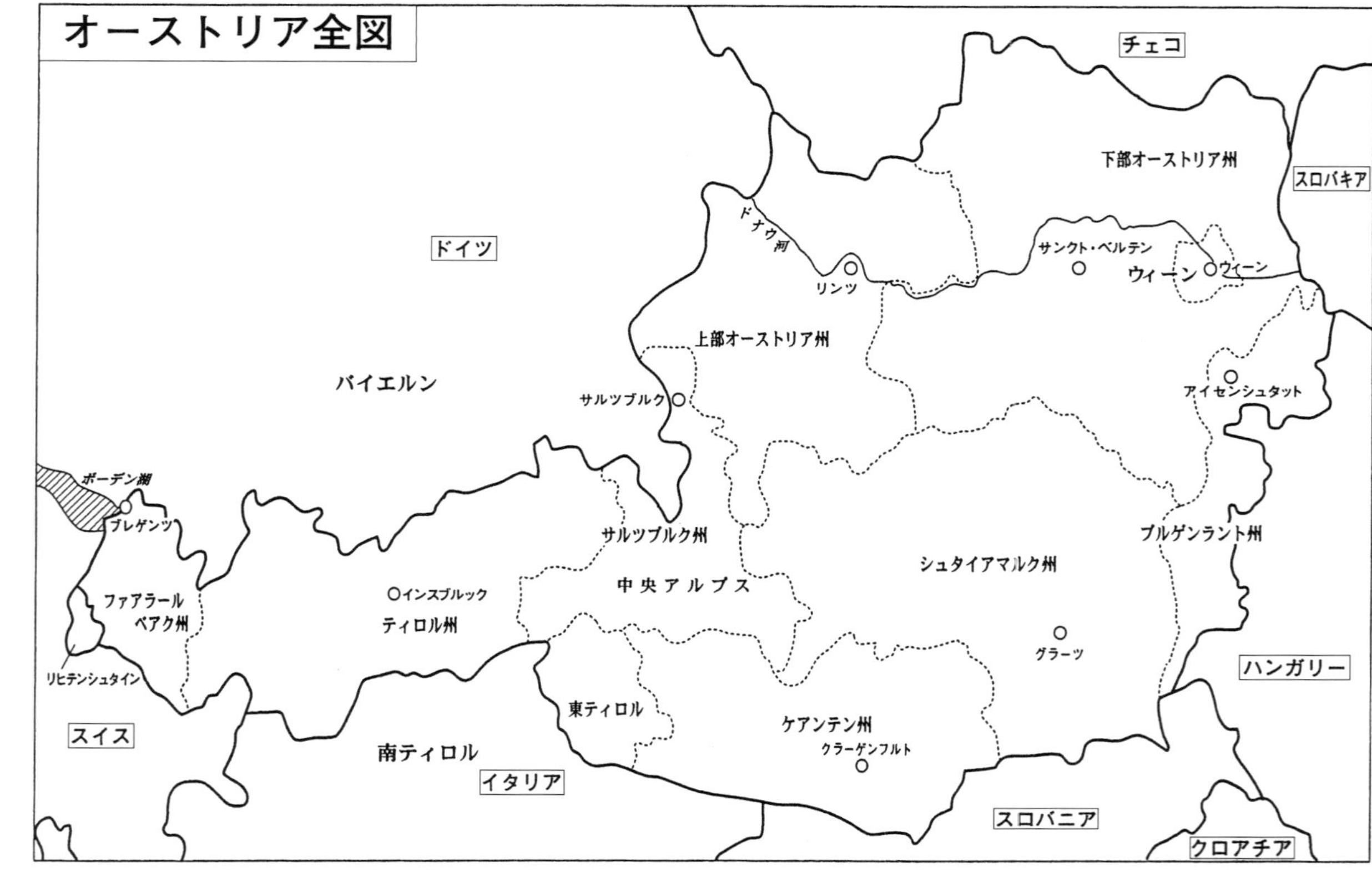
オーストリア全図
チェコ
下部オーストリア州
スロバキア
ドイツ
ドナウ河
サンクト・ベルテン
ウィーン
ウィーン
リンツ
上部オーストリア州
バイエルン
サルツブルク
アイセンシュタット
ボーデン湖
ブレゲンツ
サルツブルク州
ブルゲンラント州
シュタイアマルク州
中央アルプス
ファアラール
ベアク州
インスブルック
ティロル州
グラーツ
ハンガリー
リヒテンシュタイン
東ティロル
ケアンテン州
クラーゲンフルト
スイス
南ティロル
イタリア
スロバニア
クロアチア

オーストリアの民話

―アルプスの人びとの世界

一　ウィーン

1　鉄輪で締められた樫の幹

四百年前、オーストリアの徒弟というものは、みじめな生活を強いられていた。鍛冶屋の小僧マルティン・ムックスが歌っているように、朝早くからつらい仕事が始まり、厳しい親方のもとに一日中休みなく働いたものだ。けれども若い徒弟は、いつでも朝寝を好み、親方の目を盗んでは仕事を怠けて、その年頃の若者相応の娯楽を求め、結果として、親方から耳を引っ張られる有様だったのだ。

聖シュテファン寺院の尖塔

ある日、ウィーンの鍛冶屋の親方が、小僧マルティン・ムックスに、手押し車いっぱいの粘土を運んでくるよういいつけた。小僧は無論、厳しい親方と暗い仕事場を数時間でも抜け出せることを知って喜んだ。彼は街の門を出て、郊外の明るい太陽のもとで、親方の目を気にすることなく、粘土運びを忘れて、つい長時間遊び呆けてしまった。歓楽の時間というものは、あっという間に過ぎるものだ。マルティンが気がついた時はすでに夕方だった。彼はやっと自分の仕事を思い出したが、街の入口の門はもう閉まっていた。彼はからの手押し車を引きながら、閉ざされた門の前でおいおい泣き出した。もしも一クロイツァー（当時のオーストリアの貨幣単位）でもあったなら、門番に払って開けてもらうこともできたろうに、当時の徒弟は金などびた一文たりとも持っていなかった。一体どうやって、夜を過ごしたらいいのだろうか。親方にどう弁解したらいいのだろうか。

「街に入るには悪魔にでもなるより他にないや」

と、彼がつぶやくや否や、赤い上着を着て、とんがり帽子に血のように真赤な羽を挿した小男が、薄気味悪くにやりと笑いながら眼前に立っていた。

「お若いの。なぜそんなに泣いているんだね」

と、小男は引っかくようなしゃがれ声で尋ねた。

「ああ」

と小僧のマルティンは嘆いた。

「街に入りたいんだけど一クロイツァーもないんだ。それにこんなに遅くなって、うちに帰ったら親方に殴られるんだ」

すると、この男、実は人間の魂を地獄の魔王のために探し集めている悪魔なのだが、マルティンを猫撫で声で慰めた。

「心配無用。お金なら私が出してやるよ。粘土も手押し車に山ほど積んで、親方のところへ届けてあげるよ。それにもう一つ、お前をすばらしい鍛冶屋にしてあげよう。ただし、交換条件がある。お前は死ぬまで、日曜日の教会のミサを一度でも欠席してはいけないよ。さもないと、お前の魂は私のものになるのだ」

　これを聞いて、単純なマルティンはこれくらいの条件なら大したことないなと、簡単に考えて承知した。契約の印として、彼は悪魔に自分の血を三滴渡し、その代りに悪魔からぴかぴかの新品のクロイツァー金貨を受け取った。こうしてマルティンは無事、親方の下へ戻ることができ、しかも彼が持ち帰った粘土は極上品だったため、いつもは厳しい親方もマルティンを褒めたほどだった。

　その翌日、赤い上着を着た一人の男が親方の仕事場を訪れ、ウィーン一区のグラーベン通りとケアンテナー通りの交叉点の一角にある、昔のウィーンの森の名残りの古い樫の大木が、倒れないように支える鉄の輪と、それを締める装飾を一面に施した錠前を注文した。しかし、親方も職人も、到底注文どおりの品を作ることは不可能だった。

「何だって。あんたたち、客の注文どおりの品を作れないのかね。そんなことでどうやってこの小僧を一人前に育てられるんだね」

と悪魔はいった。親方は答えた。

「では、うちの小僧にもやらせてみて、もし彼にできたら一人前の職人として認めてやりましょう」

マルティン小僧は、客がきのうの悪魔であることを見抜いていて、厚かましくも親方の前に出てきた。

「親方、今の言葉に二言はありませんね」

と横柄に言った。彼は前日の悪魔との約束を覚えていて、この仕事で悪魔は自分を一人前にしてくれるつもりなのだと確信していたのだ。果たして、マルティンが仕事を始めると、わずか数時間で客の注文どおりのすばらしい錠前つき鉄の輪が完成した。それを樫の木のところに持ってゆき、幹に回して錠前を締めると、ぴったりだった。悪魔はそれを見届けると、その鍵を持ったままふっと姿を消した。そして、それ以来、そこは「鉄の中の幹（シュトック・イン・アイセン）」と呼ばれるようになった。

さて、マルティン小僧は、約束どおり一人前の職人に格上げしてもらった。そして、当時の手職人のならわしに従って、あちこちの鍛冶屋の下で修行を積み、ついにはドイツのニュルンベルクにまで足を伸ばした。彼の腕前は他に比べるものがなく、親方はいつまでも自分の下に置きたいと思った。しかし反面、マルティンがわずか一週間で、あまりにも大量の鉄の窓格子を打ち上げたので、裏で悪魔と取り引きしているのではないかと疑い、彼に暇を出した。

マルティンはそれを苦にすることもなく、日曜日のミサにはかならず出席するよう気を配りながら、またウィーンに戻ってきた。

数カ月後、マルティンは、ウィーン市長が、例の樫の幹を縛ってある鉄の輪の錠前を開ける鍵を探していることを耳にした。鍵を持ち去った男の行方が知れず、市長はそれが不満でならなかったのだ。そこでウィーンの鍛冶屋という鍛冶屋はこぞって、それに合う鍵を作ろうと躍起になっていた。しかし、誰一人として成功した者はいなかった。それを知ったマルティンは、自分こそかならず完成してみせると名乗りでた。

しかし、悪魔はそれを喜ばなかった。鉄の輪を開ける鍵は、あの時、悪魔が握ったまま姿をくらまし、いまでも悪魔の掌の中にあるからだった。そこで、悪魔はマルティンの仕事の邪魔を試み、目に見えない姿となって仕事場にもぐり込み、マルティンが真赤に燃えた鉄の鍵を打とうとすると、それをひっくり返して、鍵を完成させなかった。それに気づいたマルティンは、悪智恵を働かせて、最初から鍵を裏側に向けてさかさに打ち、見事に悪魔の裏をかいて鍵を完成させた。マルティンが勝利の高笑いとともに鍛冶場をあとにすると、出し抜かれた悪魔は歯がみをしながら真赤になって怒り狂い、後を追った。

その間にも、マルティンは衆人監視のなか、得意の絶頂で、鉄の輪を締めている錠前を開けてみせた。市長や市民がこぞって喝采を送る中で、マルティンが鍵をぽんと空中に投げると、不思議なことに、鍵はそのまま消えてしまい、地上には落ちてこなかった。これは当然、空中で待ち伏せていた悪魔が、それを奪っていったからだった。

けれどもマルティンはそれに臆することなく、以後、優秀な鍛冶屋として非常な名声を得たうえに、親方として仕事場を持ち、商売は非常に繁盛した。そして、何十年もの間、安定した平和な生活を楽しみ、一方ではあの時の悪魔との約束どおり、日曜日のミサにはきちんと通っていた。彼は信心深くはあったのだが、何の考えもなく、悪魔と契約を結んでしまった愚かさを悔やむようになっていた。そして、それをまぎらすため酒と賭博に溺れるようになり、しだいに名声と富にかげりが射していった。

これに対して、悪魔は出し抜かれた報復の機会を虎視眈々とねらっていた。ある日曜日の朝、マルティン親方は酒飲み仲間と居酒屋「石になったクローバーの葉へ」で賭博に夢中になっていた。するとその時、十時の鐘が鳴った。マルティンはさいころを捨てて教会に急ごうとした。しかし、彼の仲間――実は変装した悪魔――は、十一時のミサに行けばいいといって彼を引き止め、さらに賭博に引きこんだ。十一時の鐘が鳴った時に、相手は十一時半のミサがあるといって引き止め、十一時半になった時、マルティンは焦って聖シュテファン教会へ駆けつけたが、教会には人っ子一人見えず、ただ教会の前の墓石に老婆が一人寄りかかっているだけだった。彼女は、実は悪魔が手を回しておいた魔女だった。

「お婆さん、最後のミサはもう終わったのかね」

マルティン親方は息をはずませて聞いた。

「最後のミサだって？　もう一時だよ」

魔女はまだ十一時半だということを知りながら、わざと彼を欺いた。

マルティンは自分の運命を悟り、悄然（しょうぜん）と酒場に戻り、飲み仲間に、形見として銀ボタンのついた自分の上着を与え、悪魔に惑わされることのないよう警告して別れた。その時、十二時の鐘が打ち始め、居酒屋の入口に、悪魔がひょっこり現れ、しわがれた声で話しかけた。

「十二時ですよ、親方。ミサに行かなくていいんですか」

マルティンはそれを聞いて、騙されたことに気づき、必死になって聖シュテファン教会に走ったが、時すでに遅く、悪魔は背後に迫り、みるみる巨大な真赤に燃えた本来の姿を現わした。そして真黒な角と恐ろしい爪をむき出してマルティン親方をつかんだので、親方はその場で命を落とした。その夕方には引き裂かれた親方の死体が教会の前に曝されていた。

それ以来、ウィーンを訪れた鍛冶職人は、気の毒なマルティン親方の慰霊のために、鉄の輪で締められた樫の幹に一本ずつ釘を打つようになった。そこで、現在でも無数の釘が打ちこまれ、鉄の輪で締められた幹が、聖シュテファン教会の前の広場の一角に残っており、その場所は「鉄の中の幹広場（シュトック・イン・アイゼン・プラッツ）」と呼ばれている。

2　冬に咲く菩提樹の花

西暦九七六年から一二四六年までオーストリアを支配していたバーベンベアク王朝には、現在のオーストリアの守護聖人、レオポルド三世（一〇七五―一一三六）がいる。その息子ハインリッヒ二世（一一一二―一一七七）は、一一五六年に当時の神聖ローマ帝国のフリードリッヒ皇帝（バルバロッサ）から、バイエルン大公とオーストリア皇帝の称号を認められ、第二回十字軍にも参加した非常に信心深い皇帝だった。

当時、バイエルンの首都レーゲンスブルクから、首都としてよりよい地を求めて東進していたバーベンベアク王家は、レオポルド三世の治世に現在のウィーン郊外、レオポルドベアクまで居を移していた。ハインリッヒ二世は父の跡を継いで、首都にふさわしい広い地を求めてウィーンに進出したのである。当時のウィーンは千年前、かつてのローマ帝国時代のローマ軍駐屯地ヴィンドゥボナの名残りをとどめる小村に過ぎなかった（ウィーンの命名もヴィンドゥボナに由来している）。

信仰心の厚いハインリッヒ二世は、自らをヤソミアゴットと命名した。この聞き慣れない名前は「その通り（ヤー）。そのように（ソー）私を（ミア）神は（ゴット）助けた」という彼の信心の現われであった。ハインリッヒ二世、すなわちヤソミアゴットは、レオポルドベアクの城から、ドナウ川沿岸の緑地の原野と寂しい小村ヴィンドゥボナを見下ろし、そこを未来のオーストリア帝国の首都と決め、あわせてカトリックが栄えるよう伝道を思い立った。彼はローマ軍司令部のあったアム・ホーフの地を居城と定め、一一四七年には郊外の不毛の原野に聖シュテファンを祀る小教会を建立した。そこは人っ子一人住んでいない不便な地だったのだが、彼の賢い計算のもとで、聖シュテファン教会の周囲にはぞくぞくと住宅が建ち、集落を成すようになった。

当時、まだゲルマン民族独自の宗教を持っていたウィーンの人々を、キリスト教に改宗させるのには、非常に大胆で果断な決意が必要だったが、ヤソミアゴットは自ら人びとに接して、悩む人を慰め、怒る人をなだめ、向こう見ずを忠告し、人心を掌握した。彼の忠実な片腕として、聖シュテファン教会の最初の神父となったのが、エバーハルト・フーバーだった。

フーバー神父は皇帝ハインリッヒ二世――ヤソミアゴットの意図に従い、よく人びとをまとめ、貧しい親子を助け、喧嘩の仲裁を行なった。そこで人々の信頼が教会に集まり、伝道も成功し教会は栄えた。

神父は自分の居室の前にあった菩提樹を好み、街の建築家が周囲の樹木をつぎつぎに伐採し開墾しても、その菩提樹だけは切らせなかった。そこで菩提樹は大木となり、青々とした葉を繁らせ、彼の目を喜ばせた。彼は人びとの困窮や苦悩を見るたびに、菩提樹を眺め、自ら勇気づけて助けに赴いた。菩提樹は彼の心の寄り所だったのである。

しかし、やがて年月が過ぎ去り、菩提樹はさらに大木となったが、神父は齢をとり、腰も曲がり白髪となった。健康も衰え、教区の人びとを訪ねることもできず、病床に臥すようになった。彼はこの世を去る日の近いことを知った。心残りはなかったが、彼の最後の願いは、つねに彼を勇気づけてくれた菩提樹の花を死ぬ前に今一度見ることだった。しかし、時はすでに晩秋だった。やがて、冬の到来とともに戸外は雪と氷に覆われ、菩提樹は裸の黒い枝を寒風に吹きさらしていた。死の床についている神父には翌春まで生きのびる力はなく、彼の望みも叶わないことを知った。

いよいよ臨終になると、神父は下男に言いつけて、窓を開けさせ、もう一度菩提樹を見て死のうとした。すると、開かれた窓の向こうの氷雪の中に、菩提樹は満開の花を咲かせていた。神父がにっこり笑い目を閉じると同時に、何千何万という菩提樹の花は、神父の遺体の上に花吹雪となって散り、遺体を覆ったという。

3　教会大工と悪魔

ウィーンの街はハインリッヒ二世以来、着実に発展を遂げたので、その中心となる聖シュテファン教会もそれまでの小教会では貧相と思われ、壮麗な大寺院に改築することになった。この計画はハプスブルク王朝のルドルフ四世（一三三九―六五）が実行に移し、聖シュテファン教会はウィーン第一の大寺院となったのである。

しかし、そのような壮大な計画は口でいうほどたやすいことではない。そのため、何人もの優れた大工が改築に着手し、思うように仕事が進められず、失敗しては、未完成のまま次の大工に仕事を譲ったのだった。その中で最も有名な大工がハンス・プッホスバウムである。

彼は大胆な男だったらしい。大工仕事の計画にしても、愛情に関しても、測り知れない人間だった。人づきあいは少なかったが、聖シュテファン寺院改築責任者ペーター・プラハティッツも彼の仕事ぶりには満足を感じていた。まだ若いのに非常に優れた技術の持ち主だったからである。後に、ペーターの弟、ハンス・プラハティッツが改築責任者となってからも、プッホスバウムの仕事に対する信頼は変わらなかった。

だから、もしもハンス・プラハティッツに一人娘がいなかったなら、このまま、万事順調のはずだった。ところが、プッホスバウムは、自分の頭梁であるハンス・プラハティッツの一人娘、美しいマリアに恋するあまり、改築計画を練ることも、石をのみで彫ることも忘れてしまった。仕事中も上の空でマリアの名前をつぶやき続け、それが叫びとなって口からほとばしり出ることさえあった。しかし、頭梁も仲間の大工も、よもや恋心とは思わず、信心深い彼が仕事の成功を聖母マリアへ祈っているのだと信じていた。

ある日、とうとう我慢のできなくなったプッホスバウムは、頭梁にマリアとの結婚を願い出た。プラハティッツは分を越えたその願いにまず驚いた。父親として、娘を単なる大工の嫁にするつもりは毛頭なかった。しかしプッホスバウムのような優れた大工を失うのも痛手だった。そこで、一計を案じ、もしも一年以内に、聖シュテファン教会の北の塔を完成させることができたら、娘をやろうと持ちかけた。プラハティッツはそれが不可能なことを知りつつ、求婚拒絶の口実として利用したのである。それを聞いてプッホスバウムは落胆した。どんなに優れた大工の技量をもってしても、一年で北の塔を完成させることは不可能だと知っていたからである。彼は頭梁の冷酷さを恨む一方、自分への愚弄なのか、娘をあきらめさせるためなのか逡巡した。

彼はその晩も、次の晩も眠れなかった。マリアへの恋の情熱はさめるどころか燃えあがる一方で、自分の不可能な恋の成就を祈りながら、北の塔をどこにどうやって建てたらよいか、気違いのようにぐるぐると教会の周囲を巡った。それはちょうど満月の夜だった。月光のもとに彼の足取りは幽霊のようにふらふらしていた。突然、黒い雲が満月を隠し、あたりは不気味な漆黒の闇に包まれ、彼の口から祈りとも呪いともつかない言葉が漏れた。その瞬間、彼の背後で悪意のこもった高笑いが聞こえた。

「お前さん、なんて顔してるんだ。若くて腕も立つのにふさぎの虫に取りつかれてさ」

プッホスバウムが驚いてふり返ると、暗闇からあたかも人間の顔をした動物のような不格好な姿が現われた。

「だ、誰だ」

プッホスバウムは震えた。

「誰だって? お前を幸福にしてやろうとして来たんだよ」

男は横柄に言った。

「無理だよ。一年で北の塔を造るなんてそんなことできる人間がいるもんか」

「おれなら一晩で造れるね。悪魔の力を借りたとばれちまう。しかし、それじゃあ早すぎる。だから一年かけてやるよ。満足かい?」

プッホスバウムはこの親切な申し出に躍り上がって喜んだが、男の正体が気になった。

「だけど、一体お前は誰なんだ」

「わからないのかね。世の中には二種類の支配者がいるんだ。ひとつは雲の上に座ったまま、人びとの苦しみの声を聞いても何もしない。お前が娘と結婚したがっていることがわかっていても助けもしない。人が失敗した時の同情の言葉だけを用意してる。もうひとつは、いつも炎と硫黄の匂いで人を脅しているのと嫌われている奴さ。お前さん、私の硫黄の匂いがわからないのか」

悪魔の高笑いの声が建築中の教会に谺した。

「悪魔よ。退け」

プッホスバウムは叫んだ。

「悪魔だって? 嫌な言葉だ。しかし、私の助力なしにはお前さん、あの娘と結婚することはできないんですぜ。おまけに北の塔もできなかったら、生涯笑い者にされるのがおちですぜ。私なら誰も見たことのないすばらしい塔を造ってやれるのに」

プッホスバウムは悪魔と契約を結び、向こう一年、彼が神、聖母マリア、聖人の名前を口にせず、教会に行かない代わりに、悪魔は想像も及ばないすばらしい北の塔を完成させることになった。もしも、彼がこの約束を守った場合、彼はマリアと結婚でき、破った場合には彼の魂は悪魔に奪われるのだ。彼はさほど難しい約束とは思わなかったが、まだ彼の恋人マリアと聖母マリアの名前が共通だという悪魔の奸計に気づかなかった。

翌日から北の塔建築が始まると、その信じ難い速さと的確さは人びとの驚嘆の的となった。今や、彼は一年以内に塔を完成できると誰もが信じて疑わなかった。しかし、プッホスバウム唯一人はマリアの名前を口にできない苦しさもあって、悪魔との契約を後悔していた。

ある晩、彼は良心の呵責から落ちつかないまま、ふらふらと塔の足場に登った。その晩も、彼が悪魔と契約を結んだ晩のように満月で、風がごうごう吹き荒れていた。彼は、不思議な力に呪縛され、空中にちらちらと白い姿を認め、それが恋人マリアの姿と映った。

「マリア!」

と彼が思わず叫んだ瞬間、悪魔の腕が彼の体をつかみ、彼は塔の足場からまっさかさまに下へ落ちて死んだ。悪魔は彼を陥れるために、マリアの幻影をちらつかせたのだ。

この不幸なできごと以来、誰も聖シュテファン教会に二つ目の塔を作ろうとする人はいなくなった。そこで聖シュテファン教会は現在でも塔は一つなのだ。

4 聖シュテファン寺院のボーリング

かつて、一つしかない聖シュテファン寺院の塔の上層部には小部屋があって、そこでボーリングを楽しむことができた。塔の高みの狭い部屋なので、十分な場所もなく、一方の壁にぴったり張りついて股の間からボールを投げ、反対側の壁際に置いたピンをねらうのである。

ある秋の美しい午後、塔のボーリング場はいつものように競技に興じる人びとの陽気な声に満ちていた。その日は、常連のほかに、よそからきた手職人の若者も混っていた。彼は上手な競技者で、たちまちボーリングに身も心も奪われてしまった。陽も落ちたので、他の仲間がやめて塔を降りようとしても、若者は彼らを説得して、さらにボーリングを続け、再度帰宅を勧めると、むきになって反対した。彼は一番上手な自分を他の仲間が妬んでいるのだといいはるのだった。たしかに彼は優れた競技者で、その晩、幾度も一投げで九本全部倒した。

夜はどんどん更け、仲間はみな帰ってしまい、彼一人残ってボーリングに興じているうちに、深夜十二時の鐘が鳴った。すると突然、灰色の服を着たやせた男が現われた。若者はその土色の顔を見ると、恐ろしさに震えがとまらなくなった。男の目は穴のように落ちくぼみ、眼球のないどくろのようにうつろだった。それが悪意をこめてじっと彼を見ているのだ。

「もうボーリングをやめて家に帰る時間じゃないのかね」

男の声はまるで洞穴の中から響いてくるように

うつろだった。

若者は勇気をふるい起こして応じた。

「そんなことない。そうれ見ろ。また九本だ。まだまだやるぞ」

と再びボールを投げ、九本一度に倒した。

「悪いけど、ピン立ててくれないかな。じっと見ているだけじゃなくて」

灰色の男は首を振り、今度は脅すように警告の声を張り上げた。

「もう真夜中を過ぎたのがわからないのか。あの鐘の音が何を意味しているのか知らないのか」

若者は、その鐘がその日神父の見舞った人びとの臨終のために鳴っていることを知っていた。しかし血気に溢れる若者はあえてそれを無視した。

「知ったこっちゃない。僕はぴんぴんしている。まだまだ遊べる」

「よろしい。どんな警告も耳に入らないのなら、自分の責任は自分でとるがいい。お前は自分が一番だと自惚れているが、私が一番だ。お前は九本しか倒せないが、私は十本倒す」

「十本だって？　馬鹿馬鹿しい。ピンは九本しかないじゃないか」

若者の笑い声がまだ消えないうちに、灰色の男はボールを投げ、十本のピン、すなわち、九本のピンと若者自身が床に倒れた。「十本目、十本目、十本目」という若者の声があたりに谺し、若者は息絶えた。灰色の男は死神そのものだったのである。

別の言い伝えでは、死神がボールを投げる瞬間に若者は九本目のピンを隠したので、死神が倒したのは若者も含めて九本だったという。そして、死んだ若者は幽霊となって塔の部屋をさまよい、隠した九本目を捜しているという。そして彼が九本目を見つけた時、成仏できるのだそうだ。

5　死の医者

死神も人によって現われ方が異なる。十五世紀に「バジリスクの家」（三七頁15話参照）で有名だったウィーン一区シェーンラテアン街には「死の医者の家」という恐ろしい名前の家があった。その名前には殺人や犯罪のようなおぞましい響きがあるが、内実はそうではなかった。

この家には一四八二年、ポール・ウアセンベックという、当時最も優れた医者が住んでいた。彼はウィーン大学学長も勤めた医学者で、そのきわだった医術の才能は、死病か、助かる可能性があるか、患者を一目見て判断できることにあった。そこで「死の医者」と呼ばれたのだ。

言い伝えによると、彼は医学部を卒業したのではなく、ドイツ、バイエルン州のテーゲンドルフというドナウ川沿岸の小村の機織りだった。彼はそこで、妻と十一人の子供を抱えて赤貧にあえいでいた。それだけの家族を養うだけでもままならないのに、さらに十二人目の子供まで生まれたのだった。彼は生まれた赤子を見殺しにもできず、洗礼式の名づけ親を探した。しかし、こんな極貧の家の子の名づけ親になってくれる奇特な人は見つからず、彼の妻は隣り村へ引越してやり直そうと強く願った。そこには友人がいるので、その助けでなんとかなるだろうと期待したのだ。しかし、友人は冷たくすげなく援助を断った。ウアセンベックは空しく手ぶらで帰宅はできないと頭をかかえた。

「飢え死するより一家心中してしまおうか。いやそんなことはできない。いっそ、私一人森へ入って死のう」

彼はそう考えて深い森の中へ入ったが、飢えと疲れでもう一歩も動けなかった。

「死よ。来い。私を気の毒と思うなら飢えと極貧から開放して死なせてくれ」

彼の言葉が終わるや否や、暗い森にうつろな光が射し込み、黒いマントをはおったやせた男が現われた。その顔は幅の広い帽子に隠れて見えなかった。

「私を呼んだのはお前か」

くぐもった声で死神が言った。

「私が死神だ。用件を早く言ってくれ。私は今日、まだ仕事が山とあるのだ」

ウアセンベックは、いざ死神を目の前にすると、死ぬことがこわくて膝ががくがくした。そこで必死になって家の窮状を打ち明け、憐れみを乞うた。すると死神はうなずいた。

「その友人がそんなに冷酷なら、私が死をもって懲らしめよう。それから、お前の赤子の洗礼式の日を教えてくれ。私が名づけ親になろう」

彼は死神の親切な申し出を一方で喜びながら、他方では薄気味悪く脅えた。しかし、結局、赤子の名づけ親は必要なのだから、彼は死神の申し出を承知し、そのまま帰宅すると、妻に名づけ親が見つかったことだけを告げ、それが誰なのかは隠しておいた。

さて、赤子の洗礼式の当日、ウアセンベック一家は不安と期待に責めさいなまれながら教会へゆき、名づけ親を待った。現われた名づけ親は、黒いマントの立派な身なりであったが、頬がこけ、目が落ちくぼんだ薄気味悪い男で、その手は冷たく、くぐもった声で話し、列席者は背筋に冷たいものを感じた。しかし、当の赤子だけは名づけ親を見てにこにこしていた。無事、洗礼式が終了すると、死神はウアセンベックを傍らに呼んだ。

「心配無用。洗礼式は無事終わった。私も他の名づけ親同様、私の名づけ子に贈り物をしよう。しかし、死神には財産も金銭もない。まして、金・銀・宝石など及びもつかない。そんなものじゃない。人間にはできない特別なものを贈ろう。お前はこれによって大金持ちになれるぞ。いいか。よく聞け。もし重病人が出た場合、私は他の人には見えないが、お前にだけは見えるように姿を現わす。そして、私が病人の足許に座った場合には病人は全快する。しかし、頭の方に座った場合には死ぬ。これを利用してお前は医者になるがいい。きっとうまくいく。しかし、決して乱用はするな」

それからというもの、極貧の機織りはたちまち有名な医者となった。患者の足許に死神が座っている場合には、治癒の薬を施すと、患者はたちまち全快し、多額の謝礼を払った。時を隔てずに彼は大金持ちになり、妻子を伴ってウィーンに移り住み、御殿のようなすばらしい家に住んだ。

しかし、財産が増えれば増えるほど、彼は死神の戒めを忘れ、高慢で冷酷な欲張りになっていった。極貧の時にはあれほどひたむきで善良だった彼は、大金を持つと同時に人が変わったのである。彼は患者にますます多額の謝礼を要求し、その欲はこの世のすべての金を積んでも満たされないほど膨れ上がった。

ある日、彼は危篤の大金持に呼ばれた。当然、死神は患者の枕元に座っていた。彼は単刀直入に死を宣告したが、患者が莫大な謝礼を申し出たため、欲につられて、死神を出し抜こうと手を回した。四人の屈強な下男に病人のベッドの向きを一八〇度回転させ、死神が病人の足許に座るように位置を変えたのである。下男は彼の指示のままに何もわからずベッドを動かし、彼のたくらみは見事に成功した。死神が死ぬ運命に定めたその男は、たちまち全快した。その莫大な謝礼を手に、彼は死神さえ意のまま、と得意の絶頂だった。

しかし、死神がそれを許すはずがなかった。彼の乗ったかごが洞穴にさしかかった時、死神が現われた。死神はむしろ寂しそうだった。

「不幸な奴め。お前は本当に死神を欺しおおせると信じていたのか。あの金持ちの命はお前の命であがなうのだ」

ウアセンベックは死神の言葉に仰天し、必死で命乞いをした。

「ついて来い」

死神はそれを無視して、彼をある広間へ案内した。そこには無数のろうそくが燃えていた。多くは炎も明るく、ろうそくも長かったが、中には、短くて炎も消えかかっているものもあった。

「これが人間の命のろうそくだ」

死神はろうそくを指さし、それぞれの名前を言った。炎も弱く、ろうそくも短いものは死が近いことを表していた。ウアセンベックは自分の命のろうそくが短く炎も消えかかっていることを知るや、丈の長い炎の強い別のろうそくと交換し、他人を死に追いやり、自分がその分を生き伸びようと考えた。しかし、その瞬間、彼のろうそくは消え、彼自身もその場に息絶えた。

翌日、ウアセンベックの死体は洞穴で発見され、二日後、聖シュテファン寺院の墓地に葬られた。

6　死者たちのミサ

死の中でも、最も恐れられたものは黒死病、すなわちペストで、この時ヨーロッパの人びとの約三分の一が死亡したと伝えられている。今日、聖シュテファン寺院の地下納骨堂を訪れると、当時の犠牲者の骸骨が累々と積み重なり、鬼哭啾啾(きこくしゅうしゅう)たるペストの現実をしのばせてあまりある。

かつて、聖シュテファン寺院には不思議な言い伝えがあった。『教会年代記』によると、クリスマスの真夜中十二時、会堂に翌年死ぬ運命にある人びとの霊が、その人の姿を取って現われるというものだ。

一三四九年のクリスマスの晩は、氷のような北風の吹きすさぶ無気味な夜だった。嵐のような風がごうごうと猛り狂う中で、会堂の幽霊に思いを馳せていると、どんな人でも迷信的と思いながら、風の雄叫びとは別の声が聞こえてくるような気がするのだ。当時の聖シュテファン寺院の神父も、そのような思いで自室に腰かけていた。そのうちに、耳の迷いと思われていた物音は、風の中を抜けてしだいに大きくなってきた。しかもそれは、群集のざわめきに似ていた。神父は自分の気の迷いだと、湧き上がってくる疑念を何度も否定した。クリスマスの深夜、こんな時刻に会堂に人のいるはずがないからだった。

そうしているうちに、群集のざわめきは男女の混声合唱となり、聖シュテファン寺院と、当時その周囲に巡らされていた教会墓地を通して、神父の耳に伝わってきた。神父はとうとうがまんできなくなり、外套をはおると寒風の吹きすさぶ中を会堂へ向かった。

彼が恐怖と不安と好奇心にかられながら教会の入口を開けると、仄暗い会堂内には群衆がひしめき、蹲(ひざまづ)いて祈りを捧げていた。しかも、その中には神父の知っている人が多かったのである。

「幼いエリザベート。元気ないたずらっ子で母親の悩みの種。おや、あそこにドロテーアがいる。数日前、私の前で結婚したばかりだ。腕に抱いている赤子は私の知らない子だ。あれは誇り高いウアソラ夫人。宝石、金銀レースであんなに着飾って。おや、年とったループレヒトもいる。なんてこった。彼はもうとっくに死んだと思っていたのに。彼の隣には若い者がたくさんいる。やれやれ。きっと彼の孫たちだろう。三人もいる。両親はどうしたのだろうか」

彼は教区の顔見知りの人びとを一人ずつ見きわめていくにつれて、不安が高まっていった。この人びとは来年、本当に死ぬ運命にあるのだろうか。しかし、こんなにひしめき合うほど無数の人びとが死亡するとは、一体来年は何が起こるのだろうか。伝染病か、おそらくペストではないのか。神父の不安は募った。

「すると、来年は私の仕事が増えるな。葬式をたくさん出さなけりゃならん」

彼はつぶやきながら、祭壇の前に立っている神父を見きわめようとした。そして、そこにいたのは、彼自身だった。その瞬間、神父は翌年の来たるべき己の運命を悟った。

その時、教会が午前一時の鐘を打った。するとその刹那、すべての人影が失せ、会堂は暗い夜のしじまに支配された。ただ一人残された神父は、はっと我に返り、この瞬間にも自分のなすべき任務を悟り、急いで居室に戻ると年代記を開き、自分がたった今会堂で見たことをつぶさに記し、最後に自分の名前を書き記した。

その翌年、果たしてペストがウィーンを襲い、神父自身を始め、多くの人びとの生命を奪ったのである。

7　アウグスティン伝説

「おお、いとしのアウグスティン。あわれや、すべて水の泡」というあまりにも有名なオーストリアの童謡に歌われるアウグスティンは、ペストと戦って克服した人びとの逞しさの象徴である。

アウグスティンは十七世紀後半、バグパイプ吹きの歌手兼陽気な笑談の上手な話し手としてウィーン子に人気があった。しかし、一六六九年から一六七五年までオーストリアを襲った悲惨なペストの時期には、アウグスティンの陽気な歌声に耳を貸す人はいなかった。ペストに見舞われたウィーンの街は、葬式と人びとの悲しみに包まれ、やがて、一家全員がペストで死に、廃屋となる家も増えた。病院は回癒の場ではなく死の家となり、街の至るところには運び切れない遺体が散乱していた。ペストにかからなかった人びとは、家の扉も窓も堅く閉ざし、ペストの侵入を防いだ。ウィーン市長は何度も布(ふ)れを出し、道路から死体を除去し、ペスト菌の慢延を防ごうと試みた。すると、おぞましいことに路傍で意識を失っているペスト患者まで、生きたまま墓穴に葬られてしまったのである。その中には、ペストに蝕まれつつも強靭な体力から回癒可能な患者も含まれていたという。

陽気なアウグスティンも、そのような宿命を辿(たど)ることになった。彼はペストに侵されても病状は重くならずにすんだ。そこで、病を吹き飛ばそうと、いつもより大声で陽気に歌い、死の不安をはねのける勇気を鼓舞しようとした。しかし、歌声に反して、歌の内容は暗澹たるものになっていた。

　おお、いとしのアウグスティン
　金も消えれば　喜びも消える
　おお、いとしのアウグスティン
　あわれや　すべて水の泡

彼はふだんよりたくさん酒を飲んだ。酔いにまかせてペストの苦しみを柔らげようとしたのだ。事実、そのように考えた人は彼一人ではなく、酒は百薬の長としてペスト退散後も、ペスト予防手段として今日まで続いている。

さて、アウグスティンはある日、酔いの覚めないまま歩道で眠りこけていた。すると、通りがかった死体運び人夫がまちがえて、そのまま手押し車で墓地まで運び、他のペスト犠牲者とともに墓穴に投げ入れてしまった。そうとも知らぬアウグスティンは、白河夜舟のまま他の死体をふとんがわりに、一夜を明かしてしまった。

翌朝、そこで目を覚まし体を伸ばした彼は、周囲の「柔かい」ふとんの手触りに異様なものを感じ、初めて自分がペストの犠牲者の墓穴に放り込まれたことを知った。彼は身の毛もよだつ中で、墓穴から脱出する方法を模索した。墓穴には覆いも蓋もなく青空が見えていたが、墓穴の壁を上まで這い昇る術（すべ）はなかった。しかし、幸いなことに彼はバグパイプを肌身放さず携えていたので、満身の力をこめてバグパイプを吹き、声を限りに即興で陽気な歌を歌った。

毎日毎日、お祭り騒ぎ（フェスト）
ところが今はペスト騒ぎ
大きな死体の巣（ネスト）があるばかり
それこそ最後の見切り品（レスト）

おりしも、墓穴に新たなペスト犠牲者の死体を入れようとしていた人夫たちは、突然、墓穴の中から聞こえてきた歌声に化け物かと仰天し、逃げ去ってしまった。

アウグスティンは落胆しながらも、まだ希望を失わず、次の機会を待った。どのくらい時が経ったのか、再び墓穴の上方に人声がした。アウグスティンは大声で叫び、歌を歌った。

おお、いとしのアウグスティン
なんと墓穴に横たわり
おお、いとしのアウグスティン
あわれや　すべて水の泡

幸いなことに、これをきいた人夫たちは、それが、街の有名なバグパイプ吹きアウグスティンだと気がついた。そして、すぐにはしごを下ろして、彼を墓穴から救い出した。首尾よく墓穴の外に出ると、アウグスティンは口に指をあてて人夫たちにいった。

「下にはまだ大勢ぐっすり眠っているよ。静かに寝かせてあげよう」

「そうだ。彼らはペストの苦しみの後に深い平和な眠りについたんだ」

と人夫は応じた。

一方、アウグスティンはペストも鎮まり世も治まった後、自分の奇想天外な冒険譚を陽気な笑い話として吹聴したそうである。

8　忠実な聖母マリアの絵

黒死病といわれるペストが、再びウィーンに襲いかかったのは一七一三年のことだった。「黒い死」といわれるように、巨大な黒い鳥が空中を飛翔すると、ペストが街に侵入するとささやかれた。黒鳥の羽ばたきは、死の風を吹きつけ、そのけづめと口ばしにかかった人びとは、死ぬのだった。この死の鳥に対しては対抗するすべも逃れるすべもなかった。人びとは黒鳥が存分に餌をついばみ、満腹して去るのをじっと待った。

人びとはペストの退散を神にひたすら祈り、また酒の力でまぎらそうとした。画家のヨセフ・ヘアプストもその一人だった。彼はある日、ペストにかかったことを知ったが、この世を去ることにさほど苦悩を感じなかった。彼は貧しく妻も死に、しかも画家として技量も認められず、将来成功することなど及びもつかなかった。それどころか、芽の出ない画家として侮られることの方が多かった。

しかし、彼には死ぬ前に一つだけ成し遂げたい望みがあった。若き日にローマの聖パンタレオン教会で見た聖母像のすばらしさが目の底に焼きついており、彼にとって、心の支えとも夢とも希望ともなっていた。重態に陥った今も、目さえ閉じれば、あの荘厳な聖母の美しさをはっきりと思い浮かべることができるのだった。そして、それがこのうえない慰安となった。今、医者からも見捨てられ、あと数時間の命と宣告された彼は、高熱にうなされながらもまた、聖母像に思いを馳せていた。

「まだ死ぬまでにいくらか時間はあるんだ。それに、これまでに私は一枚の作品も残していない。私の生きた証しに、最後の力を振り絞ってあの絵を復元してみよう」

彼は隣人が驚くほどの大声をあげて、あの聖母の絵を描くだけの力が与えられるよう祈った。すると、その祈りの甲斐か、病状はたちまち快方に向かった。そして、再び絵筆が握れるようになるまで、それほどの時間は要しなかった。

彼は、自分の全快とは反対に、ペストで死んだ妻への愛情と供養の念をこめて、聖母画の作成に熱中した。その熱意の結果か、今はなき妻への愛情の現われか、彼の描いた聖母画は比類のない傑作となった。それまで凡才と笑われていた彼は、高熱でうなされていた晩に脳裏に浮かんだ慰安のマリアを思い起こしながら、全身全霊をその絵に傾けたのだ。

完成した聖母画は、ウィーン八区、ヨーセフシュタット小礼拝堂に奉納安置された。その絵は不幸や絶望に苦しむ人びとに、慰安と活力を与える不思議な力がこめられていた。人びとはその絵に慰安を求めてぞくぞくと教会につめかけ、絵は、「忠実な聖母マリア」と敬慕された。この絵は一七五六年、ウィーン八区のピアリステン教会に安置され、今日もそこに見ることができる。

9　天の門番娘

ウィーン一区の中心に「天の門番娘通り(ヒンメルスプフォート・ガッセ)」という道がある。ここは中世にはトライボーテン通りと呼ばれ、聖女アグネスを祀った修道院があった。その修道院の創建当初、一二三〇年ごろ、そこに一人の物静かな美しい修道女が住んでいた。彼女には両親も親戚もなく、物心ついて以来、修道院で育てられ、神に仕える静かな生活が身についていた。年頃になるまで外の世界を知らず、修道院の生活が彼女のすべてであった。

成長するに従って、彼女は喜んで人を助ける親切な優しい修道女となった。そこで院長は、彼女に責任ある大切な任務、すなわち門番の仕事を与えた。彼女は修道院を訪れるすべての人びとに親切に応対し、施しを求める物乞いを助け、また院内の静寂と平和を乱す者には丁寧に、しかし決然と訪問を断わる意志も兼ね備えていた。そして、自分の任務の重要さを心得て、忠実にそれを果たしていた。

　しかし、若い娘にとって、その生活は静かすぎたのかもしれなかった。門番の仕事を通して、外界との接触が重なるにつれて、彼女はあらゆる可能性と歓楽を備えた外の世界に耐え難い誘惑を感じるようになっていった。ひとたび根を下ろしたその誘惑は、たちまち彼女の心に巣食い、根を広げていった。彼女は毎晩のように外の世界を夢に見た。それは美しく、明るく輝く太陽のように、歓喜と陽気な笑い声、甘い音楽と踊り、あらゆる刺激と可能性に満ちて、彼女の魂を魅惑するのだった。それに対して修道院の生活はなんと色あせた、単調な狭い暗い世界なのだろうか。なぜこれまでの十数年間、こんな寂しい生活に満足していたのか不思議だった。自分の生命は、閉ざされた修道院の壁の内に葬り去られたかのようだった。

　彼女は他の娘たちと同じように心の底から笑い興じ、若いかっこいい男と恋をしたかった。それがこの世の最上の幸福と思ったのだ。しかし、彼女は気づかなかった。かごの中の鳥には外の自由に憧れ、すばらしさに幻惑されても、背後の毒や牙が目に入らないのだった。修道女たちの善意と善良さのみの支配する修道院内の平和と優しさは、外の世界にもそのまま通用するものではないことを知らなかった。閉ざされた寂しい世界とはいえ、修道院内では彼女は生活の安全も保証され、守られていたのだった。

　彼女は修道院を出ることばかり考えるようになったが、院長や他の修道女に相談する勇気もなく、ただ一人悶々（もんもん）としていた。しかし、とうとうある晩、眠りつかれないままベッドから起き上がった彼女は、忍び足で出入口の鍵を握りしめ、教会の入口にある小礼拝堂に滑り込んだ。彼女はそこの聖母像の前に額（ぬか）づき、その足許に鍵を置いて切なる祈りを捧げた。

「天なる聖母様。今夜限りでここを去る私をどうかお許し下さい。外の世界に憧れる炎のように熱い私の想いを、どうかお察し下さい。そして私の去った後、私に代わってどうかここをお守り下さいますように。ここにどんな悪人も入らぬよう、夜も昼も番をして下さいますように。どうかお願いします」

彼女はそう祈ると音もたてず外の世界へと姿を消した。

外の世界はなんとすばらしかったことだろう。彼女が想像していた以上に美しくあらゆる彩りを携えて、彼女を迎え包みこんだ。若く美しく優しい彼女の周囲には若者が群がり、言葉を尽くして彼女の微笑を求めた。花や宝石を贈り、歓心を買う若者もいた。彼女の美しさを褒め讃え、甘い言葉をささやく者もいた。誠実で堅実な真意ある修道女の言葉しか知らない彼女は、若者の阿諛追従も真実の言葉として受け取ってしまうのだった。そのため、彼女は裏切られ、そのたびごとに苦い涙を流した。世の浮薄な若者たちにとっては、若いきれいな娘は、他愛ない娯楽の人形玩具にすぎず、飽きると簡単に捨て去るのだった。

修道院の中で育った彼女は、一人で生活するすべも、金を稼ぐすべも知らなかった。年月が経つにつれて、失望と貧窮のため彼女の容色は衰え、華やかな色彩の陰に隠れた世の冷酷さと、身勝手さを身にしみて味わった。七年が過ぎ去り、彼女は昔の世界、善良な修道女たちのもとへ帰りたくなった。しかし、許しも得ないで修道院を捨て去った自分を、院長はどんなに叱責するだろうか。もう一度受け入れてもらうことなど想像もできなかった。それでも彼女は戻って許しを乞おうと決心した。

彼女は懺悔の衣をまとい、傷ついた素足を引きずりながら、巡礼の杖をついて修道院の堅い石段を昇っていった。修道院の礼拝堂の最後の段を昇りつめたとき、彼女は疲れと罪の意識でその場にくずおれた。その瞬間、礼拝堂の入口が開き、幼な子イエスを腕に抱いた聖母マリアの光り輝くばかりの姿が現われた。聖母は何事もなかったように、暖かく優しく彼女にうなずき、かつての彼女の小部屋に導いた。そこは、何年も前に彼女がそこを去る時に鍵を置いていった場所だった。聖母は彼女の手に鍵を押しつけると、黙って礼拝堂へ戻っていった。彼女はそのまま、自分の小部屋のベッドに倒れた。部屋は彼女が出た時と少しも変わっていなかった。

翌朝、修道院は大騒ぎとなった。門番娘が病気で起き上がれない、と院長に知らせが届き、院長は彼女を見舞い、薬を飲ませた。彼女は自分の出奔を謝ったが、誰一人として納得しなかった。

「だってあなたは、きのうまで元気にきちんと門番の仕事を果たしていたじゃありませんか。あなたは一日たりともここを離れたことはありませんよ」

と修道女たちは不審がった。

彼女は驚き、素足の傷を見せたので、修道女たちもようやく出奔の事実を認めた。しかし、きのうまで、彼女の姿を取り、彼女に代わって門番を勤めたのは一体誰だったのか、修道院内は騒然としたが、それは聖母マリア自身だったに違いないとわかった。彼女は改めて聖母マリアの恵みに感謝しつつ永眠した。

この聖母マリアの奇跡は、ローマ教皇のもとに報告され、その時以来、修道院の前の道は「天の（ヒンメルス）門番娘通り（プフォート・ガッセ）」と呼ばれるようになった。この修道院は一七八三年に閉鎖され、一般の住居になってしまったが、通りの名だけは現在まで残っている。

10　天の一押し

聖母マリアに対する信仰は全オーストリアに非常に厚く、その無限の優しさと恵みを伝える話はいくつも残っている。

十四世紀のころ、ウィーン一区のビップリンガー通りには、非常に高慢な虚栄心の強い女が住んでいた。彼女は高価な生地や宝石を次から次へと買い求め、終日それらをながめては一人悦に入っていた。家事はまったく顧みず、隣人たちに自分の富を語り聞かせるのが一番の歓びだった。彼女は自分こそ近隣の誰よりも宝石や絹、レースを持っていることが自慢の種だったのだ。そして来る日も来る日も鏡の前に座り、絹、レース、宝石で飾りたて、自分の美しさに見とれてはうっとりとしていた。飽くことのない彼女の欲は、さらに赤・青・黄色などの絹やレースの服を注文し、それらを真珠や宝石で飾らせた。当然のことながら、出費もかさみ、金は指の間から砂がこぼれるようになくなっていった。しかし、自分の美しさと高価な衣装しか頭にない彼女は、金のことなどまったく気にもとめていなかった。彼女のこのような傲慢な生活態度は隣人たちの憎悪の的であった。

たったひとつ彼女の欲しがらなかった衣装は、ミサのための質素な服であった。しかし、彼女はとうの昔に教会を見捨てていた。教会内には彼女の美しさを映す鏡はなかったうえに、他の厳格高慢なカトリックの女性の非難の目に曝されることに耐えられなかったからであった。さらに清廉質素を説く聖人たちの像の視線も嫌であった。ある日、新しい帽子をこれ見よがしに見せびらかして街を歩いていた彼女は、道端の聖母マリアの絵の前で立ち止まり、いかにもみすぼらしい服のマリアをあざけった。

「聖母様よ。あんたはなんて格好しているの? ぼろをまとった乞食娘じゃないの。こんな薄汚いあんたに向かって人々が蹲いて祈るなんて、おへそが茶をわかすわよ。あんたが神様の母親なら、息子のイエスに頼んでそれにふさわしい豪華な美しい服を作ってもらったらどう? ちょうど今、この私が着ているような、ね。あんたやイエスは奇跡を起こせるんでしょ。私のような装いが一日でできるか見せて頂戴」

彼女が侮蔑の高笑いとともにその場を離れると、それを見送った聖母画がいかにも悲しそうに彼女に視線を向けた。

翌日の真夜中に彼女の家の扉を叩く者がいた。こんな時間に誰だろうと不承不承ベッドを起き上がった彼女は、入り口にぼろをまとったよぼよぼの老婆を見出した。弱々しい頼りない外見とは反対に、その目が悪意に満ちた冷たい光を放っていることに彼女は気がつかなかった。彼女はすべて外見と服装で人を判断するからであった。そこで、乞食が施しを求めて訪れたのだと思い、頭ごなしに食ってかかり追い返そうとした。しかし、老婆は反対に意外な強さと威厳をもって杖を振り上げ、彼女の無礼をなじり、彼女の高価な衣装や宝石を二束三文のがらくた呼ばわりした。虚栄心の強い彼女は老婆の不遜(ふそん)な言葉に怒り狂い、警察を呼ぶと脅した。すると老婆はとたんに態度を変え、猫撫で声を出した。

「いやいやお前さん。勘違いしちゃいけないよ。私はただお前に服をあげたいんだよ。誰も見たことのない女王様の着るような美しい服をね」

彼女は老婆の言葉を鼻であしらったが、老婆はおかまいなしに、ぼろぼろの袋の中に手を入れた。老婆の取り出したものは、きらめく雲のような柔かなビロードと金のドレス、宝石、金銀が千万の星のようにきらきら耀くかすみのようなベール、宝石をちりばめたベルト、高価な革靴、小さな真珠でぬいとりしたストッキングであった。美の極致を極めつくしたこれらの品々は、どんな女王の贅沢な装いでも足許に及ばないだろう。

喜んだ彼女は、今や逆に老婆の前に膝をつき、ほとばしり出る情熱を傾けて、それらの品を乞うた。しかし、老婆は笑って首を振り、支払いを気にせずに三日間貸そうといった。ただし、今からきっかり三日目の真夜中までその服をぬがない、という約束だった。彼女は大喜びで、一言もなく承諾した。

それから三日間、得意の絶頂の彼女はそれらの品々に身を包んで、女王のようにふるまっていた。周囲の誰もがその美しさを讃美し驚嘆した。しかし、三日目の晩が近づくと彼女は不吉な胸騒ぎを感じた。一体、あの老婆は今晩何をするつもりなのだろう。深夜十二時近くに宴会から自宅に戻ってきた彼女は、不安にかられながら服を脱ごうとした。ところがどうしたことだろう。服もベールも靴も靴下も、体にぴったりくっついたまま脱ぐことができないのだ。彼女は恐怖の悲鳴をあげた。

この瞬間に十二時の鐘が鳴り、入口に老婆が現われた。しかし、今夜は老婆だけではなくその背後には悪魔が控えていた。彼女が服の脱げない苦しさを老婆に訴えるより速く、悪魔の手が彼女に伸び、着ている衣装もベールも靴も靴下も、一斉に燃え上がった。彼女は号泣し、地獄の業火の熱さにのたうち回って助けを求め、つねに身につけていたペンダントを握りしめた。すると同時に燃えさかっていた衣装は彼女の体から離れて床に落ちた。彼女がまだ恐怖で混乱する頭を抑えて手を開くと、聖母マリアの絵姿が目に飛び込んだ。そのペンダントは彼女が幼い頃に信心から、大きくなると打算的な利益から、現在は単なる習慣から首に下げ、存在さえ忘れていたものだった。その聖母が彼女を悪魔の手から救ったのである。悪魔と魔女の老婆は、聖母の力で消え失せていた。

　正気に戻った彼女は、それまでの行ないを悔い改め、財産はすべて貧しい人びとに施し、自身は残りの人生を修道院で送った。彼女の家は「天の一押し（シュトース・イン・ヒンメル）」という名で、今日もウィーン一区ビップリンガー通りに残っている。

11　下働き娘の守護聖母

　現在、聖シュテファン寺院に祀られる聖母像は「下働き娘の聖母（ディーンストボーテン・マドンナ）」と呼ばれ、底辺の生活にあえぐ人びとを救うという信頼が厚く、連日祈りに訪れる人びとの灯明が絶えない。

　この聖母像は、約二百年程前のある「信心深い」伯爵夫人の所有物だった。彼女は徳の高い恩情溢れる人格者と自認し、その深い信心を誇示するために、えりすぐって地位の高い聖職者を食卓に招いていた。その席で伯爵夫人は、つねに何かの口実を設けて最下位の極貧の下働き娘を呼び出し、聖職者の前で、自分がどんなに忍耐と優しさと隣人愛から、この貧乏で愚鈍な娘のめんどうを見ているか、自分がこの娘を見捨てたら彼女は道端で餓え死する以外になく、自分以外にこんな役立たずを家におく寛大な女主人はいないと力説するのだった。すると聖職者は伯爵夫人の徳を褒め讃え、下働き娘の恵まれた幸運を喜ぶのだった。

しかし、当の下働き娘が何を考えていたのか、伯爵夫人も聖職者も思い及んだことはなかった。虫けら同様の下働き娘に意志があるなど、思いもしなかった。しかし、娘は伯爵夫人の不当な中傷が、その慢心の現われであることを察していた。彼女は仕事の失敗もなく、怠けることもなく、言われた仕事はきちんと果たしていたからだった。けれども地位も財産も、有力な家族や親戚・友人もいない彼女は、伯爵夫人にとって、あつらえむきで、夫人は彼女ならどんなに中傷しても絶対安全とたかをくくり、自分の隣人愛と徳を誇示する道具として利用していた。

一方、つねに阿諛追従を使う顔だちの良い馬丁の若者は、伯爵夫人のお気に入りで、若者が帳簿をごまかし、夫人のものをくすねて、嘘をつき、仕事を怠けても、夫人は咎めないどころかほめるのだった。

しかし、伯爵夫人の上品な仮面の下の傲慢冷酷さは、世間の目を欺くことはできても、下働きの娘には憎悪の的だった。けれども人の気持ちを考えたことのない夫人はまったく気がつかなかった。

ある日、伯爵夫人の真珠の首飾りが紛失し、夫人は空の宝石箱を手にして気違いのように大声でわめきちらした。そして、守衛を呼びつけ、召使いをすべて集めて犯人を捜索させた。守衛から容疑者の心当たりを尋ねられた伯爵夫人は、何の証拠もなしに下働きの娘が犯人としてちょうどいいと、傲慢にも軽率にも思いついた。夫人は彼女を指さして、日頃から自分のものがよく紛失するのは彼女のしわざと決めつけ、泥棒と知りつつも寛大に見逃して暖く接していたのだと、ここぞとばかりにうわべだけの温情を言いつのった。しかし、下働き娘は事実無根と無実を訴え、夫人の悪意ある不当な中傷を憎んだ。

伯爵夫人は見せかけだけの信心を誇示するため、日曜のミサにはかならず出席するだけでなく、自室に祭壇を設けて、高価で貴重な聖母像を安置していた。下働き娘はその聖母像に自分の無実を訴え、助けを乞うたが、伯爵夫人はそれを鼻先であしらった。夫人は、神や聖母は、自分のような地位の高い貴族や美しく装った財産家のためにのみ存在するのであり、身寄りのない貧しい下働きの願いを叶えるはずがないと信じていた。しかし、下働き娘は、聖母は身分や財産にかかわりなく不正を正し、正義を守るのだと反論した。

この時、警察が到着し、伯爵夫人は自分の立場を守るために、下働きの娘しか自分の宝石箱に近づく機会がなかったことをくり返し力説した。しかし、警察はすべての召使いの持ち物を調べ、結局、真珠は、夫人のお気に入りの馬丁の若者の鞄から見つかった。伯爵夫人は真赤になって馬丁の弁護をしたが、馬丁は盗みを認めて逮捕連行された。

自分の誤りをあばかれ、高慢の鼻をへし折られた伯爵夫人は、多額の金を払って得た自慢の聖母像が、自分の意に反して最も見下していた下働き娘の味方をしたため、その像に対する興味を失い、聖シュテファン寺院へ寄贈してしまった。それ以来、主人の不正で苦しめられる従僕は聖母像に助けを求めるようになったといわれている。

12　主なる神の歯痛

聖シュテファン寺院の背後の壁の一角に、茨の冠を被ったイエスの受難を表わす石画があり、「主なる神の歯痛」という奇妙な名前で呼ばれている。この絵は聖シュテファン寺院の周囲にまだ教会墓地があった一七三〇年頃の作と考えられ、信心深い人びとが花を捧げて祈っていた。

ある晩、もう明け方近く、若者の一行が一杯機嫌でそこを通りがかった。彼らはウィーン上流社会の若い紳士たちで、金と暇にまかせて毎晩、酒と歓楽に溺れているのだった。その中のリーダー格の若者は、石画に目をとめると馬丁に命じて馬を止めさせ、しげしげと石画に眺め入り、それからさもおかしそうに笑い始めた。

「おい見ろよ」

彼は無作法に石画を指さした。

「主なる神が歯痛でうなっているぜ。痛みどめの包帯を巻いているじゃないか」

彼はどんなまじめな事でも笑いものにしてからかうのが痛快で、包帯と言ったのは、信者の捧げた花輪のことで、しおれかかった花がちょうど石画のイエスの頬に当たって、包帯のように見えたのである。彼の仲間もその冗談が気に入り、ともに「歯痛の神」とはやしたてて、どっと笑った。

すると、そばでこれを聞いていた老婆の信者が腹を立て、警察を呼んで騒がしい若者の一団を追い払った。

その同じ日、石画をからかった若者は歯痛に悩まされ、高熱まで出してしまった。その晩はダンスの約束があったのだが、歯痛がひどくなる一方で踊りどころではなかった。彼はベッドで反転しながら、かつて伯母が歯痛には酢が効くと言っていたことを思い出し試しに飲んでみた。しかし、いくら飲んでみても痛みは少しも引かず、夜になるにつれてますますひどくなり、顔全体がすっかり膨れ上がり、高熱のため冷汗も止まらなかった。一晩中痛みで眠れなかった彼は、翌朝一番に医者という医者を呼んだ。

診察に訪れた医者のうち、第一の医者は薫香を勧め、二番目の医者は痛む歯を抜き、三人目は様々な飲み薬を与え、四人目は苦い胆汁のような茶を飲ませた。彼は医者の言うとおりにしたが、歯痛も熱も治まらなかった。

一方、彼の友人は薄情なもので、あれほど彼の機嫌を取り、酒代をたかっていたのに、見舞いにも訪れることは愚か同情の言葉ひとつよこさなかった。

こうして、空しく日を過ごしていた若者を一人の老婆が訪ねてきた。彼女は、若者が、イエスの石画をからかった時、注意した老婆で、石画のイエスに懺悔をして許しを乞うように勧めた。歯痛で気の弱くなっていた若者は素直にそれを聞き入れ、石画の前で熱心に許しを乞うた。すると、不思議なことに痛みは引き、熱も下がり健康が戻った。

そのうわさが町に広まると、人びとはこぞって石画を崇め、ことに医者もさじを投げた病人が助けを求めて祈りに訪れるようになった。

13　悪魔とがみがみ女

ウィーン一区にある「射撃街（ボーグナーガッセ）」の名前は、そこに住んでいた、射撃のようにがみがみまくしたてる女に由来している。

かつて、この通りの三番地には富裕な弩（いしゆみ）造りカシュパー・ベアガウアーが住んでいた。彼はおとなしい男だったが、いつも不機嫌でがみがみまくしたてる妻のため、どんな富にも喜びが感じられなかった。

一日中、自分の仕事場でせっせと働いたが、家に帰ると、妻は一分たりとも彼をそっとしておかず、あらゆることで喧嘩を売りつけ、罵詈雑言を浴びせて夫を殴った。彼はこのがみがみ女（ボーグナリン）から解放されないかぎり、生きる喜びも働く楽しみも味わえまいと失望していた。

ある日、またしてもひどい夫婦喧嘩となり、夫は妻にすっかりうんざりしてしまった。

「悪魔でも出てくりゃいいのに。地獄の主人よ。地獄のような妻から助けてくれ」

彼がため息をつくと同時に悪魔が現われた。

「ベアガウアーの親方。何の御用で？」

「俺の家内だ。あいつをなんとかしてくれ」

「しかし、親方。そんならあんたのドラゴンをあんたの敵のところに送りつけて、そいつをぶちのめさせたらいいじゃないですか。一挙両得ですぜ」

「だめなんだ。あいつは俺にだけ向かってくるんで、他の奴の前じゃ猫をかぶるんだ」

「人間の男とは何とあわれなひよっ子だ。要するに親方。私があんたの奥さんとうまく渡りをつけて飼い馴らしゃいいんでしょ」

それを聞いて彼は大喜びし、悪魔と契約を結ぶことにした。悪魔は成功の報酬として人間の魂をひとつ要求し、妻を恐れるあまり彼はそれを深く考えることもしなかった。

「よろしい。それでは」

と悪魔は言った。

「今晩私はお前さんに化けて、かみさんのところへ行ってやるよ。だから、お前さん、今晩はどこかへ行って仲間と飲んで明かすがいいね。うっかり帰ってこられて旦那が二人になっちゃ大変だ」

そこで彼は今夜は山の神の急襲に遭わなくてすむとほくほくして飲み屋に行った。一方悪魔は弩造りに化けると妻のもとへ行き、まず甘い言葉で懐柔しようと試みた。ところが彼女にはどんな甘い言葉も通用しないのだった。逆に「夫」に向かって罵声を浴びせ、殴り倒した。この仕打ちに悪魔は懲りて、この女には優しさで心をとろけさせることは不可能だと悟った。そして、作戦を変え、威丈高に威厳をもって、妻たるものは夫を主人として服従すべきだと説いた。

それを聞いた妻は、がみがみ女の本性を現わし、ほうきの柄で嫌というほど「夫」の背中を殴ったうえに、バケツ一杯の冷水まで浴びせた。悪魔は堪忍袋の緒が切れて、ついに本来の恐ろしい姿を現わし、怒り狂ってごうごうと燃えさかり、鋭いけづめで彼女の体をつかんで引きむしろうとした。その有様はさながら荒れ狂う雷雨のようで、妻もさすがにぎょっとした。

ところが鼻柱の強い妻はそれでも負けていなかった。悪魔を逆に追い廻し、追いつめてその毛皮をむしり、二本の角をつかむと振り回したので、ぽきりと折れてしまった。さすがの悪魔もこれには降参し、逃げ場を探したあげく、煙突からほうほうの態でのがれ去った。

結局、悪魔は親方との約束を果たせず、親方は悪魔に魂を取られることがなかった代わりに、生涯、がみがみ女の尻に敷かれることになった。彼女は夫が悪魔を家に呼び込んだというので決して夫を許さなかったからである。この家の入口の上には、今日でも悪魔とにらみ合う女の絵が描かれている。

14 長鼻をこすれ

ウィーンの街は昔から乞食が多かった。特に貴族の結婚式や祭の日など、気分のゆるんだ人びとから財布のひももゆるめて初穂をせしめようと、乞食が群がった。ところが、金に関するかぎり誰もががっちりしていて、そう簡単に財布のひもはゆるまない。ある祭の日、にぎやかな山車のお練りや曲芸師の綱渡りなど、次から次へと趣向を凝らした出し物が続き、観客はぽかんと大口をあけて見とれているのに、どっこい、財布の口は開かない。こういう時には、こそ泥やすりが横行していることをちゃんと知っているからだ。おかげである乞食は、この日期待はずれに一文の施しにもありつけなかった。

彼は、乞食とはいえ、人に金をねだるその口上も芸のひとつと心得ていて、金持ちに快いお追従をならべ、相手をいい気持ちにおだててはうまく金をはずませるのだった。しかし、今日という今日は全く失望だった。彼はけちな人びとに腹を立て、ぶつぶつ不平をならべたてた。

「けちな馬鹿どもにお世辞を使うくらいならいっそ悪魔に金をねだった方がましだ」

彼が言うや否や、まるで地から湧いたように群衆の中から、緑のビロードの上着と真赤な羽を帽子に挿した小男が現われた。乞食は有望だと言葉を尽くして施しを乞うたが、小男はにやり笑っただけで、乞食に話しかけた。

「お前さん、私から両手いっぱいの銅貨を期待したのかね。だが、私はもう少しましなものをあげよう」

小男は洋服の下から鳴子（田畑を荒らす鳥おどしの金属の板）を出して見せた。乞食は一文の価値もない鳴子を見て胡散臭そうな顔をした。

「外見はもちろんただの鳴子さ」

小男は続けた。

「しかし、そうじゃない。これでお前の唇をこすって〝長鼻をこすれ〟と言うと口から金貨が一枚跳び出すんだ。信じられないんなら見せてやるよ」

小男は乞食を人気のない隅につれていくと鳴子で唇をこすって金貨を口から出した。乞食はそれを見て、目の色を変えてねだった。

「待て待て。ただではやれない。それにもうひとつ、誰かがお前を嫌な目に遭わせたら、〝長鼻をこすれ〟と言えばいいんだ。そうすりゃこの鳴子がそいつの唇を切って痛い目に遭わせてくれる。そいつは痛さのあまり、お前の言うことは何でもきくんだ。伯爵様にだってそうさ。ところで、私はお前に七年間これを貸そうと思う。そのあとは……」

小男、すなわち悪魔は乞食の魂を地獄に連れていこうというのだが、今は黙っていた。乞食も、その小男が悪魔だとわかり、もしもここで契約を結んだら、自分の魂が地獄に落ちると察してためらった。悪魔はそれを見て、契約を結ぶ前に一晩貸すから、とっくり考えるよう陽気に言うとぱっと姿を消した。

急いで自分の掘立て小屋に戻った乞食は、その日一日中、取るものも取りあえず、必死になって鳴子で唇をこすり、金貨を口から出した。あまり何度もこすったので唇は真赤にはれ上がりずきずき痛んだが、おかげで皿という皿、籠という籠は金貨でいっぱいになり、それを見ているだけで、唇の痛みも忘れるほどだった。

翌朝、太陽が昇ると同時に昨日の小男が手に羊皮紙の契約書を持って現われた。彼は乞食の真赤にはれ上がった唇を見ると満足そうに大笑いした。

「お貸しした道具はお気に召したようですな。さて、では契約しましょう。あんたの唇ははれ上がって、さんごのように真赤な血がたまっている。我々の契約書には血がいるんでね。使わして頂きますぜ」

悪魔は新しく切ったばかりの鵞ペンの先で乞食の唇を切ると血を含ませて契約書に署名した。

「さて、これで終了。契約の条件として、あんたは今後七年間教会にもミサにも行ってはいけない。もしも、それを破ったら、七年経つ前にお前を迎えにくる」

小男の悪魔は言い終わるとふっと消えた。唇の痛みを癒す塗り薬も残さずに。

乞食の生活は一変した。どんな贅沢も思いのまま、御殿のような美しい家に住み、名前もクリソストムスと勿体ぶった名を選んでつけた。そして、来る日も来る日も鳴子で唇をこすって金貨を山と出したので、唇はあたかも二枚の焼いたソーセージのように膨れ上がり、それが隣人たちの笑いの種となった。しかし何不自由ない金持ちになった彼は隣人の評判など全く気にかけなかった。無理に交際する必要もなく、教会にも行かず、乞食にも施しを与えず、家に籠って一人で悠々自適に暮らしていた。

七年はあっという間に過ぎ去り、悪魔が約束どおり訪ねてきた。彼は悪魔を家に入れまいとしたが、悪魔は鍵のかかった扉でも造作なく通り抜ける術を心得ていた。悪魔と対峙（たいじ）した彼は悪知恵を巡らし、

「長鼻をこすれ」

と叫んだので、鳴子は悪魔の唇を切り、悪魔はその痛さに悲鳴を上げながら彼に慈悲を乞うた。彼はここぞとばかり、契約書破棄を言い渡し、悪魔は例の契約書を破いて暖炉にくべた。首尾よく悪魔との契約をのがれた彼は安心して鳴子を悪魔に返し、悪魔はすごすごと地獄へ引き返した。

鳴子がなくなったので、金貨を出すことはできなくなったが、家には生涯贅沢に暮らせるだけの十分な金貨があり、彼に不満はなかった。ただ、彼の死後、例の悪魔が地獄で彼を待ち受けているやら、その時どうなるやら、神のみぞ知る。

15　バジリスクの家

ものごとを神秘化する想像力にたけていた中世の人びとの生み出した怪物は、今日でも注目に値する特異なものが多い。科学で事実が解明される前には、異様な事件はすべてもっともらしい想像で説明がつけられた。しかし、無味乾燥な科学よりも、人びとの豊かな想像から生まれた怪物の方がはるかに夢がある。一二一二年六月二十六日に、ウィーン一区のシェーンラテアン街（一四頁5話参照）七番地で起こった事件もそのひとつである。

その日の朝、その家から、天をつんざくような絶叫が響き渡り、人びとは恐怖と好奇心でぞくぞくと家の囲りに集まってきた。その家の主人、パン屋のガーヒーブル親方と彼の家族には何か大変なことが持ち上がったらしかった。ひどくなる一方の絶叫に、人びとは彼らを助ける方法を考えたが、家の扉はぴったり閉まっていた。

そうするうちに、騒ぎを聞きつけて、市の役人が部下を連れて取り調べに現われた。殺人か、暴力か犯罪が発生したと思ったのである。役人が何度もパン屋のノッカーを叩くと、ようやく中からガーヒーブル親方がよろよろと出てきた。そのようすを見ただけで、人びとは彼が今にも死ぬのではないかと息を呑んだ。彼の顔色はそれほど土気色で、生きている人間とは思えなかったのである。そして、話し始めた声はまるで墓の中から響いてきたかのようだった。

「とんでもないものを見てしまった。今朝、家の女中がいつものようにつるべ井戸に水を汲みにいくと、そこで恐ろしいものを見て悲鳴をあげてぶっ倒れたのだ。うちの若いものがすぐ彼女を助けに駆けつけて、私もいっしょに行った。いやはや地獄そのものだった。井戸は硫黄の悪臭がいっぱいで、庭中にそれが広がっていった」

親方の言うとおり、あたりには硫黄の嫌な臭いが漂い、人びとの鼻をついた。

「うちの若いもんは勇気があるんで、すぐ明かりをつけて井戸の中に降りていった。私もそのあとから降りて、原因を見きわめようとした。私の先に降りていったハンスは、井戸の下まで降りると松明(たいまつ)を落として死にそうな悲鳴をあげた。これ以上、そこにはいられない、と私とハンスは急いで井戸から上がったんだが、ハンスはそこでぶっ倒れた」

女中だけでなく、壮健なハンスまで気絶したと聞いて人びとは仰天した。

「息を吹き返してからハンスがいうにはこうだ。ぞくっとするような動物がいたんだ。最初、目に入った時はでっかい牡鶏に見えた。しかし、そんなことはありえない。牡鶏が泳げるはずがない。すると今度はうろこに覆われた尻尾が見えて、ついでに炎のようにぎらぎら光る目がじろりとにらんだ。なんだかわからんが、とにかく頭には金のとさかがあった」

人びとのとまどいで騒ぎがますます大きくなる中を、ポリッツァー医師がやってきた。彼はハンスと女中を診察すると、人びとに気絶の原因と怪物の正体を説明した。それによると、怪物は危険きわまりない動物で、古代ローマの自然科学者大プリニウスが研究し、学者の間で知られていた「バジリスク」だった。バジリスクの卵はがまと牡鶏の交尾で生まれ、それが今孵化（ふか）したのだった。この怪物の毒気を浴びた者は助かる見込みがなく、ハンスと女中のように一瞬見ただけでも気絶してしまうのだ。

人びとは意気阻喪（そそう）してそれぞれの家に引きあげたが、何人かの気丈な若者はバジリスク退治の話を医者に持ちかけた。すると、医者は直接バジリスクを見ると死んでしまうが、鏡に映しだし、それを見ながら退治することはできると告げた。しかし、その方法も危険であることに変わりはなかった。そこで、もっと安全な方法を選び、井戸に大きな石を大量に投げ込み、バジリスクを窒息させる方法が試みられ、それが効を奏して、以来、バジリスクの被害は聞かれなくなった。

今日ではバジリスクの正体は、天然ガスか硫化水素の溶けた水だったと解明されている。

16 ハイリゲンシュタット教会の地底湖

五世紀に、アイルランドの修道士聖セバリンはオーストリアに宣教し、ゲルマン人の異教の神々に捧げられていた聖なる石を捨てて人びとを改宗させ、そこに教会を建てた。人びとは聖（ハイリゲ）セバリンにちなんでその場所を「聖なる町（ハイリゲンシュタット）」と呼び、その地区もシーファリング（今日のウィーン十九区の名称）とした。

聖セバリンは、また、ゲルマン人の聖なる泉も封じて、人びとをカトリックに改宗させようとしたが、表面的に泉を封じても、湧き水を止めることはできず、地底湖となってハイリゲンシュタット教会の真下に位置した。

そこには、燃えるようなぎらぎら光る目をした真黒な魚が泳いでいたが、この魚は、カトリックに弾圧されたゲルマン人の異教徒だという。そして、教会の正面祭壇の下から地底湖へ降りる階段が続いていた。

かつて、不信心な一人の女性が、日曜日のミサにも行かず、地底湖でボート遊びを楽しんでいた。しかし、彼女がボートを下りて帰ろうとしても、体がボートに貼りついたままおりることができなかった。彼女は悲鳴をあげて助けを求めたので、会堂内でミサをあげていた神父と会衆は彼女のために祈り、地底湖までお練りを行なったが、女は石に変わって死んでしまった。それ以後、地底湖の入口は塗り込められ、誰も行くことはできなくなった。

その後しばらくは何事もなかったが、ある聖霊降臨祭の日曜日、ミサの途中で神父の顔に太陽の光が当たった時、地底湖から不気味なうねりとざわめきが聞こえ、恐ろしい洪水が教会を襲い、神父も会衆もすべて溺れ死んだという。

17 熊の皮

ウィーン一区のドナウ運河から程遠くないマリア・アム・ゲシュターデ教会脇には、大昔から十五世紀まで「熊の皮へ（ツム・ベーレンホイター）」という名前の家があった。

ローマ帝国時代、この家の前には熊の皮をまとったケルト人兵士の石像が立っていた。伝説では、この像はローマ人の彫刻家によるマコマーネン族の諸侯とされていた。ローマ軍がオーストリアをはじめヨーロッパの征服を始めた頃、ウィーンにはまだ狩猟と牧畜に明け暮れる平和なケルト人集落が広がっていた。ローマ軍とは時々小ぜり合いがある程度で、本格的な征服戦争には至っていなかった。

しかし、シーザーが支配者にのし上がると、ゲルマン人はローマ軍の侵入につねに脅やかされ、ケルト国家存亡の危機にさらされたので、同様の立場にあったマコマーネン族と同盟を結び、共同でローマ軍と戦ったのである。「熊の皮へ」という家は、その同盟が調印された家と考えられている。家の主人は熊の皮の上に座り、マコマーネン族の諸侯を蜜酒やワインでもてなしたのだが、その家の下男は多額の報酬と引きかえにローマ軍に同盟の事実を通報したので、ローマ皇帝ティベリウスはただちに軍を差し向けた。そして、ウィーンから数十キロのカヌントゥムの地で、勇猛果敢なマコマーネン侯を無理矢理ローマ軍に組み入れた。その後ケルト国家も、マコマーネン族も皇帝ティベリウスの支配に屈服し、消滅したのである。

これとは別に、もうひとつ「熊の皮へ」という名前の由来がある。一四四四年、オスマン・トルコのイスラム教徒から聖地エルサレムを解放しようとする十字軍の遠征中、兵士として加わっていたあるドイツ人農夫は、オスマン人の脅威を前に震え上がり、戦地から逃れられるように悪魔に祈った。すると、悪魔は彼の魂と引き替えに逃亡を助け、さらに大量の金貨も与えた。そして、彼が数年間、熊の皮を被り、人里を離れて森に住み、一度も風呂に入らなければ、彼の魂は救われると悪魔は約束した。

若者は約束の年限が終わるまで森をさまよい、ウィーンにたどりついた。熊の毛皮を着ているとはいえ大金の持ち主なので、マリア・アム・ゲシュターデ教会脇の家の主人は喜んで彼を家に泊め、末娘を嫁にやると約束した。娘は汚い熊男との結婚に泣いたが、父親の命令には従わねばならなかった。いよいよ結婚式の寸前になると、年限が切れて若者は熊の皮を脱いで若いきれいな本来の姿に戻った。娘もすっかり喜んで婚礼に臨み、二人は幸福になった。

この花嫁には二人の姉がいて、妹が醜い臭い熊男どころか、きれいな若者と結婚したので、嫉妬と羨望から一人は首をつり、もう一人は井戸に身を投げて死んでしまったという。

18 熊の水車小屋

ウィーン四区の青物市場ナッシュマーケットの入口脇には、今日も「喫茶店　熊の水車小屋」という看板が残っている。喫茶店そのものは閉鎖され、かつての面影がわずかに名残りをとどめているにすぎない。

かつて、ここには水車小屋があり、牧歌的なぶどう畑が広がり、小ぎれいな夏の別荘があちこちに点在しているのどかな田園であった。しかし、外面ののどけさとは反対に、付近の森から狼や熊が獲物を求めて人家にまで襲いかかる危険があった。ことに氷雪と極寒に見舞われる厳しい冬の間は、森に獲物が少なくなるために、そのような被害が多くなった。一六四六年、一七一五年にはそのような記録が残されているので、それ以前はまして推して知るべしである。

そこで、人びとにとって、狼や熊などの森の獣は不倶戴天の敵であり、彼らと戦って殺さなければ、自分たちの命が危なかったのであった。森の獣の中でも狼は特に賢く、熊は特に力があり、ともに人智や人力の及ばない恐るべき存在だった。人びとは熊や狼は悪魔や悪霊の力を借りた超能力者とみなし恐れていたが、当時は自然そのものが、類(たぐい)ない力を秘蔵した超能力を貯えているように思われていたのである。

その冬も酷寒に見舞われ、巨大な熊が「聖霊水車小屋」を襲い、粉屋の主人を取って食おうとした。主人は壮健で戦う力も十分であったが、巨大な熊を相手に全力で戦ったところで、蟷螂(とうろう)の斧同然であった。主人は熊の前足にひっかけられ床に組み倒され、最後の力をふり絞って助けを求めて叫んだ。

幸い、水車小屋の二階には、若く逞しい粉屋の職人が住んでいて、窓から熊が主人を組み倒しているのを見つけた。この若者も勇気と力があり、主人の一大事を知るや、何の迷いもなく窓から飛びおりて熊の背中に乗った。背後からの攻撃に不意をつかれ、両手で首を力一杯しめつけられたので、熊は苦しがり、主人を抑えつけていた前足を放した。主人はそのすきに熊の下から抜け出し、よろよろと水車小屋に入り、応援を頼んだ。その間も、粉屋の若者は熊の背に乗ったまま首をしめつけ、熊の方は苦しさのあまり若者をふり落とそうと暴れた。その時、主人が他の若者と駆けつけ、丸太や棍棒で熊を殴り、ついに倒した。

主人は死んだ熊を前に若者に厚く礼を言い、多額の報酬を与えようとしたが、欲のない若者は熊の毛皮だけを戦利品として望んだ。事情を知らない人びとは熊の毛皮を野蛮と笑ったが、彼はその毛皮を飾って「熊の皮へ（ベーレンホイター）」という喫茶店を始めた。おそらく彼はそこで熊の毛皮を見せながら、客に自分の手柄話をきかせたことだろう。一方、粉屋の主人は若者への感謝と熊との戦いの記念にその絵を描かせて水車小屋の前に掲げた。それ以来、そこは「熊の水車小屋」と呼ばれるようになった。

19　異教徒射撃

ウィーンに残る逸話中、最も有名なものの一つが「異教徒射撃（ハイデン・シュス）」のパン屋である。ウィーンの人びとにとって、自然の脅威が熊と狼ならば、病気の脅威はペスト、そして、人間の脅威は一五二九年と一五三二年のオスマン・トルコ軍であった。トルコ戦争は、ウィーンのみならず、オーストリア史上でも特筆すべき大事件であり、その脅威は長く人びとの語り草となっていた。

一五二九年、オスマン・トルコ皇帝スレイマンは、ウィーンを征服すべく、大軍を送り、トルコ軍は破竹のごとくウィーンに迫ってきた。これに対してウィーンの守備は十分ではなく、人びとは家を捨て牛に車を引かせてぞくぞくと逃げ始めた。けれども、勇敢で屈強な市民は、ウィーンを包囲するトルコ軍に対して、ニコラス・サルム伯爵の指揮下に必死の防衛を講じていた。ウィーンにとって幸運なことにはトルコ軍の大砲と射撃の設備が悪く、ウィーンの城壁と土塁を破壊できるだけの威力はなかった。しかし、トルコ軍は戦略に優れ、地下に坑道を掘っては爆薬をしかけ、城壁と住宅を地下から爆破で崩し、街に侵入しようとした。そこで、ウィーンの人びとは老若男女総力をあげて、城壁や住宅の崩れた跡の穴をふさぎ、トルコ軍の侵入を防いだ。街のいたるところに日夜見張りを置き、特に地下室では、疑わしい物音や爆破による揺れに気を配り、水の入ったバケツや石ころを用意して即座に応戦できるようにした。

しかし、どんなに頑張ってもウィーンの状況は日ましに悪くなるばかりで、弾薬だけでなく、食糧も底を尽き始めていた。

ウィーン一区シュトラウホ街のパン屋の主人もその状況をよく把握していた。パン種となる小麦粉は日に日に少なくなり、大勢の市民、兵士、難民のパンを焼くにはとうてい足りなかった。このままでは最後の小麦粉の袋を開ける日もそう遠いことではなく、どんなに節約しても追いつかなかった。彼は他のパン屋も同じ状況であることを知っていた。パン屋の若い小僧ヨセフ・シュルツも主人の顔色から察して、最悪の事態の覚悟をしていた。

シュルツは毎晩、地中深く掘られた地下室へ小麦粉を取りにいった。その晩もいつものように重い小麦粉の袋を肩に背負って地下室から出ようとした時、どこかから鉄と鉄のこすれ合うようなかすかな音がきこえたような気がした。しかし、そこは街のまんなかで、まさかここまでトルコ軍が地下坑を掘り進めているとは考えられなかった。小僧は気の迷いだと不安を打ち消してそこを出た。

次の晩、神経質になった小僧は前夜より注意して地下室へ下りて行った。果たして再び金属のぶつかる音がした。それも前夜よりはるかに大きく近くで響いた。小僧はもう疑わなかった。大急ぎで親方のところへ飛んでいくと危険を訴えた。はじめは小僧の臆病を笑っていた親方と職人も、小僧の説得で地下室へ下りていくことにした。地下室には、何の異状もなかったが、突然、皿の中のえんどう豆が微妙に震え始めた。当時ウィーンの人びとは、爆破の揺れをなるべく早く察知するため、皿にえんどう豆を入れて棚に置き、豆の転がり方を観察していたのだ。今、えんどう豆の微妙な揺れを目にした時、親方の笑いは止まり、その耳には、小僧の言ったとおり、金属のこすれ合う音やかなづちで叩く音が聞こえてきた。もうまちがいなかった。トルコ軍の地下坑が迫ってきているのだ。壁に耳を押しつけた親方は、はっきりと「アラー」という声を聞いた。もう一刻の猶予もなかった。

親方はまっすぐに守備隊長のもとへ駆けつけ事情を話した。守備隊がパン屋の地下室を訪れ、物音のする方向の壁の煉瓦を一枚どけると、すでにそこには地下坑の穴がぽっかり開いており、武器弾薬が山と積まれていた。焦眉の急の連絡は野火より速く伝わり、人びとは手に手にバケツや石ころを持ってパン屋の地下室に集まり、壁の穴からトルコ軍の地下坑へ水を流し始めた。一致協力した人びとのバケツリレーのおかげで、水をあとからあとから坑内へ流すことができたのだ。その結果、トルコ軍はそこから逃げ出し、外へ逃れたところを、待ち伏せていた他の市民が石ころやぐらぐら煮えたピッチ（松やにのような塗料）を浴びせた。こうして、市民の協力の下にトルコ軍は撃退された。

トルコ戦争勝利にウィーンは湧き返った。祝砲が鳴り、聖シュテファン寺院では大司教が感謝のミサを捧げた。そして、例のパン屋には「異教徒射撃（ハイデンシュス）」の名前が与えられ、ニコラス・サルム伯爵から褒美の祝杯が贈られ、一八〇九年までウィーンのパン屋は、復活祭の火曜日にそれを捧げ、市街でお練りをしたという。そして、戦勝記念にトルコ国旗の三日月を型どったパンを製造し、のちにマリー・アントワネットがルイ一六世との婚礼の際フランスへ持参し、クロワッサン（三日月）と名づけられて人気を博した。

20 銅貨にキス

ウィーン一区ローテントゥルム門の近くに一四一一年頃から何代も続いた「黒い鷲へ（シュバルツアドラー）」という食堂があった。その何代目かの主人のハンス・バングラーは経営に熱心で上手に店を切り回し、息子のヨセフと姪のマリアも店をよく手伝った。そのため店は繁盛し、主人は当然幸福で満足してよいはずなのに、金がたまればたまるほど欲が出て、息子は是が非でも大金持ちの娘と結婚させなければ気が済まなくなっていた。彼が息子の嫁に、と目算しているのは、隣の裕福な食堂の娘であった。この結婚がうまく成立すれば、彼は二つの食堂の持ち主になれるのだった。

ところが、息子のヨセフは隣の娘など目に入らなかった。彼が愛していたのは従妹のマリアで、彼女は美しいだけではなく、働き者だった。しかし、一文の財産もないので、ヨセフは奇跡でも起こらないかぎり父親が彼女との結婚を許すはずのないことを知っていた。そこで二人の恋は人目を忍ぶものとなった。

ところで、そのころ彼の店の得意客の一人に、有名な医者テオフラストス・パラセルススがいた。一四九三年にスイスのアインジーデルンで生まれた彼がウィーンにきたのは一五三八年のことで、彼は医者としてだけでなく、神学者、哲学者でもあり、またヒューマニストとして、人びとに非常な人気と信頼があった。パラセルススは「黒い鷲」で酒を飲み、他の客と討論するのが好きで、主人も息子たちも、彼に特別の敬意を払い、彼が酒代をためても支払いを催促しなかった。しかし、主人だけは内心苦々しく思っていた。

その間にも、主人のバングラーは息子と隣の食堂「緑のぶどう蔓（つる）」の娘との婚礼を進めようとした。けれども、ヨセフはどうしても承知せず、逆にマリアとの恋を告白し、結婚を願い出た。しかし案の定、バングラーはかんかんに怒り、この日を境に「黒い鷲」では父と子の喧嘩が絶えず、絶望したヨセフとすすり泣くマリアは父の目を盗んで抱き合って互いの不幸を嘆いた。これを見た父親はマリアに向かって、ただちに家を立ち去るように言い渡した。

この場を救ったのがパラセルスースだった。親子とマリアの口論が激しくなるにつれて、父親の声高などなり声が、店に座っていたパラセルスースの耳に届き、仲裁に入ったのである。

「バングラーさん。ヨセフがマリアみたいなきれいないい娘と結婚すれば、あなたはすばらしい孫を持てますよ。あなただってかわいい孫はほしいでしょう」

「先生。いくらあなたのお言葉でも、私はうちの大事な息子が教会のねずみ（貧乏な娘のこと）と結婚するのは許せませんよ。そんなことになったら二人とも勘当して殺してしまいますよ」

パラセルスースがどんなに若い二人の弁護をして、主人をなだめても、その怒りは燃え上がるばかりで、逆にたまっていたパラセルスースの付けを請求し始めた。

「先生。いくらあなたが立派なことをおっしゃっても、あなたの勘定はもう四週間もたまっていますよ。私に文句をつけるのならそれを払ってからにして下さいな」

パラセルスースは痛い所をつかれて、一瞬口をつぐんだが、まるで重病人の治療をする医者のようににっこり笑うと、ポケットから真鍮の銅貨を一枚出して主人に渡した。主人は顔を真赤にして、それを床へ投げた。

「思った通りだ。先生。医は仁術だか知らないが、患者の病気は治しても金を稼ぐことを知らない。こんな錆びた銅貨一枚で四週間分の酒代に足りると信じているんですか。銅貨じゃなくて、金貨一枚頂戴したいですね」

主人がパラセルスースに詰めよっても、彼は落ち着き払っていた。

「では、バングラーさん。もし、それが金貨に変わったら、二人の結婚を許しますか」

とパラセルスースは、主人の背後で互いに守るようにぴったり寄り添っていたヨセフとマリアを指さした。主人はそのたわ言を笑いとばして軽口を叩いた。

「ええ。もちろん。あなたのおっしゃるとおりにしますよ。先生」

彼がそう言うや、パラセルスースは床の銅貨を指し示した。錆びた銅貨はぴかぴかの金貨に変わっていた。主人は今までの怒りもどこへやら、床に膝をついて金貨を拾いあげ、欣喜雀躍しながらそれにキスした。

パラセルスースのおかげで結婚できたヨセフとマリアが、店を継いでから彼を丁重にもてなしたのはいうまでもない。しかも、この話を聞き伝えた市民が店にどっと詰めかけたので、店はまもなく二倍に拡張した。店の名前は「銅貨にキス」と改められ、入口の扉の上には、一八一〇年まで銅貨にキスをする男の石画が下がっていた。

21 十字架の紡ぎ娘、または十字架の愚か娘

ウィーン十区のヴィーナーベアク通りは、ウィーンから南高速道路に向かう幹線道路で、その道端にはゴシックの塔が建っている。一二九六年の記録では、それは粗末な木の十字架だったが、一四五二年、聖シュテファン寺院の名大工ハンス・プッホスバウム（一〇頁3話参照）が現在の立派なゴシックの石塔に立て直した。この石塔を巡って五種類もの逸話が伝えられている。

第一はその近所に住んでいた貧しい女の話である。彼女は一人暮らしで、終日糸を紡いではそれを売ってなんとか口をすすいでいた。信心深い彼女は毎日粗末な木の十字架の下で祈りを捧げていたが、聖なる木の十字架が風雨にさらされ朽ち始めていることを苦にしていた。そして、それを立派な石塔に代えたいと願い、倍以上糸を紡ぎ、その甲斐あって石塔を造るだけの金を貯めることができた。立派な石塔が完成した時、人びとはそれを「紡ぎ女の十字架」と名づけた。

第二の話は、十字軍の騎士アーダルベルトを待つ婚約者アーデルハイトの話である。二人は十字軍の遠征が終わった時結婚する約束だったので、

花嫁は花婿の帰還を待って、ウィーンから南へ向う道の入口脇の石塔の下で日を過ごしていた。やがて、十字軍の戦いは終わったが、その知らせは勝利ではなく、アーダルベルトは戻ってこなかった。

ある晩、アーデルハイトの夢に血だらけとなったアーダルベルトが現われ、彼女を慰め天国でいっしょになろうと約束した。夢から覚めたアーデルハイトは彼の死を悟り、石塔の下で死装束を紡ぎ始めた。数日後、生還した彼の友人から婚約指輪を渡され、彼女はそれをはめて、さらに紡ぎ続け、死装束の完成した当日、それを身につけて昇天した。彼女の死後、人びとはそこを「紡ぎ娘の十字架」と名づけた。

第三の話も十字軍にまつわる。石塔のすぐ近くに住んでいた貴族の娘は十字軍の騎士が次々に生還するようすを見て、その中の一人との結婚を願った。若く美しい彼女への求婚者は数知れず、彼女は最も高価なものを持ってきた男と結婚することに決めた。さまざまな贈り物の中で、彼女が最も高価と認めたものは、ワルター・フォン・メッケンシュタインの贈ったサフランで、彼が彼女の幸運な花婿となった。サフランは十字軍が東洋からもたらした貴重な香辛料で、長い間、愛の妙薬として使われていた。

第四の話も若い騎士メッケンシュタインだが、第三話と異なり、彼にはすでに妻子がいる。クララという金持ちの美しい熱情的な娘は彼に恋し、是非とも結婚をと願ったが、若い騎士の妻子への忠実な愛情を動かすことはできなかった。思いあまったクララは、彼の妻子を短剣で刺し殺し、裁判にかけられた。当然死刑になるはずのところを、裁判官が彼女に同情したのか、その美しさに負けたのか、無罪放免となった。それを知った人びとは、彼女が金で無罪を買ったのだろうと噂し、金の愚か娘（ゴールド・シユピンナリン）と呼んだ。「紡ぐ（シユピンマン）」という単語には愚かという意味もあるからである。

一方、クララは罪の重さを自覚し、懺悔の生涯を送り、自分の財産で金の塔を建てたので人びとは彼女を「十字架の愚か娘」と呼んだ。

最後の話はシュピンナーという粉屋である。彼は街の死刑台の前を通りかかった時首吊りの刑台に引かれていく泥棒を見て、軽率にも、

「ああいう時、死刑になる者は一体どういう気持ちなんだろう。知りたいもんだ」

とつぶやいた。すると、それを聞いていた泥棒は、いきなり、

「こいつが共犯だ」

と叫んだので、粉屋は逮捕され死刑台へ連れていかれた。彼は頭の中が真白になり、泣いて無実を訴えたが、死刑執行人は首吊りの縄を彼の首に回した。すべてが終わりと目の前が真暗になった時、

「粉屋の親方。どんな気分だね」

と泥棒が声をかけた。粉屋が言葉も返せないであえいでいると、泥棒は彼の無実を証明し、粉屋は放免された。彼は自分の軽率さと愚かさを思い知り、石塔を建て、「シュピンナーの十字架」と名づけた。シュピンナーには愚か者という意味もあるので、人びとは「十字架の愚か者」と呼んだ。

22　オッタークリング城の主

ウィーン十六区オッタークリングは、その昔、ウィーン郊外の小村であった。寂しいその村は、冬の一番厳しい十二夜の頃になると嵐のような風に吹きさらされ、村人は家に堅く閉じこもり、ひたすら風がやむのを待った。

十二月二十五日の降誕祭と一月六日の公現節にはさまれた十二夜は、一年で最も暗く、この世とあの世の通行が可能になり、あらゆる魑魅魍魎が跳梁する不気味な時期だからである。ごうごう吹きまくる風の雄叫びは、十二夜に訪れる恐しい怪物、「野猟（やりょう）」の吠え声であった。年代記によると、十二夜の深夜十二時にオッタークリング村で野猟が見られたという。

教会の鐘が十二時を打ち始めると天空の西の方角からぱっと明るい光が射し、四頭の馬に引かせた葬式の馬車が現われ、その中に死者が座っていた。逞しい御者が馬に鞭をあて村に近づいてくる

と、馬車の中の死者は最近連れ去られたオッタークリング城の主だとわかった。人びとが恐れおののく間に、教会の鐘は十二時を打ち終わり、身の毛のよだつその馬車はふっと消えた。

オッタークリング城の主は、元来ドイツの将軍で、一四五七年にドイツ騎士団のものだったマリエンブルク城で、敵のポーランド人を密告して多額の報酬を得てから、ウィーンに逃れ、金持ちの未亡人と結婚し、オッタークリング城で裕福に暮らしていたのだった。しかし、裏切りの密告に遭ったマリエンブルク城の人びとはそれを忘れず、彼を追跡してウィーンの役人に訴え、引き渡しを要求した。そして、彼の居城をつきとめ、彼が日曜日のミサに行く時、教会墓地で待ち伏せ、鎖で縛るとどこへともなく連れ去ったのである。

オッタークリング村の人びとは十二夜に何度も死者の馬車を目撃し、城主はもはやこの世の人ではないとささやきあったという。

23 すみれ祭

一二四六年に最後のバーベンベアク王朝のフリードリッヒ二世が死亡してから一二七三年にハプスブルク王朝ルドルフ一世（一二一八―九一）が即位するまで、オーストリアは混迷期に陥り、さらに一二七八年ボヘミア王オットカーをマーヒフェルドで倒すまで戦乱が続いた。

ハプスブルク王朝二代目のアルブレヒト一世（一二五五―一三〇八）になってようやく世の中も平和になり、人びとの生活も落ちつきを取り戻した。当時のオーストリア帝国は、シュタイアマルク公国、ケアンテン公国、クライン公国（現在の上部オーストリア、サルツブルク両州）、ティロル公国に分かれ、現在のウィーンと下部オーストリア州をオーストリア公国と呼んでいた。アルブレヒト一世は第七男のオットー三世（一三〇一―三九）にオーストリア公国を任せ、オットー三世は戦乱後の平和を楽しむさまざまな歓びの祭を催したため、後の人びとから「歓喜公」と呼ばれた。

彼の催した祭の中に「すみれ祭」がある。人びとは春を告げる花としてすみれを珍重していた。公は布れを出して、春の訪れとともに最も早くすみれを見つけた処に帽子を被せて目印とし、皆でそこへ出かけて歌と踊りの春祭を催すことにした。そして毎年、第一番にすみれを見つけた者には大変な名誉が与えられた。

一三二五年の春も浅い一日、一人の騎士がカーレンベアクのふもとで注意深く地面に目をやり、芽を出したばかりの緑の中から小さな紫色のすみれの花を見つけた。彼は大喜びで、自分こそ今年第一番のすみれ発見者、とそこに帽子を被せて、オットー三世の宮廷へとんでいった。オットー三世は機嫌よくその報告を受け、すぐさまそこへ行って春祭を行なうことを宣言した。

すみれ発見者の騎士、ロイエンタールのナイドハルトは喜びに満ちて公に深く頭を下げ、先頭に立ってカーレンベアクのふもとに案内した。オットー三世は若い令嬢や貴族、騎士、市民などとともに、その場へ赴いた。騎士ナイドハルトが目印の帽子を持ち上げた時、どうしたことか、先刻まであったはずのすみれは消え失せ、ただの雑草の花が咲いていた。オットー三世は欺されたと怒り、ナイドハルトは謝るより他にしかたがなかった。

彼は誰かが自分の裏をかいたに違いないと思ったが、人びとは彼を騙りとさげすんだので怒りと悔しさは頂点に達した。必ずこの犯人を見つけようと思いながら、ナイドハルトはひとまずハイリゲンシュタット村の居酒屋に入り、酒を飲んで気持ちを鎮めようとした。

その居酒屋では、人びとが円舞を楽しんでいる最中で、なんと踊りの輪のまん中には彼の見つけたすみれがあるではないか。彼が居酒屋の若者に問いつめると、若者は笑って、ナイドハルトの見つけたすみれを、彼が公に報告に行っている間に、二人の農夫が横取りしたのだと告げた。騎士は二人の農夫に剣で切りつけ、復讐を遂げてから、すみれを持ってオットー三世の宮廷に駆けつけ、二人の農夫の卑怯なしわざの転末を語った。公は笑ってすませたが、赤恥をかかされたナイドハルトは以後、死ぬまでハイリゲンシュタットの農民を目の敵にしたという。

二　下部オーストリア州

24　王妃のベール

現在、オーストリアの守護聖人として崇められている聖レオポルドは、バーベンベアク王朝のレオポルド三世（一〇七三―一一三六）で、当時のバイエルンの首都レーゲンスブルクから、よりよい地を求めて東進し、ウィーン郊外のカーレンベアクに達し、そこに居城を設けた。

レオポルド三世の妻アグネスは、カーレンベアク城に住むようになって間もないある日、窓から周囲に広がるウィーンの森の美しい眺めを楽しんでいた。するとその時、一陣の風が舞い込み、王妃のベールを吹き飛ばしてしまった。それは彼女の結婚式の時のベールで、かすみのように美しく、高価で比類ないものだった。王妃はそのベールを失ったことが残念でならず、何とかして探し、取り戻したいと願った。夫のレオポルド三世も妻の願いを聞いて、国中に布れを出し、ベールを見つけた場所に修道院を建てることを誓った。

八年の歳月が過ぎ去り、ベールは見つからなかった。ある日、狩りに出たレオポルド三世は、猟犬がけたたましく吠える声に不審をいだき、そのあとをつけていった。すると、杜松（としょう）の木の枝

31 メルク修道院の十字架

に王妃アグネスのベールが全く無傷のままひっかかっていた。王は喜び、ベールを持ち帰り、誓いのとおり、そこに修道院を建てた。

それが、現在のクロースターノイブルク修道院で、ウィーンから約十キロ離れたその修道院には、レオポルド三世と王妃アグネスが葬られ、今日でも参詣の人が跡を絶たない。

25 カーレンベアク鉱山

一五四七年に、よそから来た鉱山技師が、下部オーストリア州カーレンベアク村にたどり着いた。彼は平和で静かなその村が気に入り、妻子とともに住みつくことにした。おそらく、鉱山技師としての直感が働いたのだろう。

彼の妻は、鉱山を求めて転々とするそれまでの生活にやっと終わりを告げ、落ち着いて一カ所に暮らせることを、とても喜んだ。だからこそ夫がまだ鉱山発見に希望を託していることを知ると、必死になって反対した。鉱山技師の生活は不安定なだけでなく、地中深く坑道を掘り進める仕事は落盤の危険がつきまとうからである。しかし、夫は頑として首を振らなかった。地中深く眠る鉱物に陽の目をあて、人びとに益をもたらしてこそ、世のため人のため、有益な仕事だと信じていたのだ。

しかし、妻にとって地面の下は、そのまま地獄であった。地中深く潜れば潜るほど地獄に近づき、ついには悪魔の住む地獄に引き込まれると恐れていたのだ。夫は妻のそのような妄想を笑い、カーレンベアク村で金銀鉱を発見しようと夢をふくらませていた。まだ誰も採掘したことのない地だからこそ、発見の可能性があったのだ。

彼は隠された地中の宝を発見しようとその地の採掘を始めた。彼は一心不乱で正直に仕事をすれば、神は必ず恵みをたれてくれると信じて毎日採掘に励んだ。一週間後、彼はいつも小鳥が森の同じ場所から飛び立つことに気づき、用心深くそこへ行ってみた。そこには案の定小鳥の巣があった。彼は卵をひとつポケットに滑り込ませた。野鳥の卵は貴重な栄養源だったのだ。同時に鉱山技師としての霊感が働き、彼は翌日からそこの採掘を始めた。

カーレンベアクのふもとに鉱山があるらしい、という噂は野火のように広がり、ウィーンや近郊の町や村からぞくぞくと人びとが集まり、彼とともに採掘に励んだ。しかし、鉱脈は一日や二日で見つかるものではない。一カ月掘っても、見つかるのはただの瓦礫だけで、人々は徒労に汗水を流したことを悔やんで去っていった。彼は再び一人になったが、それでも採掘の手を止めなかった。収入がないので、彼は貧しく、やせおとろえ、妻は何度も仕事をやめるよう懇願した。

しかし、ついにある日、彼は坑道の岩盤がそれまでと違って堅く、輝きを放っていることに気がついた。彼がそのかけらを持って地上へ戻り陽の光にさらすと、銀がまぶしく輝いていた。彼は銀鉱脈に突き当たったのである。その日を境に、彼は銀鉱山所有者として豊かな生活を送るようになった。大勢の者が仕事を求めて殺到し、彼は良い賃金で彼らを雇い入れた。鉱山労働者はそこに家を建てて移り住み、カーレンベアク村は富み栄えた。やがて、年月が流れ、彼は齢をとり、鉱夫たちにおしまれながら一生を終えた。

彼の死後、銀鉱山の所有者は変わり、新しい所有者は強欲な暴君であった。彼は鉱夫を酷使し、ろくな給料も払わなかった。鉱夫たちは窮状を訴えたが、彼は冷酷に突き放した。

「神の恵みなんぞあってもなくても、前任者は銀鉱を発見できた。神と鉱山は関係ない」

彼の大声が響き渡ったその翌朝、鉱夫がいつものように坑道に入り採掘に従事しようとした時、銀鉱脈は忽然と消え失せてしまった。どんなに掘り進めてもただの瓦礫しかなかった。

この知らせを聞いた冷酷な所有者は、前夜の神を冒讀した自分の言葉を後悔しながら、鉱山を失った衝撃で悶死してしまった。

鉱脈の尽きたカーレンベアク村は、現在では、ぶどう酒造りと木こりの住む寂しい目立たない村になっている。

26 リチャード獅子心王と吟遊詩人

第三次十字軍はドイツ皇帝フリードリッヒ一世（バルバロッサ）によって召集されたが、皇帝はトルコのサレフ川で溺死し、そのあとをイギリス人のリチャード獅子心王が継いで戦争を続けた。しかし、同じく十字軍に参加していたオーストリア皇帝レオポルド五世は、アコン要塞で、リチャード獅子心王と指導権を巡って争い、敗れたリチャードは憎しみをこめてオーストリアの国旗を引きずり下ろし、かたわらのぬかるみに捨てさせた。レオポルド五世は戦いの最中に仲間割れをするのを避けて、戦いの後まで報復の機会を延ばすことにした。

アコン城の征服は、十字軍の敗北に帰し、エルサレム入城もままならず、兵士も戦意を失い、次々と故郷に引きあげていった。オーストリア軍は陸路、リチャード獅子心王は海路を選んだ。

リチャードの船は不運にも海上で嵐に遭い、九死に一生を得てアドリア海沿岸のアクビレイアに漂着した。神に感謝を捧げる暇もなく、王はそこが不倶戴天の敵レオポルド五世の領地のすぐ近くであることを知った。そこで王は周囲に気づかれないよう、修道士に変装して陸路イギリスに向かった。気丈で向こうみずな王はそうして堂々と敵の領土を通り抜け、自分の大胆さを誇っていたのだろう。王は首尾よくウィーン近郊のエアドベアク（現在のウィーン三区）に到着し、気持ちのよい宿屋に泊まった。

それは冬のある一日で、王は他の客に混じって暖（だん）をとり、肉をあぶりながらくつろいでいた。王はここまで来られてすっかり安心してしまい、王の紋章つき指輪をはずすのを忘れていたので、正体がわかってしまった。王はただちに連行され、ひそかにドナウ川沿岸のデュルンシュタイン城に幽閉され、逃亡を防ぐため昼夜ハドマー・フォン・クエリングが見はりに当たった。王は逃げるすべもなく、相手の国旗を踏みにじった自分の不当な行動に対する報復を思い知らされた。

一方、イギリスでは国民が王の帰還を待ちわびていた。しかし、いつまでたっても王は帰還せず、生死のほどもわからず、次の支配者がすでに位に就いていた。そして、人びとの口から口へと、王は敵の捕虜になっていることが伝わっていった。王のお気に入りの吟遊詩人ブロンデルはそれを聞いて、なんとかして王の行方をつきとめようと思い立った。彼は竪琴をかかえ、国から国、城から城へと、王の最も好きだった旋律をかき鳴らしながら巡り歩いた。彼の歌はどこでも喜ばれたが、王の行方は杳(よう)として知れなかった。ブロンデルは王とオーストリア皇帝との争いを知っていたので、皇帝の支配下にあるドナウ川沿岸のライン谷、マイン谷を通り、バッハウ渓谷の中心、デュルンシュタイン城までやってきて、王の気に入りの歌をかなでた。人びとにはただ彼がそこで渓谷の美しさを愛(め)でているとしか思われなかった。

川岸で同じ歌を繰り返していたブロンデルは、その時、城の中からかすかに同じ歌の旋律が流れてきたのを聞きのがさなかった。ブロンデルは、王がそこに幽閉されていることを確認し、王が生きていることを知って喜びに溢れた。そして、大胆にも城の格子窓に近づき、王と再会することができた。

ブロンデルは一刻も早く王を救い出そうとイギリスへ取って返し、王の生存を伝えた。そして、莫大な身代金が支払われ、リチャード獅子心王は無事イギリスに戻ることができたのである。

27 テンプル騎士団の洞穴

十字軍に参加した兵士たちは、聖地エルサレムの解放を祈ってテンプル騎士団(テンプラー)を形成していた。十字軍の華やかな時期にはフランス、ドイツ、オーストリアに及ぶ勢力ある騎士団だったが、十字軍後、その神の名を借りた乱暴狼藉と呵責ない略奪行為から、逆に教会から弾圧され、追放された。テンプル騎士団の儀式がカトリックの定めたものと異なり、教会の教えにはずれていると見なされたためもあった。彼らの儀式は、東方教会の影響と、進んだアラビアの数学・天文学など自然科学の正しい知識に基いたものだったが、十字軍当時のバロックの神秘主義者には、悪魔的な異端としか映らなかったのである。

テンプル騎士団の中には乱暴や略奪とかかわりのない信心の厚い人びともいたが、彼らにも容赦ない弾圧と迫害が加えられた。その中の一団は迫害の手を逃れて、セーベンシュタインの町から少し離れた山腹の洞窟に隠れ住んだ。そこは町の人びとの目を逃がれるのに格好の場所だったので、テンプル騎士団の人びとは安心して暮らすことができた。しかし、洞窟には水も食料もなかったので、交代で農夫の服を着て、町に食料を買いにゆき、泉の水を汲んでくることにした。金銭はまだ持っていたので、しばらくは誰にも見つからず静かに暮らすことができた。

彼らの中にとりわけ体の大きいヨルグという若者がいた。彼の番が回ってきた時、ヨルグは断りきれず、窮屈な農夫の服を着て町へ出かけた。しかし、泉で水を汲んでいる時に、農夫の服が、彼の体に全く合わないことから、不信を持った町の人びとが、彼の後を付けて、洞窟の隠れ家を発見してしまった。当時は、テンプル騎士団一人につき、多額の懸賞金がかけられていたのだ。

発見者はすぐ町に引き返し、隠れ家の場所を伝えたので、セーベンシュタインの町ではただちに部隊を組織し、洞窟を攻撃した。テンプル騎士団の人びとも、十字軍の戦いを経験し、一騎当千のつわものぞろいだったので、容易に負けなかったが、町は三度まで兵を送り、ついにテンプル騎士団を全滅させた。殺された無実の騎士団の人々の血は今日もその洞窟の近くを流れているといわれる。

28 びっくり石

テンプル騎士団のほかにも、当時は追いはぎの集団が多かった。彼らは集団で人びとを襲い、情け容赦なく身ぐるみ剥し、命をも奪った。その強大な力の前に、人びとはなすすべもなく、手をこまねいていた。そのような追いはぎ集団の中でも、タヤ谷のアイベンシュタイン城を根城としている一団が最も悪辣だったという。彼らは神出鬼没のすばやさで、人びとを襲い、ひとり旅の者のみならず、旅行者の一団もその犠牲となり、また、近隣の農家もその被害を蒙り、略奪と焼き打ちによって路頭に迷う人びとも多かった。人びとはひたすら神に祈り助けを乞うたが、当の追いはぎはそれを見てせせら笑い、人びとの心を恐怖によって支配していることを知って得意の絶頂だった。

　アイベンシュタインの追いはぎ団は情報にも優れていて、金を積んだ荷車の通る時刻と場所を正確に察知して待ち伏せたので、相手が追いはぎの襲撃を予想して、どんなに防備を固めていても水の泡だった。そのため人びとはますます力を合わせて守備を固め、村や町に土塁を築き、城壁を巡らせて武装警戒を強くした。それでも神出鬼没の追いはぎにはいつも先を越され、してやられてしまうのだった。

「彼らは悪魔と契約を結んでいるに違いない。だから、百戦百勝なんだ。今ここに現われたかと思って追いかけるとぱっと消えて、別のところに現われる。どう考えても人間技（わざ）じゃない。彼らは姿を消す術も心得ているんだ。だから我々には突然彼らが見えなくなるんだ。本当なんだ。眼の前で空中にぱっと消えたんだ」

　このような、まことしやかな噂が口から口へと伝わり、多くの人びとがそれを信じた。

　同じころ、追いはぎ団もひとつの失敗を犯した。彼らは、人びとだけでなく、自分たちの下男をも虐待したのである。略奪が成功するにつれてますます高慢になったある追いはぎは、周囲のすべてを見下し、下男に分け前を与えないばかりか、脚蹴にし、つばを吐きかけて平然としていた。そこで、がまんできなくなった下男が、町へ逃れ、アイベンシュタイン城の秘密を洩らしたのである。それによって、人びとは追いはぎには魔法も秘術もなく、ただ八方に網の目のように巡らした抜け道を伝って行動していただけだと知った。下男は彼らの根城から町につながる地下の抜け道の出入り口と、たくさんの馬と武器を隠してある地下の倉庫を教えた。また、狡智にたけた追いはぎが、市民の追跡を逃れるため、馬の蹄鉄を逆に打ちつけていることも知った。事実を知って喜んだ人びとは新たな追いはぎ撲滅の作戦を練った。

ある日、まだ夜の明ける前、人びとは追いはぎが眠っている間に、武器と馬の倉庫を占領し、八方に広がる抜け道のすべてに人員を配置し、いっせいに勝どきを挙げた。不意をつかれた追いはぎたちはあわてふためいて武器を取って戦おうとしたが、時すでに遅く、市民の手によって完膚なきまで打ちのめされた。ただ一人、特に大胆な追いはぎは、市民の包囲をくぐってタヤ川まで馬で跳び降りようとしたが、川幅が狭くなって岩と岩の突き出しているところまで逃れた時、彼の根城が猛火に包まれているのが目に飛び込み、驚きのあまりその場で石になってしまった。

こうして、あれほど人を悩ましていた追いはぎ団は撲滅され、人びとは追いはぎの姿をとどめる石に「びっくり石」と名づけた。

29　幽霊戦争

バッハウ渓谷の中心デュルンシュタイン市からさほど遠くないところにペッヒラルンという小さな村があり、現在、その村の博物館となっている古い塔には、ひとつの言い伝えが残っている。

この塔はハンガリー王マティアス・コルビニスに対抗して、ウェルシュ（今のイタリア・トスカーナ地方）の商人が築いたもので、一四八四年までは、ドイツ・レーゲンスブルク司教区の紋章入りの旗が翻っていた。商人たちはハンガリー王に攻められて敗北し、塔は廃墟となったが、彼らの名前にちなんで、現在でもウェルシュの塔と呼ばれている。

言い伝えによると、この地に戦争が近づく時、その前兆として真夜中十二時の鐘とともに戦いの音が聞こえてくるのだった。そして、塔から何千という騎士が黒馬に乗って現われ、塔の壁を飛び越えていくのが見える。その荒々しい騎士の先頭は、真赤なひげの男である。彼らはドナウ河岸に飛び降りると、そこからボートで音もなく流れを横切り、対岸へ向う。それと同時に対岸では、無数の兵士が待ち構え、激しい戦いを始める。戦闘が終わると、騎士たちは再びドナウを横切るが、この時、ボートに乗り切れなかった騎士は、あたかも地面を歩くようにドナウの川面を横切ったという。そして、全員再び古塔へ吸い込まれていくのである。塔の入口には二人の騎士が番に立つ。今度は塔の中から戦闘の激しい音が聞こえ、兵士たちの流した血でドナウは朱に染まるのが見える。

しかし、鐘が午前一時を告げると、戦いの音はぴたりと止み、あたりは何事もなかったように平和な静けさを取り戻すのだという。

30　三人の宝探しと悪魔

追いはぎの根城として悪名高いアイベンシュタイン城は、追いはぎが全滅した後、そのまま廃墟になっていたが、追いはぎの残した無尽蔵の財宝が埋められていると言い伝えられていた。

この話を耳にした三人の男がぜひとも宝を探し当てようと、悪魔の力を借りることにした。三人は、真夜中十二時に荒れはてた廃墟の庭に行き、まず聖別した白墨でこれから掘ろうとする地点を中心に三重の輪を描いた。そして、輪の外に三本の燃えているろうそくと、聖水を入れた桶を置いた。三人のうちの一人は狡智にたけた粉屋で、悪魔を呼び出して、袋に掘りあてた金貨・財宝を入れさせようとしたが、その時、いくら入れても袋がいっぱいにならないように袋の底に穴をあけておいた。こうすれば、悪魔を詐して全財宝を手に入れることができるとほくそえんだのだった。

深夜十二時の鐘が打ち始めると同時に、三人は悪魔を呼び出す呪文を唱え始めた。呪文は、約束事の条文をうしろから逆さに読むもので、それ以外には一言も口をきくことは許されなかった。最後の呪文が響き渡るや否や、ざわざわした風が吹き始め、ろうそくの炎は消えてしまった。嵐のような風の中を悪魔が現われ、何がして欲しいのか、と尋ねた。三人は声を立てずに、悪魔に袋を指し示した。悪魔は即座に承知し、汗を流して穴を掘り、金貨を袋に入れ始めた。しかし、穴のあいた袋からは次々に金貨はこぼれ落ち、いつまでたっても袋はいっぱいにならなかった。ついに、それに気づいた悪魔はかんかんに怒り、空中に首吊台を仕掛け、自分を騙した粉屋を罰しようとした。

「そこの赤い上着を着た奴」

と悪魔は赤い上着の粉屋を指さした。

びっくり仰天した粉屋は思わず、

「どうしておれが」

と大声を出してしまった。その瞬間、雷鳴があたりにとどろき渡り、漆黒の夜の闇の中で、財宝は地中深く沈んでしまった。そして、三人の男は、地震のようにぐらぐら揺れる地面から、城壁へたたきつけられた。無言の掟を破った粉屋はその場で死に、残りの二人もそれから数日後に死んでしまった。

その後しばらくして、アイベンシュタイン城の廃墟の庭では、一人の狩人が火を起こして、暖を取っているのが見えた。人が近づくとふっとその姿は消えた。おそらく、死んだ三人の宝掘りのうちの一人の霊が、今日なおさまよっているのだろうといわれている。

31　メルク修道院の十字架

ドナウ川に面したバッハウ渓谷のはずれに壮麗なメルク修道院がある。ここは、バーベンベアク王朝のレオポルド一世によって建てられ、一〇一四年にオーストリアの守護聖人聖コロマンが祭られて以来、歴代皇帝の尊崇を受けていた。現在でも、その壮麗さと豪華さにおいて、メルク修道院

戦争のない世界を目指して

刀水書房最新ベスト

〒101-0065 千代田区西神田2-4-1東方学会本館 tel 03-3261-6190 fax 03-3261-2234 tousuishobou@nifty.com（価格は税込）

石は叫ぶ
靖国反対から始まった平和運動50年
キリスト者遺族の会 編

1969年6月靖国神社国家護持を求める靖国法案が国会に。神社への合祀を拒否して運動，廃案後平和運動へ。キリスト者遺族の会の記録

A5判　275頁　¥2,750

欧人異聞
樺山紘一 著

西洋史家で、ヨーロッパを
よなく愛し、歴史の中を豊
に生きる著者が贈るヨーロ
パの偉人121人のエピソー
日本経済新聞文化欄の大好
連載コラムが刀水新書に！

新書判　256頁　¥1

第二次世界大戦期東中欧の
強制移動のメカニズム
連行・追放・逃亡・住民交換と生存への試み
山本明代 著

第二次世界大戦期，ハンガリーを中心とする東中欧で繰り広げられた各国の政策と実態を考察。なぜ生まれ育った国で生きる権利を奪われ国を追われたのか，これからの課題を探る A5上製　430頁　¥5,830

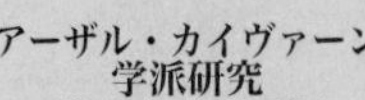

アーザル・カイヴァーン学派研究
中世イラン・インド思想史
青木 健 著

世界トップのゾロアスター教研究者が説く謎の宗教集団。16～17世紀，国教が定められたイラン高原からはじき出された異端諸派が、活路を求めて亡命した先がインド。その中心がこの学派

A5上製　450頁　¥9,900

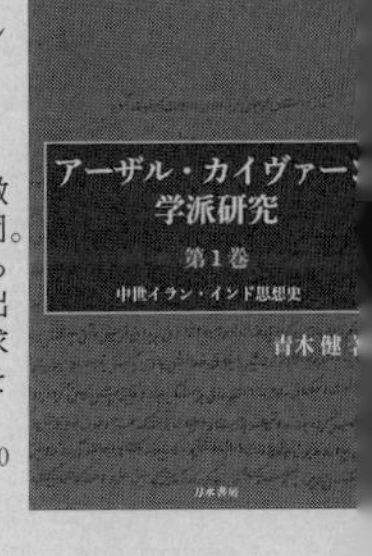

前近代エジプトにおける
ワクフ経営のダイナミズム
法学説と現実
久保亮輔 著

15～16世紀のエジプトでは，ワクフ（寄進）をつうじて社会と寄進者の安寧が目指された。寄進された公共施設経営をめぐる諸問題にたいし，既存のイスラム法では解決しない場合の手法を探る

A5上製　280頁　¥5,720

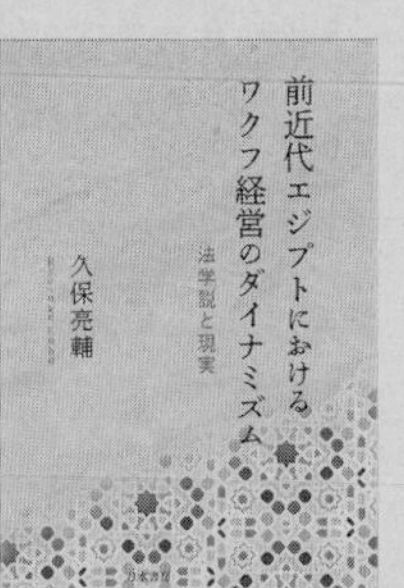

刀水歴史全書102
封建制の多面鏡
「封」と「家臣制」の結合
シュテフェン・パツォルト／甚野尚志 訳

わが国ではまだ十分に知ら
ていない欧米最新の封建制
念を理解する決定版

四六上製　200頁　¥2

刀水歴史全書101巻
トルコの歴史〈上〉〈下〉
永田雄三 著

世界でも傑士のトルコ史研究者渾身の通史完成
一洋の東西が融合した文化複合世界の結実を果たしたトルコ。日本人がもつ西洋中心主義の世界史ひいては世界認識の歪みをその歴史から覆す

四六上製（上下巻）
〈上〉304頁〈下〉336頁
各巻¥2,970

バーゼルの虹
ドイツの旅・スイスの友
森田弘子 著

スイス史研究第一人者の森田安一夫人が語る，誰も知らなかった現代史！ 1970年，統一前の東ベルリンで森田夫妻が遭遇した大事件とは？

四六上製　300頁　¥2,750

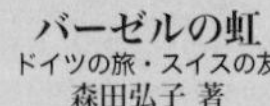

は随一であろう。

メルク修道院の財宝のうち、有名なものがメルクの十字架で、金の十字架の表面に真珠と宝石がちりばめられ、中央にはイエス・キリストの十字架の一部がはめこまれていたといわれる。伝説によると、この十字架は、バーベンベアク王朝のアーダルベルト皇帝の寄贈で、美しい聖遺物である。

一一七〇年のある日、メルク修道院は大きな悲しみに包まれ、院長と司教が興奮して何事か話し合っていた。メルクの十字架が消えたというのであった。泥棒の入った形跡はなく、それに触れた者も近づいた者もいなかった。いったい誰がどこへ持ち去ったのか、十字架がどこにあるのか、すべては謎に包まれたままであった。

人々は必死で十字架のありかを探したが、しばらくは杳として行方が知れなかった。しかし、ついに十字架は発見された。しかも不思議なことに、ドナウ川をメルク修道院に向って流れてくる平底舟の中に置いてあったのだった。舟がどこから流れてきたのか皆目わからず、舟には誰も乗っておらず、神の意志ででもあるかのように、まっすぐ修道院へ向って流れてくるのだった。

十字架がにせものではないか、と修道院の人びとは疑い、厳密に鑑定をさせると、まもなく本物にまちがいないことがわかり、人びとはこぞって改めて十字架を修道院に安置したという。

実際の事件は、一三六二年十一月十日の夜、オットー・グリンシンガーという泥棒が侵入し、メルクの十字架を始め、多くの宝物を奪ってレッキックの町へ舟で逃げたのである。けれども、まもなく良心の呵責から宝物を自分の家に隠し、泥棒行為をごまかすために、メルク修道院に偽りの手紙を届け、その中で別の人物を犯人と名指しした。しかし、修道院はすぐにそのごまかしを見破り、その手紙の筆跡から、犯人は付近のエンマースドルフ村のグリンシンガーだとわかってしまった。グリンシンガーはプラハのカール四世のもとへ逃れようとしたが、疲労困憊の果てに、そこからほど遠くないマリア・ラーハ巡礼教会に盗んだメルクの十字架を安置した。その後まもなく彼は逮捕され、火刑に処せられ、メルクの十字架はマリア・ラーハ巡礼教会から再びメルク修道院に戻された。

マリア・ラーハ巡礼教会は、メルク修道院の付属教会として、今日でもメルクからほど遠くないヤウアーリング山麓に建っている。

32 ドナウの乙女

ドナウ川は、かつて、現在よりもはるかに水量の多い、力を秘めた大河だった。両岸には豊かな緑の牧草地が広がり、蛇行によってできた三カ月湖や小さな池、沼が点在していた。河岸に住む人の多くは、小舟をあやつり魚をとる漁師たちであった。彼らは巧みに舟を漕ぎながら、川のどこにどんな危険が待ち構えているか、ほとんどそらで覚えていた。

今日のドナウ河岸の小村フィッシャメンドの近くに小さな小屋があり、父親と息子が細々と暮らしていた。親子はいつも精を出して働き、小屋よりも小舟の上で過ごしている方が多かった。けれども、川の面が凍りつき、一面の雪に覆われる冬の間は、暖炉の火をかきたて、暖まりながら網の修理や新しい魚釣りの道具造りに、時を過ごすのだった。そんな夜はいつもの話をして過ぎていった。仕事の手を動かしながら、父親は息子に若い頃のことや、豊かな空想を混じえたお伽噺、ドナウの美しさや危険などを語りきかせたので、息子は黙って父親の話に耳を傾けていた。

「ドナウの川底は、ただの泥土や石ころがあるだけじゃないんだ。上から見ただけでは、川底は気味の悪い暗い闇が広がっているばかりだ。でも、本当は違うんだ。川底にはすばらしい水晶の宮殿があって、誰にもわからないがどこからか射してくる明るい光で包まれている。そこにはドナウ侯が妻と娘たちと息子たちと住んでいるんだ。あらゆる贅沢のできる豪華な生活だ。けれども、人間がそれを見ようとすると、悲しいことにすべて消えてしまう。

お前、月の光の明るい晩に川岸の緑野で狩人を見かけたことがないか。狩人、いや、お前の目に狩人と映るだけだ。彼は緑色の狩猟服を着たドナウの水の精だ。彼には気をつけるんだ。お前たち、若い漁師に声をかけてそそのかし、ドナウの川底に誘い込むのだ。どんなに頑張っても、その力に抵抗することはできない。

　つかまって水底へつれていかれると、宮殿の中に並んでいる壷の中へ入れられてしまう。人はそこで、永遠の暗い夜にやつれ果てるのだ。水の民は、川で溺れた人の魂がなるものだ。みんな、ドナウの水の精に引き込まれた人たちばかりだよ。だがな、ドナウ侯の娘は優しい愛らしい美しい娘だ。彼女に魅入られると若者は自分から気違いのように水にとび込み、川底の娘のところへ行ってしまう。

　ドナウの乙女達は、時々、人間に混じって踊りに来る。けれども、彼女たちは、夜明に鶏がときを告げたら大急ぎで、父親のもとへ戻らなくてはならない。もしも娘たちの帰りが遅れると、父のドナウ侯は厳しい罰を与えるのだ。

　お前、ドナウの水が朝、濁っているのに気がついたことがあるかい。あれは、父親に殴られたドナウの乙女の苦悩の証（あかし）なんだよ。もし、水が赤くなっていたら、それは娘が血を流して死んでしまったということなんだ」

　その時、突然、小屋の入口が開くと、小屋の中まで明るい光が射し込んだ。その光の中には、見たこともないほど美しい娘が立っていて、彼女のきらきらとまたたく白と銀の服からは水がしたたり、長い濡れた髪に水蓮の花を挿していた。彼女は優しい声で二人に話しかけた。

「驚かせてごめんなさい。私、決してあなたたちに悪いことをしようというのじゃありません。いいえ、とんでもない。助けてあげようと思ったんです。何日かたったら、異常な暖かさが来るので、氷が溶け、ドナウの水が増して、ここら一帯は水に沈んでしまいます。この小屋も流されてしまうでしょう。だから、なるべく早くここを逃れて下さい」

娘は言い終わると、ぱっと消えた。小屋は再び仄暗い静けさに戻った。父と子は夢でも見ていたのではないか、と何度も目をこすった。が、夢でなかった証拠に、小屋にまだ水草の匂いが残っていた。二人ともドナウの乙女の突然の出現に肝をつぶしていた。

しかし、最初の驚きから覚めると、二人はぐずぐずしていなかった。一刻も早く、荷物をまとめ、隣人にも知らせて一緒に山の手へ逃げた。果たして、数日後、恐ろしい洪水が押しよせ、小屋も流されたが、人々は無事だった。水の引くのを待って人々は川岸に戻り、再び小屋を建てて、生活を始めた。すべてが何事もなく終わったと思われたが、あの漁師の若者だけは変わった。

春が訪れ、野には可憐な花と緑が、人びとの目を楽しませたが、ただ一人、あの若者だけは川面をじっと眺めて日を送っていた。彼はあの晩、たった一度会ったドナウの乙女に恋して、身も心も奪われ、もう一度会いたいと切に願っているのだった。彼は父の話を信じ、毎朝川に行っては、水が濁っていないか、赤くなってはいないか、心配するのだった。

息子のこのようすに父親は気がついていた。その原因が何であるのか、父にはわかりすぎるほどわかっていた。口で説得しても無駄なことを父親は知っていた。

やがてある朝、父の恐れは現実となって起こった。息子の小舟は流れの中央に漂い、風もないのに転覆していた。息子は溺れたのだった。父親は絶望した。水の民、ドナウの乙女が息子を連れていってしまったことを知ったのだ。漁師たちは、若者は川底でドナウの乙女と幸せに暮らしているに違いない、と慰め合ったのである。

33　ヤウアーリング山の妖精の城

ドナウ渓谷に沿ったバウハウ地方の町シュピッツ近郊のグロイスバッハ村に、かつて誠実な粉屋が住んでいた。彼の小屋は森の奥深い一軒家で、病気がちの妻と娘と三人で寂しく暮らしていた。

妻の病気はもう何年も前から治らず、どんなに医者を替えても不治の病と診断されて匙を投げられた。しかし粉屋はかわいそうな妻のために手を尽くし、娘も成長するにしたがって一生懸命世話をしたが、病状は少しも変わらなかった。

娘はある日、親切な隣人から病気を治す万能薬が、ヤウアーリング山の頂上にあるという話を聞いた。ヤウアーリング山は標高九五九メートル、なだらかな丘のようで、その麓にはマリア・ラーハ巡礼教会が、今日まで人びとの尊敬を集めている。隣人の話では、無垢の処女だけが、満月の深夜十二時に山頂に登り、「反死草（ビダートート）」と呼ばれるすばらしく美しい花を摘むことができ、反死草さえあればどんな病気も治るというのだった。

娘は果たして自分にその花を見つけることができるか不安でならなかったが、母親のことを考えて、次の満月の晩にヤウアーリング山頂に行こうと決心した。彼女はグロイスバッハ村から洞窟を抜け、暗い森の山道を登り、いばらやあざみ、突き出した岩や割れ目に気をつけながら、山頂へ向かった。真夜中が近づくにつれて月は高く上り、その青白い光が木の枝や葉の間から射し込み、彼女は月明かりをたよりに山頂の開けた場所まで登ることができた。驚いたことにひらけた山頂の中心には立派な城が建っていた。彼女はこわごわ城の入口の扉を開けて中に入ると、この世の人とは思われない美しい女性がそこに立っていて、少女を招き入れた。その妖精の女王は少女を城の庭に案内し、少女は百花繚乱と咲き乱れる花園で、有頂天になって喜んで遊び廻った。女王はさらに、少女を城の大広間に連れていき、輝く玉座に座りながら、少女に願いのものを尋ねた。

「お前は私に何をしてほしいのですか。私のところにとどまりたいのですか。それなら、仲間の子どもたちを呼びましょう。いっしょに楽しくいつまでも遊べますよ。私はお前のような、無垢な可愛い子を側におきたいのですよ」

という。

けれども少女は首を振って、母の病気を訴え、女王の庭に咲く反死草を頂きたいと申し出た。妖精の女王は、さらに少女を引き止めようと、あらゆる幸福や贅沢の約束をしたが、どんな美しい衣裳や豪華な部屋や玩具を見せられても、少女はその誘いに乗らなかった。彼女の心にはただ病気の母親にことしかなかったので、どんなにすばらしい贅沢な生活も、目に入らなかったのだ。

妖精の女王は、彼女の心を動かせないことを知ると、その孝心をほめて、病気の万能薬、反死草を摘むことを許してくれた。そして、母の病気の全快と少女の幸福な生涯をも約束してくれた。

少女が妖精の女王の足許にひれ伏して感謝の言葉を述べると同時に、女王も大広間も庭も、城全体が地に沈み消え去った。少女はがらんとした山頂の空き地にぽつんと一人残され、夢でも見ていたのではないか、と何度も目をこすった。しかし、城はどこにもなく、ただ遠くかすかに妖精の女王の優しい声が聞こえてきただけだった。満月は先刻と少しも変わらず、皓々と青白い光を投げかけ、少女ににっこり笑いかけてうなずいた。

「夢ではありませんよ。早くお母さんのところへ帰りなさい」

と月はささやいていた。

少女が家に帰り着いた時、母親はすでにすっかり元気になっていて、少女を入口で迎え、一晩中帰ってこなかったことを心配していた。反死草という花は女王自身のことだったと少女は納得した。

そして、女王の祝福と約束は、少女に幸福をもたらし、彼女は堅実で裕福な市民の息子と結婚し、幸福な一生を送ったという。

34 マーヒフェルド町の赤松

マーヒフェルドの町には大昔から一本の赤松の大木が生えていて、人びとから「誇り高き赤松」と呼ばれていた。その赤松には、すばらしく美しい妖精が住んでいたが、彼女は本来の姿を隠して醜い老婆となって、いつも赤松の根本(ねもと)に座っていた。そして、そこを通る人びとに施しを乞うのだが、誰一人として、ぼろをまといやせた老婆が若く美しい妖精だとは気がつかなかった。

そのころ、近くに欲張りな大地主が住んでいて、毎朝、下働きの貧しく幼い娘を赤松の森へ仕事に行かせていた。彼女は、いつも物乞いをしている貧しい老婆に同情し自分の朝食のパンを分けていた。けれども、それに気がついたけちな地主は、自分の得にならない乞食の老婆にパンを与えるのは損だと思い、娘に与えるパンを日ごとに減らし、ついには全く与えなくなってしまった。そのため、娘は一日中、空腹のまま森で仕事をしなければならなくなった。が、彼女は自分のことよりも、貧しい乞食の老婆を心配した。

ある日、隣り村で結婚式があり、地主も招かれた。けちな地主は、ただでおいしいごちそうと上等な酒が味わえるとほくほくして出かけた。そして終日、次から次へと出される料理と酒に舌鼓を打って貪欲につめこみ、満腹すると、真夜中に帰途に就いた。

帰り道で、彼があの立派な赤松の大木のところまで来ると、いつもの乞食の老婆の姿はなく、代わりに素晴らしい宮殿が建っていた。中からはにぎやかな音楽が聞こえ、人びとが踊りに興じているのが見えたので、地主は他のことは何も考えず、大喜びで中をのぞいた。たぶんそこでも、何かにありつけると期待したのだろう。彼はためらうことなく、開かれた扉から中へ入ると、豪華な大広間で小人たちが愛らしく美しい妖精の下に宴席についていた。小人たちは地主をもその席に招いた。強欲な彼は大喜びでその席につき、さらに貪欲につめこんだ。食べ切れなかった料理は次々とポケットや袋につめこみ、次の一週間はこれで十分と、ほくほくした。妖精が彼を踊りに誘っても、自分の得につながらないと打算的に考えて、さっさと帰宅した。

帰宅すると、地主は大自慢で、森の中の妖精の城とその豪華な饗宴のようすを人びとに語り、そのすばらしい料理を見せびらかそうと袋やポケットから出してみせた。しかし、彼が持ち帰ったはずのケーキや焼肉、その他のごちそうは、馬と牛の糞(ふん)に変わっていて、嫌な臭いがあたり一面に充満した。地主はほら話を聞かせたと周囲の物笑いの種にされ、火のように怒った。そして、怒りにまかせて、下働きの娘のエプロンに糞を全部ぶちまけた。

「これでも喰らえ。お前が毎朝パンをやっている乞食の女に、明日これをやるがいい。あの乞食にはちょうどいい贈り物だ」

娘が地主の罵声を背に、肥え溜めの中へ糞を捨てにいった時、糞の入っている彼女のエプロンがざらざらと音をたて、中から金貨が転がり落ちた。彼女が驚いてエプロンをあけてみると、糞はきらめく金貨の山に変わっていた。娘は大喜びで、赤松の下の乞食に分けようと走っていくと、乞食は本来の美しい妖精の姿になっていた。妖精は彼女の慈悲と親切に感謝して、金貨をそのまま全部与え、その上さらに幸福を約束した。その言葉どおり、娘はやがて絵のように美しい伯爵の息子と結婚することになった。

35　シュネーベアク山の小人の石

ウィーンから南に下ったところにあるシュネーベアク山腹には、善良な小人が住んでいると信じられていた。

小人たちは人間に好意をよせて、いつも親切に助けていた。春になるとそこは他のどこよりも甘いおいしい草が豊富に生え、放牧された牛は他のどこよりも良い牛乳を出し、でき上がったバターやチーズにはたっぷりと脂肪が含まれていた。小人たちは欲がなくて、手助けの礼としてほんのわずかな牛乳で満足し、放牧中の牛の背中に乗ってあちこちと乗り回しては楽しみとしていた。けれどもある時、乱暴な若者が一番美しい牝牛の背に乗った小人に向かって鞭をあびせたので、それ以来、小人は現われなくなってしまった。すると、牝牛も病気にかかるようになり、バターもチーズもできなくなり、アルム（アルプス山麓の牧草地）の牧畜は衰えてしまった。

けれども、小人たちはまだそこに住んでいた。ある嵐のような大風の吹くクリスマスの夜、谷間の村は深い雪に包まれて横たわっていた。シュネーベアク山の急斜面の下に一軒の貧しい小屋があり、いかにも寒そうなその小屋の窓には真白い霜の花が咲いていた。全身雪まみれになった一人の小人が寒そうに震えながらその家の扉を叩き、一晩の宿を乞うた。貧しいけれども親切なその家の農夫は、すぐに小人を家に入れ、食べるものを与えた。

　小人は出された粗末な食事を喜んで食べ、暖炉わきの腰かけに寝床を作ってもらった。そして満足してそこに横になり一夜を明かした。翌朝、起きた小人は、自分の小さな背（はい）のうを開けて真赤なりんごを二個取り出し、農夫の孫の揺り籠に置いた。そして、一晩の宿の礼を言うと、帰っていった。農夫が小人を見送っているとき、昨夜の客は小人の王だったことがわかった。去っていく彼の頭には、朝日を受けて金の王冠が輝いていたのだ。小人の王の姿が見えなくなると、農夫は夢でも見ていたのではないか、と孫の揺り籠へ走っていった。すると、赤いりんごは、黄金のりんごに変わっており、貧しい農夫はたちまち大金持ちになった。

　このことはまもなく、谷間の村に知れ渡った。近くに住んでいた年とった羊飼いも、その話を聞いて羨しがり、自分も小人の王を泊めて金のりんごをもらおうと思った。けれども、いつまで待っていても、彼の小屋を訪れる者はいなかった。羊飼いは小人の王を求めて、自分の羊を放ったらかしにしたまま、シュネーベアク山頂に登り、大声で小人の王を呼んだが、小人の王は現われず、ただ、彼の声が山々にこだまして返ってくるだけだった。すると突然、冬の澄み渡った空に雷鳴がとどろき、巨大な岩が彼に向かって山頂から急斜面を落ちてきた。死ぬほど驚いた羊飼いは、金のりんごほしさに小人を呼んでも小人は何もしてくれないのだと知って、ぶつぶつこぼしながら家に帰ったという。人びとはこの話を聞いて、その岩に「小人の石」と名づけた。

それ以来、小人の姿は全く見られなくなったという。

36　フンズハイム村の小人の穴

オーストリア各地に小人の話が伝わっている。人間に好意を寄せ、人間に親切な小人が大部分を占めているが、中には好意を寄せるあまり、気に入った人間を自分たちに引き入れ、力づくで引き止めようとするものもある。

フンズハイム村の貧しい一軒の家に、老人と孫娘が二人きりで住んでいた。ある日、孫娘は近くの魔女の山（ヘクセンベアク）にきのこをさがしに行った。ヘクセンベアク山腹の洞窟には、小人がたくさん住んでいて、洞窟帝国を作っていると知られていた。娘は、きのこを探している時に、小人の一人に出会い、洞窟の中の自分たちの国に遊びに来ないかと誘われた。小人は娘にたくさんの金銀の財宝を与えると約束したが、娘はお祖父さんが待っているから、と穏やかに誘いを断わって、急いで家に帰った。老人は、孫娘からその話を聞いて、小人の誘惑に負けなかった勇気をほめ、これからも小人には気をつけるようにくれぐれも注意した。

その年はそのまま何事もなく過ぎ、孫娘は翌年、再びヘクセンベアク山にきのこを探しに行った。すると、またしても同じ小人が出てきて、彼女に誘いをかけた。今度は、金銀だけでなく輝く宝石や豪華な美しい衣裳を見せ、快楽に満ちた贅沢三昧の生活まで約束した。そこまですばらしさを見せられ、甘い言葉で誘惑されたので、娘は、ついにお祖父さんの忠告を忘れて、後のことに思いも及ばず、小人について洞窟帝国へ行ってしまった。

小人の帝国は想像も及ばない絵にも描けない美しさだった。洞窟の中を通って、地下に広がる小人の宮殿は、贅の限りを尽した大広間と、果てしなく続く明るい廊下が続いていた。どの壁にもきらきら輝く宝石が散りばめられ、広い宮殿の魔法の庭には、ダイヤモンド、ルビー、エメラルドなどの宝石の花が美しく咲いていた。娘はそれらをひとつずつ眺めているうちに、外の世界も祖父のこともすっかり忘れてしまい、そのまま、小人の帝国に留まってしまった。

一方、孫娘がきのこを取りに行ったきり戻ってこないので、老人はひとりぼっちで何の慰めもない日々を送らねばならなくなった。老人は、孫娘が小人の誘惑に負けて、地下の洞窟にある小人の帝国へ行ったに違いないと確信した。そこで、彼は森の中を通ってヘクセンベアク山の小人の洞窟の入口まで行った。洞窟の入口は、小人の番人が厳しく見張りをつけているので、老人は中に入ることができなかった。彼は番人に孫娘を返してほしいと頼んだが、小人は聞き入れず、逆に老人が洞窟に無理にでも入ろうとすれば殺すと言って脅した。

それはちょうど、孫娘が洞窟の小人帝国へ行ってから一年たった日であった。偶然、孫娘も、長い地下宮殿の廊下を通って、外の世界へ通じる出口にたどり着いていた。そこは、小人の番人が武装して堅めているので、外に出ることはできなかったが、出口から外の世界の懐かしい光景、陽光に輝く緑の草や花、自由に青空を飛び交う小鳥の姿が見られた。すると、娘は、太陽の光の全く射さない洞窟の中の、金銀、宝石のまばゆい光よりも、外の自然の明るい光にたまらない懐かしさを感じた。そして、一人残してきたお祖父さんのことも思い出した。彼女は、元の世界、自分の世界へ戻りたいと願った。けれども、小人の番人は、彼女がどんなに頼んでも、一歩も外へ出そうとしなかった。

ちょうどその時、娘の目に祖父の姿が映った。娘はそれを見て外へ出ようとして、番人に押し戻され、助けを求めて叫び声をあげた。老人もそれに気がついて、もう一度、小人の番人に頼んだが、小人は頑強に拒絶し、娘を無理矢理、地下の帝国へ連れ戻した。それを見た老人は、怒りに狂い、小人とその帝国を呪った。天はすぐさまその呪いを聞き届け、すさまじい地響きと同時に、ごうごうと風が吹き渡り、恐しい山津波が押しよせた。そして、見る見るうちに、悪意ある小人の地下帝国はがらがらと崩れ、小人はすべて生き埋めとなり死んだ。そして、孫娘も、助け出されることもなく小人とともに死んでしまった。

　今では、かつての小人の帝国は跡形もなく、洞窟の中は暗く荒々しい石灰岩で覆われているという。

37　ぶどうの精の祝福

　ぶどう酒の産地として知られるクラインへーフラインの村は、ウィーンから南東へ一時間ほど走ったところにある、なだらかな丘陵地帯に囲まれた小村である。そこには、「発育不良の子供の石（クンマリングシュタイン）」と呼ばれる、子供くらいの大きさのやせた岩が立っている。大昔から、その石を巡って言い伝えがあり、毎朝、いちばん早くその石の前を通ってぶどう畑の仕事に出かける農夫や荷運び人夫に、石がお辞儀をするといわれていた。朝、陽が昇る前に起き出して仕事に向かう勤勉さと実直さに敬意を表するというのである。

　その村のあるぶどう農家の主人は、自分の怠け者の息子をいつも苦々しく思っていた。

「セップ。私は一度、クンマリングシュタインがお前に敬意を表して頭を下げるところを見たいよ」

　息子のセップは朝寝坊で、毎日、陽が高くなってからでないと起きたことはなかった。けれども、彼は父親に言われて、かねて耳にしていた石のお辞儀が本当かどうか、自分の目で確かめてみたいと好奇心を起こした。そこで彼は一計を案じ、石の近くにふとんと枕を持ち込んで一夜を明かすことにした。そうすれば翌朝、誰かが近づいて来た時にふとんを抜け出せば、その人より早く石の前を通れると考えたのである。不精者のセップは、それが苦労せずに勤勉さを装う利口な手段と考えたのである。本当に朝早くぶどう畑へ行って働くのではなく、ただ一番先に石の前を通りさえすれば、石は彼の早起きと勤勉さを認めて、敬意を払い、お辞儀をしてくれると思っていた。

　そして、彼は晩秋のある晩、ふとんと枕を持って、すっかり安心して石の近くで横になった。ところが、その晩、真夜中十二時の鐘が聞こえてまもなく、彼の耳に、ふどう畑に近づいてくる足音と人の高笑いが聞こえてきた。その人の先を越そうと大慌てでふとんを抜け出そうともがいている時、一人の老人が畑仕事用の青い前掛けをして背中にぶどう用の桶を背負って通り過ぎていった。遅かった、出し抜かれた、とセップが悔やんだ時、石が老人に向かって深く頭を下げるのがはっきり見えた。

驚いたセップは、こんな真夜中に何者だろうと不審に思って、老人のあとをつけていった。真夜中にぶどう畑に来るのは泥棒かよからぬ者が多いからである。しかも、その老人は、これまで村で一度も見たことのない人であった。老人はぶどう畑まで来ると、一房ずつぶどうの実に手を触れて、祝福を授けていった。そして、老人の手が触れたぶどうの房は、それまでの堅いすっぱいぶどうからよく熟れた汁の多い甘いぶどうに変わったのである。老人は、ぶどうの実の精だったのである。セップは、それを知って、石とぶどうの精にしてやられたのを感じた。

翌朝、熟れた甘いぶどうの収穫が始まり、ぶどうの精の祝福を受けたそのぶどうからは最上のぶどう酒が醸造され、村の名声と評判も上がったということである。

38 魔女の宴会

ウィーンからほど遠くないカヌントゥムの町は、かつてのローマ軍駐屯地として知られている。ペトロネルは、そのすぐ近くの村で、そこには「魔女の山（ヘクセンベアク）」と呼ばれる丘があった。

何百年もの昔のその村での話である。ある一軒の農家では主婦がよく夜中に家をあけることがあった。それに気づいた下男は、不審と好奇心にかられて、主婦が一体夜中に何をしているのか確かめてみようと思いたった。

その年の夏至の夜になった。夏至の夜は「ヨハネの夜」と呼ばれ、ありとあらゆる妖精や魔女が一晩中はねまわり、人間に悪戯をすると信じられている。そして、人智を越えたさまざまな不思議が起こり、魔女たちはさわやかな夏を楽しむ夏祭りを催すのである。

下男は「ヨハネの夜」のならわしに従って、夏至の密酒を大きな杯になみなみと注いで飲み、聖ヨハネの祝福を受けてから、身を潜めて主婦を待ち伏せた。果たして、深夜十二時になるころ、主婦が台所へこっそり忍び足で入ってきた。そして、ほうきの柄にまたがると、

「上に飛べ。どこにもぶつかるな」

と呪文を唱えると、たちまち、空を飛んで行ってしまった。お節介な下男は、はじめは主婦の行為にびっくりしたまま呆然としていたが、我に帰ると自分も試してみたくなった。彼も主婦と同じようにほうきの柄にまたがり、呪文を唱えた。しかし、うっかりまちがえて、

「上に飛べ。どこへでもぶつかれ」

と呪文を唱えてしまったので、ほうきは空中に浮き上がったものの、台所の中を出ることができないばかりか、頭を天井に打ちつけ、肘が壁にぶつかり、膝が煙突にあたり、さんざんな目に遭った。だから、ほうきがまた床に降りた時にはほっとしたのである。

その物音に気がついて、下男頭が台所に入ってきた時、彼は運よく窓際の狭いすきまにもぐり込んで、下男頭の目をのがれた。そして、自分の寝床に戻り、あとは物音ひとつたてずに眠った。

けれども、下男は自分の好奇心をさますことができなかった。そこで、翌日も台所にもぐりこみ、主婦のようすを窺っていた。するとこの晩も、主婦は真夜中に台所に入ってくると前夜と同じことを繰り返した。今回は、彼も注意して呪文を聞き取り、正しい呪文を唱えた。すると、彼の乗ったほうきの柄も、主婦の場合と同じように空中に飛び上がり、彼はどこへもぶつからずに、くらくらと外へ飛んでいくことができた。

外は夏至にふさわしい、さわやかな快い夜であった。下男は目的地も知らぬまま、ほうきに任せて空を飛んで行き、魔女の山に着いた。驚いた

ことに、そこでは夜中だというのにすばらしい宴席が設けられ、大勢の男女がにぎやかに食事していた。先に飛んでいった主婦もそこに座っていた。主賓の席には、帽子に長い羽を挿して、立派な上着を着たやせた男が座っていた。

下男もそこに加わり、次々に運ばれるごちそうに舌鼓を打った。どの料理もこれまでに食べたことがないほどおいしかった。下男は、ポケットを料理の残りでいっぱいにすると、近くのやぶの中にすべり込み、そこからゆっくりと踊りに興じる人びとを眺めた。満月の明るい光の下に、夜の宴会の光景は、真昼のようによく見ることができた。

宴会が終わると、会席者は一人ずつ主賓の悪魔のもとへ行き、別れを告げ、次々にほうきの柄にまたがると去っていった。最後の一人が去ると、魔女の山はひっそりと静まり返った。下男もやぶから這(は)い出し、同じようにほうきの柄にまたがって呪文を唱えたが、ほうきは空中に浮き上がらなかった。宴会の終了と同時に、魔女と悪魔の魔法は消え去ったのである。

下男は仕方なしにそこから歩いて帰ることにした。月光の下に道をたどり、夜通し歩き続けて、翌朝やっとのことで家に帰り着いた。空腹と疲労困憊のまま、自分の部屋に入り、夕べの宴会のお土産をポケットから出して腹を満たそうとすると、あれほどおいしかった料理は牛の糞になっていた。そのため、彼は以後二度と、魔女の山の宴会に行こうという気持ちにはならなかった。

39　ペトロネル村の異教徒の門

ペトロネルの村の郊外の野には珍しい異教徒の門の遺跡があった。明らかにローマ時代のものと思われるその門は、誰が何の目的で建てたのか、知っている者はいなかった。煉瓦と石柱が門の丸天井を支え、ドナウの河岸にそびえているのだった。

この門の遺跡を巡って、土地の人びとはローマ軍にまつわる言い伝えを残している。ある人は黄昏の最後の残光や、月の光の中でローマ人の若い兵士に会ったと言い、またある旅行者は、付近のローマ軍駐屯地カヌントゥムのトランペット奏者の霊を見たと言い張った。兵士たちは今、ペトロネル城の墓で眠っているという。

ある牛飼いの若者は、かつて、門の遺跡の近くで、牛を放牧して暮していた。ある晩、夕べの鐘が鳴ったので、彼は牛を追って家に帰ろうとした。するとその時、巨大な門の下から青い光が稲妻のように射したのである。その光は非常にまばゆくて、びっくりしている若者の目をくらませた。我にかえってから、彼は牛を追って家路につき、門の下から射した光は、必ず幸運をもたらすに違いない、と信じ込んだ。その一方で、

「馬鹿馬鹿しい。きっと鬼火を見たんだ」

と虫のいい空想を否定した。

しかし、青い光ははっきりと門の下から、門を照らすように射していた。彼は、村の古老が、ゆらゆら揺れる青い光は、その下に宝が埋蔵されている証拠だと語っていたことを思い出した。すると、またしても、先刻の虫のいい空想がこみあげてきた。そして、貧しい牛飼いの自分が、宝を掘り当てて大金持ちになったら、どんなにすばらしいだろうとうっとりとした。

宝物に取り憑かれた若者は、次の朝、納屋からシャベルを持ち出し、上着の下に隠すと何くわぬ顔で、いつもより早く牛を追って門の脇の放牧地へ行った。彼は、幸運を一人占めしたかったので、誰にも自分のもくろみを話さなかった。放牧地に着くと、牛をいつものように放し、自分はせっせと土を掘り始めた。一日中、彼は希望と夢を描いて掘り進めたが、何も特別なものは見つからず、また、埋蔵された宝を掘り当てると、悪魔か、怪物が現われて、気が狂ったり命まで落とすことになりかねない、と不安が横切った。そこで、彼はその日の夕方、穴掘りを中止した。

夕べの鐘が鳴り、前日とほぼ同じ時刻になった頃、再び青い光が門の下から射し始めた。彼は恐ろしくなり、一瞬逃げようとしたが、自分の幸運と財宝のことを考えて、勇気を奮い起こして、青

い光へ近づいた。その光は、最も高い門の柱石の脇から射していて、今は何の危険も感じさせなかった。若者は、自分の運を試そうと、再びシャベルを手に取って掘り始めた。やがて陽がすっかり落ち、あたりには暗い霧がたちこめたが、若者は掘る手を休めず、さらに地中深く掘り進め、とうとう彼の背丈と同じほどに掘った。しかし、やはり何も見つからず、若者は徒労と、暗い霧の中を牛を追って帰る途を思いやって、ため息をもらした。

彼が、失望と落胆でシャベルを穴の底に投げ捨てた時、シャベルは何かに当たり、金属的な音をたてた。はっとしてさらに掘り下げると、大きな石棺に突き当たった。それは周囲に彫刻の施してある見事な石棺だった。彼は、村の古老が、ローマ人は石棺に金貨や財産を納めて埋葬したと言っていたことを思い出し、勇気をふるって石棺を穴から外へ運び上げた。月光の下で石棺をよく見ると、ラテン語の碑銘が刻まれていた。若者は中に横たわっている遺体を想像し、一瞬手を止めたが、財宝に対する欲の方が勝ち、石棺をあけようとした。しかし、堅く重い石棺の蓋を持ち上げることは無理だったので、今度はこわして中を見ようと、草刈り鎌で石棺を打ち始めた。

ちょうどその時、若者の肩に誰かが手をかけた。若者はびっくりして振り返った。そこには、ローマ時代の服装をした小人が立っていて、小人は小さな体からは想像もつかない大声をあげて怒った。

「不幸な野蛮人め。お前のしていることが、どのくらい神を汚す罪になるのかわからないのか。死者は他の死者といっしょに、安らかに眠らせてやるんだ。お前は余計なことを考えるより、自分の牛のめんどうを見ろ」

若者の体は、晩秋の木の葉のようにぶるぶる震え、やっとのことで穴から跳び出した。すると、ちょうど、牛がぶどう畑へ入り込み、柔らかいぶどうの若葉を食べているのが目に入った。若者は、すぐさまぶどう畑に跳び込み、牛を叱りつけるとそこから追い立てた。彼の背後には、小人の高笑いが響き、地面が地震のように揺れた。

若者がぎょっとして振り返ると、小人はみるみる雲をつく大男になり、門の柱石を力にまかせて一本引き抜くと、それを地面にどしんと打ち立て、新たな穴を掘り、そこへ石棺を埋めた。若者はそれを見て、肝をつぶして気を失い、意識を取り戻した時にはもう夜明近くだった。牛は自分で牛小屋へ帰っていた。若者も家に戻り、自分の恐ろしい体験を人びとに語って聞かせた。人びとはローマ人の石棺は財宝もろとも、強大な霊にがっちりと守られ、浅はかな人びとには手を触れることができないことを悟った。

その後、青い光は二度と見えなかったが、遺跡の石を動かそうとすると、不気味な地響きがとどろいたということである。

40　コアノイブルク町のねずみ取り男

その昔、まだ文明が発達していなかった頃には、人びとは現在より生活の苦労が多かった。

コアノイブルクの町でも、ねずみの被害に人びとは手を焼いていた。ねずみはあらゆる道や家の中を厚かましく走り回り、ねずみの見えない一角はないほどだった。夜、人がベッドに入るとねずみが跳び出し、店の棚からねずみが跳ねおり、食事中は食卓に跳ね上がり、追っても追っても縦横無尽に暴れ回った。

町長は会議を召集し、ねずみ退治に成功した者には多額の報酬を出すことに決めた。その布れが町に出されてまもなく、ある見知らぬ男が町に現われた。彼は市長を訪ね、本当にすべてのねずみを一匹残らず退治した場合に、莫大な報酬を支払うのかどうか尋ねた。町長は大喜びで支払いを約束した。

すると男はすぐさま町角へ行き、自分の革鞄の中から黒い笛を取り出して吹き始めた。それは、聞く人の耳には、少しも快い音色ではなかった。けれども、男は気にするようすもなく、道から道へと笛を吹いて歩き廻った。すると、その甲高い笛の音は、ねずみには快いらしく、ここの家から、あそこの角からとねずみは次々に跳び出して、ぞろぞろと男のあとについて歩いて行った。男はそのまま、ねずみの行進の先頭に立って、笛を吹きながら町を出て、ドナウ川岸にたどりついた。そして、さらに止まることなく、川の中へじゃぶじゃぶと入って行ったので、後に続いたねずみは、一匹残らず溺れて死んでしまった。

このようすを見ていた町の人びとはびっくりした。そして頭を悩ませていたねずみが、男の笛のおかげですっかり退治され、大喜びした。しかし、町長を始め町の人びとは、見知らぬ笛吹き男に莫大な報酬を支払うことを渋った。笛を吹いただけで、あまりにもあっさりねずみを全部退治してしまったからである。人びとは町長の呈示した莫大な額にふさわしい働きをしたのではない、と理屈をこねたのである。そこで町長は、約束の額の四分の一しか支払わなかった。男はそれを拒絶して、全額の支払いを要求したので、町長は怒って、はした金を投げ与え、すぐ立ち去るように命令した。男はその金をそのままにして、ふん、と笑うとそこを立ち去った。

数週間後、再び男は町に現われた。今回はきらびやかななりをしていて、袋から金色に輝く笛を取り出した。彼がそれを口に当てて音を出すと、甘い美しい音色が流れ、人びとはその音色にうっとりとした。やがて、その音色を慕って家々から子供たちの姿が現われ、男の笛に付いてぞろぞろと歩き始めた。男が町を出てドナウ川岸へ行くと、そこにはきれいに飾りつけた舟が止まっていた。子供たちは、男の笛の音を待つまでもなく、先を争って舟に乗り込んだ。

最後の子供が舟に乗り込むと、男は舟をあやつって岸を離れ、速い流れに沿ってどんどん川を下っていった。ただ、二人だけ子供が舟に乗りそびれていた。一人は耳が聞こえないので、笛の音がわからず、もう一人は、上着を取りに町へ引き返したためであった。

親たちが必死になって子供たちを探し始めたころ、町に戻ってきた二人の子供から、自分たちの子供が男といっしょに舟で去っていった事情を知り、悲しみに打ちのめされた。そして、それが町長と町の人びとが騙した男の復讐だったと悟った。

41　クレムス谷の教会争い

バーベンベアク王朝のレオポルド三世（一〇七三―一一三六）当時、クレムス谷の二つの村、オーバーマイスリングとネーハーゲンは、教会をどちらの村に建てるかという問題で争っていた。隣接するこの二つの村は、どちらも小さく、それぞれの村にひとつずつ教会を建てる余裕がなかったのである。オーバーマイスリングの人びとがネーハーゲンの人びとを不信心となじり、教会を建てる資格のないことを言い立てると、ネーハーゲンの人びとは、オーバーマイスリングより名声があると言い張り、教会を自分たちの村に建てようとした。

しかし、オーバーマイスリングの人びとは承知しなかった。自分たちの村には聖なる泉があり、その水で神は奇跡を行なったのだから村の土地も聖域であり、教会を建てるにふさわしいと言い張った。ネーハーゲンの人びとは納得せず、オーバーマイスリングを無視して教会を造り始めた。

この争いを天国から見ていた聖ペテロはネーハーゲンの傲慢なやり方に腹を立て、主なる神の前に出て訴えた。主なる神も聖ペテロの言い分を認め、同時にオーバーマイスリングの信心を褒めて、そちらの村を助けることにした。

ネーハーゲンの人びとはその間に教会の設計を済ませ、教会の壁の石運びを始めた。そして、教会の土台ができ上がった晩、聖ペテロと主なる神は、天国からネーハーゲンに舞い下り、完成していた土台の石を籠に入れると、空を飛んでオーバーマイスリングの高みに運んだ。二人はそれを一晩中くり返したので、翌朝、ネーハーゲンの人びとが教会の建築現場に来た時、土台は跡形もなく消え失せていた。悪魔のしわざか、それとも泥棒の集団か、人びとは怒り、首をひねった。ただ一人、二つの村の境に住んでいる男が夜どおし、聖ペテロと主なる神が、何度も二つの村を往復し教会の石を運んでいったのを見たと伝えた。しかし、ネーハーゲンの人びとは、夢でも見ていたのだろうとその男を笑い者にした。

しかし、消えた石は戻ってこなかった。しかたがないので、ネーハーゲンの人びとは、また初めから石を運び、造り始めた。そして、教会の壁が完成した晩、またしても、それが消えてしまった。人びとが毎日、汗水流して運び、積み上げたすべての石が一晩でひとつ残らず消え失せたのだ。ネーハーゲンの人びとは目を疑った。

「これは人間技じゃない。巨人が来て、やったに違いない」

ネーハーゲンの人びとが隣り村のオーバーマイスリングに行って見た時、屋根は未完成だったが教会がすでに九分通りできていた。ネーハーゲンの人びとは彼らを泥棒呼ばわりしたが、自分たちが何週間もかかってようやく築いた教会を、隣り村の人びとがたった一日で建てることは不可能だとわかっていた。ネーハーゲンの人びとは素直に敗北を認め、オーバーマイスリングの教会を見て、その壮厳さに感心し、これは聖ペテロと主なる神の建てたものだと納得した。そして、二つの村は協力してその教会の屋根を完成させ、盛大な献堂式を行なった。

今日でも、オーバーマイスリングとネーハーゲンを結ぶ道には石が多く、それらは、聖ペテロと主なる神の籠から落ちたものといわれている。そして、石運びの休息をとった場所もはっきり残っているという。

42 エチャ山洞窟のピラト

下部オーストリア州とシュタイアマルク州の境の近くにあるエチャ山は標高一八四五メートルのなだらかな山である。そこにいくつも洞窟があることはあまり人に知られていないが、幻想的な鐘乳洞が形成されており、中でも最大のものは「湖ののぞき窓」あるいは「黄金の穴」と呼ばれている。そして、洞窟の最も深いところには、「ピラトの湖」という、黒くよどんだ水のたまった地底湖がある。

土地の人びとは、地底湖にほとんど関心を払わなかった。自分たちの生活とは直接かかわりのない湖のことを考えるより、他にする仕事が多かったからである。また、薄気味悪い地底湖の評判の悪さもあって、人びとは地底湖を話題にすることを避けていた。しかし、好奇心旺盛な人はどこにでもいるもので、誰もが避けてとおる地底湖を、逆に見てみたいと考えるのである。

洞窟に近い村に住んでいる赤毛の女の子も他のどの子供より地底湖に好奇心を燃やしていた。彼女は両親と祖父母と、村の貧しい小屋に住んでいた。彼女が地底湖に行きたがるたびに、両親も祖父母もそれを禁じたが、そうされると彼女はますます好奇心を募らせるのだった。そこで、彼女の大伯父が、自分の若い頃の体験を話してやった。

それによると、彼が洞窟の中を地底湖まで下り、再び上がってきた時には、死人のように青ざめ、唇も真っ青で手のふるえが止まらなかった。そして、その後しばらく笑うことすら忘れていた。やっと気持ちが落ちついてから、口がきけるようになり、地底湖で見るもおぞましい氷の人間に出会い、また、湖の中に盲目の黒い魚を見たと伝えたのである。

女の子はその話を聞いて、恐れることはないと笑った。大人たちが、普通と違うことは、どこかに間違いがあるのだから近寄らない方がよいと戒めても、彼女の決心は堅くなるだけだった。そして、大人たちの目を盗んで松明を作り、狭い洞窟の入口から中へ下りていった。勇敢な彼女は何を見ても怖くなかった。氷の巨人は不格好な氷の巨大な柱にすぎず、まもなく、黒い地底湖の中に盲目の魚を見つけた。魚は非常に大きく、年をとっているらしく、変わった姿をしていた。

彼女が興味津々で魚を見ていると、水の面に人の顔が映り、人のすすり泣きとつぶやきが洞窟の天井にこだました。彼女の他に誰一人いないことはわかっているので、彼女はそれが魚の声であることに気がついた。そして、この魚はかつて人間だったのではないか、そして、生きている時に悪事を働き、死後その罪をあがなうために罰として、地底湖の永遠の闇に閉じこめられているのではないだろうか、そして、いつの日か、救いが来るのを待っているのではないのか、という考えが頭に浮んだ。

見たこともない不格好な大きな魚は、女の子の方に泳ぎ寄り、自分は何百年も前にイエス・キリストを十字架刑に処したローマの総督ピラトなのだと語った。女の子は驚いたが、再び黙って泳ぎ回る魚を見て、これは決して夢ではないのだと悟った。

女の子は家に帰ると、家族や村人に地底湖の魚の話を伝えた。それ以来、好奇心の強い人びとが次々にピラトの魚を見るために地底湖へ下りて行くようになった。ピラトの魚は、今なお、地底湖に住んでいるといわれている。

43　エプロンをした婦人

オストロング川に沿ったミューニッヒライトの町からコルニッツ町へ向かう途中にバイセンベアク城の廃虚がある。ここは、かつて壮麗な城であった。その城跡の草原では、まだ子供といっていいほどの女の子が毎日山羊の番をしていた。そこは、一日中誰も訪れることがないので女の子は平和な長い一日を、歌を歌ったり、花を摘んだりして過ごした。山羊たちもおとなしく、草を食んでいた。

城はすっかり崩れ、誰一人住んでいなかったが、彼女は草原に座って城を見ながら、かつてここには誰が住んでいたのか、なぜ廃虚になってしまったのか、住んでいた人びとはどこへ行ってしまったのか、勢力者に征服されて死んでしまったのか、などと想像を巡らすのが好きだった。そしてもう一度、昔あったような立派な城を建て直したら、さぞすばらしいだろうと思うのだった。

ある気持ちのよい日に、彼女がまたも楽しい空想にふけっていると、いつのまにか、城のアーチ型の入口から、さらさらと絹ずれの音が聞こえた。女の子が振り返ると、上等な金糸で縫いとりしたすばらしいドレスを着た美しい女の人が近づいてきた。女の人は片方の手で自分のエプロンの端をつまんでいたが、その上品な美しい姿とはうらはらに悲しそうな顔をしていた。女の子は、突然現われた見知らぬ女の人に驚いて、じっと見つめた。

「私はとても不幸なのです。あなたは私を助けてくれますか」

女の人は女の子の傍らに来て尋ねた。女の子は財産も力もない自分には何もできないと思ったが、女の人は熱心にやるべきことを説明した。

「難しいことではないのです。それに、悪いことでもありません。反対に良いことです。ただ、私の持っているこのエプロンを、このままミューニッヒライトの町まで持っていって、町の入口に腰かけている乞食の女の人に中のものを全部あげてほしいのです」

これを聞いて、女の子はそのくらいなら自分にもできる、と喜んで承知した。

「ただし、決してエプロンの中を見てはいけませんよ。お前が中の宝物を一度でも見たら、宝物は消えて、私は次の百年間が過ぎるまで、また廃虚の中で待たなければならないのです」

女の子は、女の人が百年間も待っていたことにすっかり同情した。

「私は生きていた頃、私の貧しい親戚に辛くあたり、財産を渡すまいと、この城に隠したのです。死後、その罰を受けて、百年に一度だけ、ここへ来た人に頼んで、私が出し惜しんだ財産を全部、あの乞食に与えることが許されるのです。そして、その人が本当に約束どおりにしてくれた時、私の魂は昇天することができるのです」

女の子はこの優美な女の人の魂を救う嬉しさに有頂天になり、さっそくエプロンを受け取って、中を見ないように注意しながら、ミューニッヒライトへ歩いていった。けれども、元来、想像力と好奇心の強い彼女は、エプロンの中の宝物をあれこれ想像するうちに、どうしても中身を知りたくなった。あれだけ贅沢な服装をしていたのだから、きっと高価な宝石か金貨に違いない、と思い込んだ。

女の子は、女の人の言葉を忘れずに、中を見たいという誘惑と戦っていたが、町が見えて、道端に座っている乞食もはっきりわかった時、ここまで来たのだから、一瞬見るだけなら、あの女の人も許してくれるだろうと勝手に考えて、エプロンの中をのぞいてしまった。すると、そこには、炭がいっぱい詰まっていた。女の子は驚きのあまり、エプロンと石炭を落として悲鳴をあげた。触っただけでも火傷をしそうな、真赤に燃えた石炭がいっぱい詰まっていた。

するとと同時に、女の人の悲しそうな失望と苦渋に満ちた声が、女の子の耳に聞こえてきた。

「やっぱり駄目だった。また次の百年、この廃虚の中で待たなければならない」

女の人のかすれた声はしだいにかすかになり、消えていった。エプロンの中の石炭は、かつて宝石だったのであり、女の子が乞食に与えた時、女の人は救われ、石炭が再び宝石に戻るはずだったのである。

女の子は我に帰り、自分の想像力と好奇心の犯した過ちに気がつき、必死の思いで廃虚に引き返したが、そこには、彼女の山羊がおとなしく草を食んでいるだけで、女の人の姿は影も形もなかった。女の子は声をかぎりに女の人に謝り、二度と同じ過ちを繰り返さず、今度は必ず乞食にエプロンの中身を与えることを約束したが、どんなに叫んでも空しくこだまが返ってくるだけだった。

女の子はまだあきらめず、またあの女の人が訪れたら今度こそ、と心に決めていたが女の人は二度と現われず、次の百年を待たねばならないことを思い知った。女の子はやがて大きくなり、結婚して子も孫もできると、彼らに廃虚の女の人の話をして聞かせ、百年後に再び女の人が現われた時、自分と同じ過ちを繰り返さないで、その人を救ってあげるように悟したという。

44　悪魔の粉屋

かつて、ウィーンの南側、ヴィーナーベアクからフェーセンドルフの間は牧草地が広がり、そこになかば崩れかかった水車小屋があった。

ウィーンから南のシュタイアマルク州に向かう旅人は、ことに夜の間、そこを通ることを避けていた。嵐の晩など、偶然通りかかった旅行者が雨宿りをすると、小屋の幽霊がぞっとするような音をたてるため、その恐ろしさに誰も皆、一目散に逃げだしてしまうのだった。そこで、この水車小屋は「悪魔の水車小屋」と呼ばれ、かつての住人は恐ろしい人だったに違いない、と人びとは想像していた。

ここはその昔、竜皮（ドラヘンフエルス）のキリアンと呼ばれた追いはぎの住み家だった。彼は強欲で残忍な男で、力にまかせて不法に水車小屋に住みつき、そこを身の毛のよだつ恐ろしい場所に変えてしまった。彼は、仲間と待ち伏せて、情け容赦なく持ち物を奪い、抵抗するものは殺した。

不思議なことに、この残忍きわまりない男には、実に善良な美しい妻がいて、夫の残忍な仕打ちに心を痛め、毎日手を合わせて、やめるように頼んでいた。しかし、彼女がどんなに切々と頼んでも、男は少しも耳を貸さないばかりか、いつも妻を足蹴にしていた。しかし妻は、夫はまわりの影響でここまで悪くなったのであり、いつかは自分の願いを聞き入れて、心を入れ替えてくれると思っていた。

ある晩、キリアンがいつものように略奪品を手に、意気揚々と帰宅すると、妻はそれを見て、涙を流して改心するよう乞うた。彼はそれがうるさく鼻につき、見せしめに、仲間とともに妻を家から引きずり出し、井戸へ放り込んで殺してしまった。するとその瞬間、天地の揺らぐ大音響とともに、井戸の中から部下を引き連れた地獄の魔王が現われた。そして、燃えさかる炎と硫黄の臭いがあたりに立ちこめ、キリアンとその仲間を鎖で縛りあげ地獄の底へ引いていった。

それ以来、キリアンと彼の仲間の追いはぎを見た者はいない。水車小屋は荒れ果て、薊や荊棘のようなとげのある雑草がはびこり、人びとはますますそこを避けるようになった。毎晩、深夜十二時になると、人のいない水車小屋の古い水車が動き出し、キリアンとその仲間の幽霊が、重い小麦の袋を呻きながら運び、穀物箱に入れていた。その想像を絶する物音と呻き声に人びとは恐れおののいた。誰かが死んだ妻を井戸から引き上げて聖なる神の墓地に埋葬しないかぎり、彼らは永遠に救われないのだった。しかし人びとはそれを知っていても尻ごみするばかりだった。

　ある雷雨の晩、シュバルツアウ城の騎士ギュンターが部下とここに雨宿りした。真夜中に幽霊のぞっとするような物音が聞こえてきたが、雷雨の激しさと、現在彼が求婚している裕福な騎士の娘のことで頭がいっぱいだったので、幽霊の物音にも心をかき乱されなかった。

　彼は貧乏で、恋敵レーベンシュタイン城のクノは彼の貧しい城を「鳥の巣」と馬鹿にしていた。娘の父親は、彼がクノと同じくらい金持ちになったならば、結婚を許そうと言っていた。そこで彼は何とかして金を得て、求婚できるようになりたいと、そればかり考えていたのである。

　騎士ギュンターの目には、昔風の服を来た男の幽霊が、汗を流し、あえぎながら苦しそうに重い小麦の袋を運んでいるのが映った。勇気のある彼は、剣を抜いて十字を切り、霊に訪ねた。

「救い主（イエス・キリスト）の十字架において尋ねる。どうしたら、おぬしらを救えるのか」

　すると一瞬、小屋の静けさが訪れ、どこからともなく、か細い途切れるようの女の声が聞こえてきた。

「勇敢な騎士様。私の死体を井戸から出して教会墓地に葬り、聖なる土をかけて下さい。そうすれば、私の哀れな夫は救われます」

　冷や汗を流しながらその声を聞き取った騎士ギュンターは、さっそくそのとおりにしてやった。妻の霊は彼に深く感謝し、莫大な財宝と幸福な結婚を約束してくれた。そして、その言葉どおり、帰宅すると食卓の上に莫大な財宝があり、彼はそれを持って、裕福な騎士の娘と結婚することができた。

45 夜の訪問者

ウィーンの森の町アランドには、かつて貧乏な鍛冶屋が住んでいた。どんなに一生懸命働いても生活は苦しくなるばかりで、妻はそれをいつもこぼしていた。彼は妻のぐちを聞くごとに、鍛冶で汚れた大きな節くれだった手を見て、黙っているのだった。彼は無口な働き者で、欲がなく、自分たちはなんとか食べていかれるだけのものを持っているのでそれで十分と思っていた。金持ちも貧乏も本人の心持ちしだいと考えていたからである。欲張りな金持ちの家が焼けて全財産を失うこともあれば、貧しい人間が財宝を手に入れることもあると知っていた。

ある寒い冬の晩、彼が妻と寝床に入っている時に、誰かが窓を叩いた。彼は嫌がらずに起き出した。おそらく、乞食が一きれのパンの施しを求めに来たのだろうと思ったのだ。時刻はすでに深夜で、普通の人の訪ねる時間ではない。彼は、なかば用心しながら窓をあけた。凍てついた風が室内に吹き込み、彼は骨の髄まで震えた。そこには、見知らぬ男が立っていて、「天使の十字路」まで来て、自分の馬に蹄鉄を打って欲しいと言うのだった。妻は、寒い夜更けの仕事であるし、得体が知れない相手なので断わるように勧めたが、仕事に生真面目な彼は男の事情を聞いて、天使の十字路まで行くことにした。男は、町に急用ができたのに馬に蹄鉄を打っておらず、新雪の積もった滑りやすい道を馬に歩かせるのは危険すぎるというのである。

男の言い分はもっともなことなので、鍛冶屋は道具を持ち、男とともに馬のところへ行った。今ごろ、馬に蹄鉄を打っていないのは不思議であったが、もっと驚いたことには、彼が打ち始めると、突然馬が、

「そんなに深く打ち込まないで」

と人間の声で言ったことである。鍛冶屋はそれを聞いて金鎚ちを落とし、後ろも見ずに家に逃げ帰った。そして、あの男は幽霊で、馬は魔法をかけられた人間だったのではないかと、がたがた震えてベッドに跳び込んだ。

翌朝、落としてきた金鎚ちが気にかかり、天使の十字路へ行くと、金鎚ちは昨夜のところにあり、謝礼としてか、金貨が数枚落ちていた。彼は、昨夜の恐怖も忘れて、幽霊でもきちんと支払いをするのだと喜んだという。

46　皇帝の写し絵

マリア・テレジア女帝の長男ヨーゼフ二世（一七四一—九〇）は、庶民の友として国民に慕われ、その死後も皇帝の再来が信じられ、各地でその姿を見た、という人びとが跡を絶たなかった。ヨーゼフ二世は、修道院改革を行なったが、彼の時代には、ユダヤ教も旧教も新教も、他の宗教も弾圧されることなく共存し、労働者にはきちんと賃金が支払われた。そこで、貧しい下層の人びとは、皇帝の死後もつねにそのような時代の続くことを望み、死後五十年を経ても皇帝の死を信じず、その帰還を待っている人が多かった。

下部オーストリア州森林地区の小村でも、ある老女は、彼女が幼稚園の頃、一度だけヨーゼフ二世を見たことがあり、その時の優しい皇帝の瞳を生涯忘れることがなかったという。特に、彼女が成長し、生活苦と上からの搾取に絶望した時、

「私が来ればすべてよくなる」

と言った、皇帝の言葉を思い出して泣いていた。

ある日、彼女は苦しみからのがれるように池に行き、内心の燃える苦しみを冷たい水で消そうとした。すると、水面にはっきりと皇帝の顔が映り、懐かしい優しい目で老女を見た。彼女は、それに元気づけられ、苦しみを克服することができた。彼女が、皇帝に感謝の言葉を言おうとした時、写し絵は消えてしまった。彼女は礼の代わりに野の花を池に投げ入れ、花はそれを受け入れるように、すぐ沈んだ。

老女は元気を回復して帰宅し、娘婿にそのことを話すと、裕福だが強欲で冷酷な娘婿は、はなから馬鹿にした。すると同時に、壁にかけてあったヨーゼフ二世の絵が、鏡に映り、鏡の中から娘婿を厳しくにらんだ。その視線を受けた娘婿は、冷や汗をかき、優しい人間に変わった。

人びとは老女の話を聞いて、問題の池に押しかけた。しかし、皇帝の姿は見られず、がっかりして帰っていった。

ある日、その池で、信心深い貧しい老人が魚を一匹釣り、夕食のお菜にと持って帰った。彼の妻がその魚の腹を割くと、中から皇帝の真珠と同じものがひとつ転がり出た。この噂が広まると、好奇心の強い人びとが再び池に押し寄せ、同じ真珠を獲ろうとした。しかし、見つけた人は一人もいなかった。けれども、池の囲りで遊んでいた子供たちは、皇帝の姿を水面に見ていた。

ある時、噂を耳にした伯爵がその池を訪れ、噂の真偽を確かめようとした。元来、迷信や俗信仰を笑う性格だったので、伯爵はこの噂を笑いとばしたかったのである。伯爵は妻を宿に残し、一人で池へ昇って行ったまま三日間戻って来なかった。召使いが探しにいくと、伯爵は池の端の切株にがたがた震えながら座っていた。髪も真白になり、しばらくは口もきけなかった。帰宅後ようやく彼の子供たちに、池の表面に現われた恐ろしい光景を話してきかせた。それによると、一人の土気色の騎士が国を巡り歩き、それにつれて彼の家族も領土も、また帝国全体も炎上し、滅亡するようすが浮かび上がり、ヨーゼフ二世の顔が二重写しとなってじっと伯爵を見ていたのだった。

そして、その写し絵のとおり、それから約六十年後に第一次世界大戦が勃発し、一九一九年にオーストリア帝国は亡びたのである。

三　ブルゲンラント州

47　ノイジードラー湖の起こり

オーストリアとハンガリーの国境にある大きなノイジードラー湖は、その昔「乙女谷」と呼ばれる、平和な実り豊かな村々が点在する美しい谷であった。

当時はフォアヒテンシュタイン城の城主が乙女谷を治めていた。城主は善良な優しい人柄だったが、高慢で残忍冷酷で自己中心な妻のため、少しも幸福ではなかった。そこで、城主はわがままな妻を離れて、森や野原で狩猟にいそしんでいた。

ある時、城主は狩猟の途中で道に迷い、乙女谷へ出て、そこの貧しい村の小屋を訪ね、休息を取らせてもらおうとした。その小屋には、絵のように美しいマリアという娘とその母とが二人で暮らしていた。二人は城主を親切にもてなし、食事を供し、疲れた馬の世話をした。城主は、自分の言うことをきかない喧嘩腰の妻と比べて、マリアの優しさにすっかり引きつけられた。

二人のもとで、とても楽しい夜を過ごした城主は、それ以後、いつもマリアを訪ねて、楽しい時を過ごすようになった。

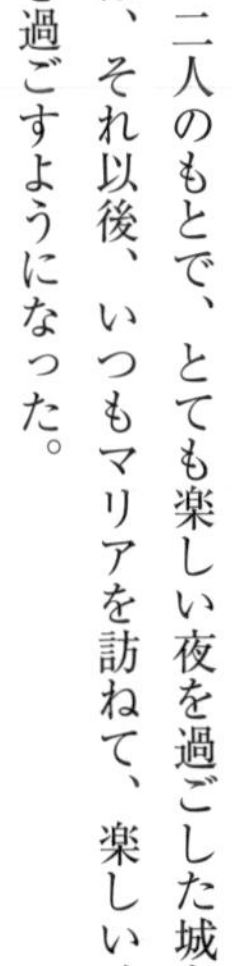

しかし、幸福は長くは続かなかった。城主は臣

50 誘拐されたドナウの水

下の義務として、皇帝に従って出征しなければならなくなった。彼は、留守の間にマリアの身の上に何かよくないことが起こるような予感がしていたが、出征の義務を怠ることは許されなかった。

城主の予感は的中し、夫がマリアを訪問していたことを知っていた城主の妻は、好機到来とばかりに、腹心の下男を使い、マリアとその母に残酷な復讐をしようとした。妻は、下男と謀り、二人を魔女として告発し、村人を巻き込んで次々と嘘の証言をさせた。一人が、ほうきに乗って飛んでいるところを見た、と言えば、別の人は牝牛に魔法をかけて乳が出ないようにしたと言い、また他の人は、自分の息子がマリアににらみつけられて病気になったと、まことしやかに言った。

マリアと母親は、周囲の偽りの告発に抵抗できず、無実を訴えたが無視され、城主の妻の思いどおり、二人は魔女として逮捕され、死刑を言い渡された。マリアは抵抗しても無駄なことを知って、天国に行けることを信じて死刑を受けいれたが、母の方は、城主の妻といっしょになって罪をでっち上げ中傷した村人に、自分の死後、永遠の安堵を得られず、不安と苦しみに打ちのめされるように呪った。

城主の妻と村人は、マリアとその母を村の池で溺死させ、これですべて済んだ、と高笑いしながら引き上げた。村人にとっては、なんの力もない貧しい女の呪いなど馬耳東風であった。しかし、それから数時間もたたない頃、二人を溺死させた池は勢いよく増水し、村中に洪水が押しよせた。そして、そのうねりの高みに、溺死させた二人の女性が光輝に満ちて座っているのを見た時、村人は自分たちの罪を自覚し、あわてて水底から二人の遺体を出して、教会墓地に葬った。が、時は遅かった。洪水は村中を襲い、すべての家と人びとを押し流し、不毛の台地の下に埋めた。そして水はさらに増え、村は大きな湖の下に沈んだ。

城主の妻はこの知らせを聞いた時、すっかりご満悦であったが、母親の呪いは城主の妻にも襲いかかり、彼女は鏡の割れるような音とともに、脳にひびが入り、そのまま気が狂い、二度と正気に戻らなかった。

一方、二人を陥れた不実な下男は、呪いを頭から馬鹿にして、村の沈没は偶然のできごと、とうそぶき、それを証明するために、ある晴れた日にボートで湖に出た。すると、一天にわかにかき曇り、大雨となり、高い波がボートを転覆させ、下男は溺死した。

このようなできごとが続いた後、ようやく城主が帰還し、マリアの死と妻の発狂を知った。彼はマリアの死を悼んで、池の傍らに修道院を建てた。これが、現在ノイジードラー湖畔にあるフラウェンキルヘン修道院である。

わずかに生き残った村人は、すっかり不毛となったその地で、細々と生活をやり直した。沈んだ村の教会の塔や高い木の頂きはしばらくの間、湖面から突き出していたが、やがてそれも水没した。けれども、湖の岸には、泥にまみれた鐘や、聖ヤコブの聖画などが流れつき、水没した村をしのばせたという。

48 ノイジードラー湖と太鼓のばち

伝説では、ドナウ川とノイジードラー湖は地下の水脈でつながっているといわれる。さもないと、この話はつじつまがあわないのである。

遠い昔、ノイジードラー湖畔の町ノイジーデルで、製本師の若者が親方のもとで働いていた。彼は、手が器用で仕事も巧みにこなし、たちまち一人前の職人となった。彼は家族もなかったので、暇な時間に彫刻を施した太鼓のばちを作り上げた。そして、ばちの中に空洞を作り、そこに稼いだ十ドカーテン（当時のオーストリアの通貨）金貨を貯めておいた。

彼は、ドイツのレーゲンスブルクの出身で、しばらく故郷を離れているうちに、郷愁にかられるようになった。そこで、親方のもとを去り、船でドナウ川を上り、故郷に帰ることにした。しかし、下部オーストリア州のグラインまで来た時、船が渦にまきこまれ、岩礁にのり上げ、こわれてしまった。幸い彼は上手に泳ぐことができたので、渦を泳ぎ切り、岸にたどり着くことができた。しかし、十ドカーテン金貨入りのばちは水中に沈んでしまった。彼は、命あっての物種、とそこから陸路レーゲンスブルクへ帰った。

彼は一文なしで帰郷したのだが、若さと勤勉さで再び仕事に就いて金を稼ぎ、やがて結婚して、自分の仕事場を持つ親方となった。そして、仕事の合間に、再び妻とノイジードラー湖を訪れた。彼は現在の幸福に不足はなく、美しい湖の光景を楽しんでいた。するとその時、岸から遠くないところに湖の波で押しよせられているものが見つかった。彼が何気なく拾い上げてみると、何年か前にドナウ川で船が沈没した時に失った太鼓のばちだった。中に入れておいたドカーテン金貨もそのままだった。彼はばちを取り戻して非常に喜んだが、ドナウ川からこの湖まで一体どうやってこれが流れてきたのか、皆目わからなかった。そこで、人びとは、地下の水脈がここまで運んだのだろうと考えたということである。

49 ノイジードラー湖の水の精の呪い

その昔、人びとがノイジードラー湖のきらきら輝く湖水に、まだ水の精の存在を信じていたころ、湖畔に一人の欲深な漁師が住んでいた。毎日、湖で網を打ち、溢れるばかりの魚を貪欲に家に持って帰った。新鮮な魚は、いつも良い値で売れたので、いくらもたたないうちに大金持ちとなった。しかし彼が毎日、欲ばって、あまりにも獲りすぎるので、湖の魚がしだいに減り、網にかかる魚は日に日に減っていった。貪欲な彼は、家に十分財産があったにもかかわらず、不漁を嘆き、それを湖に住む水の精の責任にした。水の精が漁の邪魔をするといっては、湖面に向かって水の精の悪口を言うのだった。

ある日、彼がいつものように漁に出ると、網に何か優美で上品なものがかかっていた。それはすばらしく美しい水の精で、網にかかったまま、なんとか逃れようと網をひきちぎろうと必死でもがいているのだった。

「どうか助けて下さい。私はもう七日もここにいるのです。底には子供が三人待っているのです」

水の精は必死に頼んだが、傲慢な漁師は、水の精が自分の大切な網をずたずたにしたと怒り、もりで突き殺した。水の精は最後の力をふり絞って、

「お前は二度と家族にも会えず、永遠に水底の藻屑となるがいい」

と漁師を呪った。

水の精の呪いを男が馬鹿にして笑った時、水底から不気味なうなりが響き、やがて、それが狼のほえるような轟きとなり、荒れ狂う風波が男の舟を襲った。水の精の呼んだ風の花嫁（つむじ風を起こす魔女）が、恐ろしい風波を起こしたのである。男の乗った舟はたちまち沈み、貪欲で傲慢な漁師は溺死した。

今でも静かな夕方、霧が下りて湖面を包むころ、遠くかすかに舟の櫂のきしる音が聞こえてくる。それは、溺死した漁師の幽霊で、必死に舟を漕ぐのだが、決して岸に着くことはなく、水の精を殺したその場所で、永遠に舟を漕がねばならないのだという。

50　誘拐されたドナウの水の精

州の北部に住んでいた馬車引きの若者は、仕事の合間に自分の舟を漕いでウィーンへ行き、おもしろおかしく遊ぶことが好きだった。

ある日、彼が月光の下に川を上り、現在のオルト町の岸まで来た時に、ドナウの水の精と知り合い、愛し合うようになった。それ以来、彼はいつも幸運に恵まれ、彼の馬は一度も病気にならず、荷馬車には一度も事故がなく、ぬかるみにはまることもなく、夏の日照りにも馬が日射病になることはなかった。そして、追いはぎにも遭わず、商売はいつも上首尾だった。しかし、恋人だけはできなかった。水の精と会う前は次々に恋人を作ったが、今ではどんなに彼が笑いかけても、女性は

魚臭いと言って逃げていった。

彼は自分の臭いが水の精のためだと知っていたが、気にしなかった。他の女性と比べて水の精は愛らしくて優しく歌がうまく、彼の生活をすばらしいものにしてくれた。そこで恋人は水の精一人で満足していた。

しかし、帰宅すると、父親から多すぎる遠出をとがめられ、家を守り父親の跡を継ぐように言われた。若者はあと一回だけと懇願し、父はそれを許したので、馬を飛ばして水の精と会えるドナウの岸へ急いだ。しかし、彼がそこに着いても、水の精は姿を見せなかった。彼はしきりに水の精を呼び続けたが空しく、絶望してこぶしで地面をたたいた。そして、会えるまでは帰らないと心に決めて、三日三晩岸に座り込んだ。

四日目の朝、焦酔しきった彼が、幻覚を見たか、と思った時に水の精が現われた。水の精は日の高い間は川面に出てはいけないはずなので、彼は驚いたが、水の精は、彼女の父ドナウ侯が二人の恋愛に気づいて跡を追ってくることを知らせた。ドナウの水の精にとって、人間の男と愛し合うことは罪であり、ドナウ侯に知られた時は、血みどろになるまで殴られ、殺されることもあるということを彼女は知っていた。

そこで水の精の頼みで、彼女を家につれて行くことに決め、若者は水の精を毛布でくるみ、馬の背に載せると帰宅し、こっそりと深い泉に隠した。水の精にとって、そこは確かに安全ではあったが、若者以外、誰も訪れてくれない寂しい孤独な生活だった。水の精は暗くて狭い泉の中にじっと坐りながら、水底の輝く水晶宮や、父のドナウ侯、兄や姉を思い出し、自分をどんなに探しているか想像を巡らした。夜の間だけ、若者が水の精を訪ね、二人は永遠の愛を誓い合った。

しばらくするうち、若者の母親は、気立てがよく、きれいな隣家の娘が気に入り、双方の母親の間で話が進み、若者の結婚が決まった。若者もその娘が気に入り、泉に水の精を訪れることを避けるようになった。若者から捨てられ、さらに孤独になった水の精は、双子を産んだが、それも若者の愛をつなぎとめることにはならなかった。若者は夜中に赤子の泣く声を聞いたが、無責任な彼は平然と聞き流した。

するとと、突然ドナウ侯が姿を現わし、ドナウ川はハンガリーからウィーンに至るまで大洪水をひき起こし、さらに言葉に絶する激しい雷雨を降らせて若者の村を襲い、家も畑もすべて泥で埋め、不毛の地としてしまった。ただ、水の精の隠れ住んでいる泉だけは無事であった。そこへ、ドナウ侯が馬車で現われ、娘と双子を乗せると川底へ去っていった。

そして、水が引いた後、ドナウ侯が泉を封じていったので、若者の畑はからからに干上がり、作物は全く実らなくなり、若者は家を捨てて、他の地へ引越していった。

51 野の妖精

かつて、ブルゲンラント州の南部の小さな村に、陽気で魅力的なハンスという若者がいた。彼は女の子の憧れの的で、誰も皆ハンスと結婚したがったが、ハンスの気に入る娘は見つからず、ついに嫁を探しに土地を離れていった。そして、しばらくすると、すばらしくきれいな一人の娘を伴って村に戻ってきた。村人は、誰一人彼女を知っている者はいなかったが、ハンスはまもなくその娘と結婚した。

結婚式後、人びとはハンスに、あれはどこの娘なのかと尋ねたが、ハンスは肩をすくめるだけで、笑ってすませていた。人びとは青いドレスを着ている彼の妻を見て、彼女はおそらく、フィラ（野の妖精）なのだろうと想像した。フィラは、野に住む善良な優しい妖精で、野原でいつも歌と踊りに興じ、若者の心をいともたやすく魅了するという。フィラは、人間の若者と愛し合い、結婚して子供を生み、家庭を作ることもできるが、「フィラ」と呼ばれ、踊りを見せてくれるように言われると、去っていかねばならなかった。

ハンスは結婚後、妻に向かってフィラと言うこともなく、また、彼女に歌や踊りをせがむこともなかった。こうして、噂好きの村人をよそに、ハンスとその妻は幸福に暮らし、二人の間に二人のかわいい子供もできた。

妻は時々、ハンスと子供を残して一人で森に入っていったが、ハンスは、彼女の行く先を誰にも明かさず、一人で子供たちと妻の帰りを待った。

ある時、帰宅の遅くなったハンスは、妻と子供たちの姿を一刻も早く見たい、と急いでいた。そして、家の前で嬉しそうに彼を迎えた妻の愛らしい姿に、何もかも忘れたハンスは、有頂天になって口走った。

「フィラ。歌ってくれ、踊ってくれ。僕らが初めて野で出会った時にそうしていたようにもう一度、あの姿を見せてくれ」

妻は、夫の言葉に思わず顔を曇らせたが、素直に従って、いとも軽やかに独楽のように踊りながら、よく通る銀の鈴のような声で歌い始めた。その時、ハンスは我に帰り、妻との約束を破ったことを思い出して、あわてて妻の歌と踊りを止めさせた。

しかし、時すでに遅く、妻は寂しそうに霧の中へ消えて、二度とその姿を見せなかった。ハンスは二人の子供とあとに残され、必死に妻を探し求め、戻ってきてくれるよう祈ったが、フィラは戻ってこなかった。夕暮れ時に霧がしのびよってくると、ハンスは妻が戻ってきた、と窓へ跳んでいくのだが、窓を明けてもそこにはただ夕霧が流れているだけで、フィラの姿はないのだった。

52 ゴーバリング村のしだの種

荒々しい冬の十二夜（十二月二十五日から一月六日まで）の入口に位置する聖トーマスの夜は、神秘的な夜として、古来、さまざまな奇跡が起きた。一五八三年のローマ教皇庁の改暦以前は、現在の暦の日付と十日間のずれがあり、現在は十二月十九日に当たる聖トーマスの日は、当時は十二月二十九日であった。これは、そのころの話である。

神秘的なしだの花が、夏至の夜とともに、この夜も森で咲き、その種には限りない治癒の力と透明人間になれる力があり、その種を教会のミサの杯の中で聖別すると、その持ち主に隠された宝のありかを教える、と伝えられていた。このようなしだの種の力は、ゴーバリング村の教会では古くから知られていた。その教会の寺男は、村の食堂のせむしの親爺から、しだの種を集める秘術を聞き、自分の幸運を試そうと、聖トーマスの晩に他の二人の仲間と森へ出かけた。食堂の親爺は、四人では秘術が効かないといって同行せず、三人で行かせた。

しだの種の採集のため、寺男はこっそり教会からミサの杯を持ち出していた。三人は、聖トーマスの夜の真夜中十二時、ちょうどしだの花が開く時刻に森に着いた。三人は、しだの花を見つけると、その囲りに聖別した白墨で輪を描き、開花を待った。真夜中の鐘とともにしだの花は開き始め、すぐに種が実った。しかしそれと同時に、白墨の輪の中から恐ろしい雷鳴がとどろき、天地の揺らぐ大音響とともに、幽霊のような物が現われた。けれども三人が、種をミサの杯に入れてしまうと、天地は鎮まり幽霊も消えた。

三人は、うまくしだの種を手に入れた喜びに満たされて、帰途についた。三人は交代で種の入っているミサの杯を持ちながら、隠された宝を探し当てることで頭がいっぱいだった。突然そこへ、せむしの食堂の親爺が現われ、せわしそうに首尾を尋ねた。三人が上首尾に終わったことを伝えると、親爺は、杯の中のしだの種を見たがった。しかし三人は、今そこで杯の蓋をあけると、種が風にまぎれて消えてしまうことを恐れて見せなかった。親爺は怒り、ミサの杯を黙って持ち出したことを神父に告げるぞ、と脅した。それを聞いて、しかたなく蓋をあけると、親爺は中をのぞき、一吹きで種を消し飛ばしてしまい、見る見る悪魔が正体を現わし、高笑いとともに消え去った。

三人は、悪魔が食堂の親爺に化けて、自分たちをうまくたばかったことに気がついたが、しだの種が失われただけで、その他には何も悪いことは起こらなかったことを喜び、無事、村へ戻った。

53　サンクト・エルゲン村の悪魔石

サンクト・エルゲン村の近くにあるシャイベンベアク山には樫の森があり、昔からそこに一人の悪魔が住みついていた。この悪魔は、地獄の掟を破ったため、罰として地上へ追放され、誰の助けも得られないまま、一頭の萎えた牝牛と盲の山羊を飼って、貧窮生活を強いられていた。彼は日中、二頭の家畜を追って野で過ごし、夜は、森の巨大な岩の上で地獄のような騒動を起こして暴れ回るのだった。人びとは今日まで、そこを「悪魔石」と呼んでいる。

悪魔の夜の騒動は、怒髪天を突く勢いで、村人の悩みの種だった。村の農家の牝牛はその音におじけづいて乳を出さなくなり、農婦たちはそれだけでも腹を立て、悪魔を地獄へ追い返したがった。村の食堂に人びとが集まると、収穫や天気などの話とともに、村の平和の攪乱者、悪魔がつねに話題にのぼっていた。

その日は、そこに見知らぬ老人が一人混っていて、食事をともにしていた。老人は若い頃、戦争でトルコへ出征し、捕虜となってトルコ船につながれて漕ぎ手として酷使され、年をとって働けなくなったので、やっと解放され、ここまで戻ってきたのだった。彼は歩き疲れて、故郷、ドイツのシュワーベン地方まで帰りつく力はなく、どこかで隠者として一生を終えたいと願っていた。そして、トルコ船につながれていた時の鎖をロレットの聖母に奉納したい、と思っていた。当時、囚人は解放されると、自分を縛っていた鎖を聖レオンハード教会などに奉納するならわしだった。

村人から話を聞いた村長は、もしも老人が悪魔を追い出してくれるのなら、住む小屋も食べ物もあげようと話を持ちかけた。老人はこの話を喜んで受け、うるさい悪魔を追い出すことを約束した。賢い老人は悪魔石の近くに石と木で小屋を建て始め、好奇心にかられた悪魔が来ると、悪魔の牝牛と山羊のために家畜小屋を建てているのだと騙した。これを聞いて、悪魔は欣喜雀躍し、それまでにも増してひどい騒音をたてた。小屋が完成すると、老人はそこに聖別した鐘を下げた。

鐘が鳴り始めた時、悪魔は自分の山羊と牝牛を追って、生きている蛇を鞭に使いながら小屋に向かっていたが、聖別した鐘の音が耳に入るや、言語に絶する悲鳴をあげて、逃げ去り、二度と戻ってこなかった。

サンクト・エルゲンの村は平和を取り戻し、その鐘の音は、今日も悪魔払いに効くといわれている。

54　ベアターベアク山の新日曜日の子供

日曜日に生まれた子供は、一般的に予言の力、未来を見通す力があるといわれるが、ことに、新月の日曜日の晩に生まれた子は、「新日曜日の子供」と呼ばれて、暗い夜に魔女を見分ける力を持っているという。魔女は、新月、満月の夜にほうきで空を飛ぶからである。

ベアターベアク山のフラズミュラー老人はそのような「新日曜日の子供」だった。そのため、魔女狩りの時代には、魔女たちからさんざんな目に遭わされた。たとえば、老人が荷馬車を引いて山道を越えていくと、魔女たちが四方から寄ってきて、彼を馬から下ろし、居酒屋へ連れていこうとする。老人がいっしょに居酒屋へ行って飲んでも、もし一言でも何か話したなら、彼はその後、荷馬車に戻った時、必ず落馬してしまうのだった。そこで、彼は魔女たちと関わらないように気をつけ、後には聖別したナイフを持ち歩くようになった。

それでも魔女たちはつきまとった。彼は荷馬車を引いて山を越える時には、いつものどが渇くので、ビールを飲むこともあった。すると、魔女たちはよってたかって、気持ちをあおりたて、彼を怒らせては落馬させた。

彼はこのように、魔女たちから分別を奪われさんざんな目に遭わされた。一度など、彼の背中にのぼって追いたて、彼の馬を馳らせて、ある地下室の酒蔵へ行かせ、鍵穴から入り込むと酒樽をすべて飲みつくした。空になった樽には、肥え溜の水を入れた。気の毒な彼は、その仕事がすむまで、地下室の入口で番をさせられた。翌朝、彼はぐでんぐでんに酔ってどこかの墓場に横たわっていた。そこは、ベアターベアクから遠く離れていたので、哀れな彼はそこから歩いて村まで戻らねばならなかった。そこで、彼は以後、酒を飲まないように気をつけた。

けれども、魔女のつきまといはひどくなる一方で、彼は防ぐ方法もわからないままに、困惑していた。すると、ある賢い老女が、聖なる教会墓地から、棺の板を一枚はがして持ってくるように言った。板は必ずふし穴があいているものでなければならなかった。そして、聖霊降臨祭（復活祭の日曜日から数えて五十日目の日曜日。五月二十三、四日）の日曜日に、ミサの間、教会の入口に立って板の穴からのぞくと、彼を苦しめる土地の魔女がわかるというのだった。

彼が言われたとおりにすると、本当に牛乳桶とバター桶を頭にのせて魔女が見えた。魔女は、彼の顔見知りの村の女たちだった。そこで、次に魔女が彼を追い回した時、彼が一人ひとりの姓名を呼んだので、正体を見破られた魔女は地に落ちて死んだ。また、祭りの踊りの会場でも、板の穴を通して魔女を見つけ、すぐさまその正体をあばいた。魔女たちは、彼に仕返しをしようとしたが、彼は聖別したナイフを持っていたので、魔女には彼を傷つけることはできなかった。怒った魔女たちは、そろって村を出ていったので、村には魔女は一人もいなくなり、人びとは彼に感謝したそうである。

55　魔女の鍛冶屋

オーストリアの冬の夜ばなしには、つねに悪い魔女の話がつきものだが、なかには魔女を愚弄した笑い話もある。人びとはそうして長い冬の夜の退屈をまぎらしたのである。

ブルゲンラント州南部のレヒニッツ村の近くに

一人の鍛冶屋が住んでいた。当時は、平均的に貧しい人が多く、この鍛冶屋でも、職人の若者と徒弟の小僧は、一つのベッドを二人で分けあって寝ていた。彼らは一日中鍛冶のきつい仕事に追われているので、夜は、ベッドに入るやすぐ眠ってしまい、二人で一つのベッドでも、文句を言うことはなかった。

鍛冶職人の若者は、ときおり夜に目を覚ますと、隣に眠っているはずの小僧がいないことがあるのに気づいた。そこで、彼は不思議に思って、小僧のようすを詳しく観察した。すると小僧が最近、顔色も悪くひどくやせて、いつも不安そうに震えているのがわかった。若者は小僧を心配していろいろ尋ねたが、小僧は首を振るばかりで何も言わず、逃げようとした。

若者が小僧をつかまえて体をゆすって尋ねると、小僧はこわごわ小さな声で、話せないのは口止めされているからだと答えた。若者は小僧を、誰にも何も聞こえない片隅へ連れていき、口を割らせた。それによると小僧は、毎晩魔女に引き回されていたのだった。若者は、最初、小僧の夢かたわごとだと笑ったが、小僧は真剣で、よほど辛いのか涙を流していた。

「静かに聞いてくれよ。奴はどんなところにもいて、なんでも聞いてしまうんだから。僕の言うことは本当なんだよ。信じてくれ。毎晩時計が十二時を打つと、魔女が入ってきて、僕に馬の頭装具を被せるんだ。そうすると、僕は馬に変わってしまうんだ。どうしても逃げられないし、自分の意志っていうものがなくなってしまうんだ。彼女は僕の背中に乗って、夜の闇の中を駆りたてるんだ。僕が疲れて動けなくなるまで走らせるんだよ」

小僧の話を聞いた若者は、それがうそでないことを感じとって、なんとかして小僧を助けてやろうと思い、その晩、小僧と寝場所を交代することにした。若者は一人前の職人で、鍛冶で鍛えた腕があった。その腕で魔女を捕えてやろうと思ったのである。小僧は若者の手助けを非常に喜んだ。

その晩、若者は小僧の代わりにそのベッドで横になり、眠らずに魔女を待った。十二時の最初の鐘が遠くの塔から聞こえてきた時、入口の扉があいて、馬の頭装具を手にした魔女が入ってきてベッドに近づいた。若者はその瞬間、ぱっとはね起きて魔女を抑えつけ、逆に頭装具を魔女にかぶせたので、魔女はたちまち馬に変わってしまった。若者がそのようすに大笑いしていると、物音に気づいた小僧が起きてきた。

「どうだ。見事な馬だろう」

と若者は自慢した。

「こいつを今晩、乗りまわそう。でもその前に、馬に締鉄を打ってやろう」

若者は馬を鍛冶場に引いてゆき、四本の足に締鉄を打ちつけ、小僧と二人で馬に乗り、一晩中走り回った。そして、気の向くままに山野を跳び、明け方に鍛冶屋に戻り、魔女を解放した。

翌朝、空腹の若者と小僧が、食堂に入っても、鍛冶屋の妻は姿を見せず、朝食はできていなかった。親方が困ったように、妻は今朝、具合が悪く、まだベッドにいると説明した。妻のうめき声も聞こえてきた。若者と小僧が、寝室をのぞいてみると、驚いたことに、妻の手足には、それぞれ締鉄が打ち込まれていて、妻はその痛さにうめき声をあげているのだった。

「魔女だ」

と思わず、若者の口から叫びが漏れた。毎晩小僧を馬に変え、昨夜、自分たちが馬に変えて乗り回した魔女は、自分たちの親方の妻だったのだ。

半信半疑の若者と小僧の前に、突然、裁判官のような立派な身なりの男が現われ、妻の寝室に入っていった。妻は彼を見ると、ぞっとするような悲鳴をあげた。

「早くこの悪魔を追い出してくれ。私はまだ悪魔に来てくれとは言っていないんだ。私の自由に遊べる時間はまだたっぷりあるんだ」

しかし、悪魔は妻の言葉を笑いとばした。

「我々の結んだ協定では、あんたの自由もあんたの命も、あんたが魔女だということがばれるまで、ということだったんだよ。だから、今さら逃げても無駄だよ」

悪魔が言い終わるや、床が割れ、雷がとどろき、地獄の炎があっというまに彼女を包み込んだ。耳をつんざくような悲鳴とともに、彼女は悪魔に引きずられて、床の穴へ消えた。

若者は、小僧をかばって肩に手をかけていたが、一切が鎮まると小僧にささやいた。

「いっしょにおいで。親方をそっとしておいてあげよう。そして、僕たち二人はここを出よう。世の中にはもっと楽しいところもあるよ」

56 キーンベアク山の魔女

ブルゲンラント州のやや南にあるベアンシュタイン市は、琥珀（こはく）と翡翠（ひすい）、蛇紋岩の産地として有名だが、その近郊のキーンベアク山にも、金銀宝石が埋蔵されていて、魔女が番をしているといわれていた。

この魔女は残忍冷酷で、その手にかかった人は生きては帰れなかった。そこで、農夫もきこりも子供たちまで、下心ある魔女の手に落ちることを恐れて、キーンベアク山へ行かなくなり、たまにそだを集めにいったり、向こうみずな子供がこわいもの見たさで入ったりすると、二度と戻ってこないのだった。そこで、近隣の村の人びとは、キーンベアク山の魔女を極度に恐れていた。

この恐怖は、ある恐ろしいできごとで具体的なものになった。ある軽薄で不注意なきこりの若者が、魔女の恐怖をいとも軽く考えて、キーンベアク山へ枝を集めにいった。近くに住んでいる彼の姉は、彼が昼の弁当を忘れていったことに気づき、息子に持って行かせた。息子はまだ子供だったが、よく気のつくしっかりした子で、森が大好きだった。彼はいつも、森で木に登ったり、鹿や兎と遊んでいた。

しかしこの日、男の子が森に入っても、森閑として、鳥の声ひとつ聞こえず、兎一匹出てこなかった。不気味な静けさの中を男の子が歩いていくと、突然、子兎がやぶから跳び出して、気をつけて、とささやいて逃げていき、空を飛ぶ小鳥も、危険を知らせるように鳴いた。けれども、子供は、叔父に弁当を届けなければならず、引き返したいと思う恐怖を抑えて叔父を捜した。

男の子が、ようやく木の根本で昼寝をしている叔父を見つけた時は、もう昼になっていた。男の子は、叔父のところへ行こうとしたが、突然、狐が跳び出して、寝ている叔父を動けないように抑えつけた。すると、その後ろから、巨人のような魔女が現われ、手に持っていた巨大な岩の塊を叔父の頭に投げつけたので、叔父はその一撃で死んでしまった。そして魔女は、叔父の体を引きずって、キーンベアク山の岩壁の下まで行き、岩壁に長い爪を引っかけて、岩を開いた。中は洞窟で、魔女は叔父の体をその中へ運び、洞窟の片隅に重なっていた他の老若男女の死体といっしょにした。男の子は、魔女が恐ろしい人食い魔女であることを知って、息の根も止まりそうだった。

洞窟の奥には、金銀財宝が埋まっていたが、男の子は身の毛のよだつ恐ろしさに、その場を動けなかった。男の子がようやく、気を鎮めて村に戻ったのは、もう真夜中に近かった。死人のように青ざめて、よろよろと家に帰りついた男の子は、恐ろしさのあまり、一週間ベッドを起き上がれず、高熱にうなされた。そして、ようやく熱が下がった後、少しずつ、自分の見た恐ろしい光景を両親に話した。男の子の話はたちまち村中を恐怖に陥れた。

男の子は、イエス・キリストは、昇天し天国に住んでいても、生前暮らしていた地上の方を好み、子供の姿となって、森の空き地で遊んでいるという話を聞いたことがあった。そして、イエスに祈ると、どんな願いでも叶えてくれる、というのだった。そこで、男の子は、毎晩イエスに助けを願っていた。彼は、イエスなら、必ずこの恐ろしい魔女を殺して、自分たちを救ってくれると信じていた。

あるよく晴れた朝、彼は一人の愛らしい男の子が森へ入っていくのを見つけた。彼にはそれが誰なのかすぐにわかったが、巨大な魔女を相手に、きゃしゃな男の子一人で、本当に大丈夫だろうかと心配になった。そこで、こっそりとその子のあとをつけて森へ行った。

魔女の洞窟のある岩壁まで来ると、彼は叔父の死んだ日のことを思い出して、冷汗の出る思いだったが、イエスの子供は平然としていた。魔女は、いち早くイエスの子供を見つけて、巨大な岩を投げつけた。陰で見ていた男の子ははっとしたが、不思議なことに、巨大な岩は、イエスの子供の前で、まるで見えない壁にでもぶつかったように勢いよくはね返り、反対に魔女に向かって飛び、一撃の下に殺してしまった。

男の子がイエスの子供にお礼を言おうとすると、イエスの姿はもうどこにも見えなかった。男の子は村に戻り、恐ろしい魔女が殺されたことを伝えた。村中は非常に喜び、ふたたびキーンベアク山で、そだやいちごを探すようになった。

ところで、魔女が洞窟に隠していた宝は、殺された魔女のひとさし指さえ見つかれば、それを使って、洞窟をあけて手にいれることができるそうである。

57　グッシング城の巨竜

ブルゲンラント州南部の丘の上に立つグッシング城の周囲は、かつてのどかな牧草地帯が広がっていた。村人は城を臨むゆるやかな傾斜地で、羊を飼い平和に暮らしていた。

村の羊飼いの若者は、真面目な働き者で、一日中羊を放牧し、よくめんどうをみた。放牧地には人の来ることも少なく、時には、日の出から日没まで一日中、誰にも会わないこともあった。若者は、特に寂しいとも思わなかったが、おとなしく草を食む羊たちの脇で、悪竜退治などのさまざまな冒険やお伽話を、頭の中に描いて楽しんでいた。あたりは平和すぎるほど平和で、追いはぎも泥棒も来ず、羊はおとなしい動物で、遠くまで行ったり、暴れたりすることなく、手がかからなかった。

若者は暇にまかせて、柳の枝で横笛を作り、吹き鳴らしていたが、あまりにも平和すぎる光景の中で、いつか自分の智恵と勇気を試してみる機会が来ることを夢見ていた。

ある夕方、彼が羊をまとめて帰宅しようとした時、羊が一匹足りないのに気がついた。それまで、そのようなことは一度もなかったので、なぜこのようなことが起こったのか、不思議でならなかった。彼は土地の地形を自分の庭のようによく知っていたので、付近に泥棒の隠れることのできる繁みや岩がないことをよく知っていた。しかし、何かが起こったに違いないのだ。彼は、ふと犬のようすがいつもと違っていたことを思い出した。つねに元気でわんわん吠え、自分や羊の囲りを跳ね回っていた犬は、今日に限り、よろよろと脅えたように歩き、だらりと舌を出してはあはあとあえいでいた。

「お前に口がきけたらなあ。そしたら、何もかもわかるんだが」

若者は残念そうに犬の頭をなでた。

その翌日も犬はがたがた震えて、牛小屋の隅に隠れたまま、そこを動かないので、若者はしかたなしに、犬を置いて一人で羊をつれて牧草地へ行った。そして、その日も前日と同じ事が起こった。若者の気づかぬうちに、夕方帰る時に、また羊が一匹減っていたのだ。若者は不気味になった。

それから毎日、羊は減り続けた。犬は相変わらず牛小屋の隅に隠れたまま何も食べず、すっかりやせ衰えてしまった。そのようすを見て、若者はなんとかしなければならないと決心して、土地を隅から隅までくまなく捜した。彼は、この土地を知りつくしているつもりだったが、まだ彼の知らない何かがあるはずなのだ。その「何か」を発見しないかぎり、この問題は解決しないことがわかっていた。

すると果たして、彼はそれまで気づかなかった隠れた洞穴の入口を発見した。狭い岩の割れ目から、深い洞穴が続いていて、まだ一人もそこへ行ったひとはないように見えた。彼は羊の安全を確かめてから、用心深く穴の中へ下りていった。中は異様な悪臭がたちこめ、若者はほとんど息もできなかった。彼は、ハンカチで鼻と口をふさぎ、どんどん進んでいった。目が闇に慣れてくると、中のようすもわかり、彼は、洞穴の奥底で巨大な竜がとぐろをまいて、彼の羊ののど笛にかみついて食べているのを見つけた。彼は、怒りにまかせて、すぐさま悪竜に石を投げて倒そうと思ったが、竜は石一つで倒せるようなたやすい小さな動物ではなかった。体の太さは大木の幹と同じぐらいあり、一面堅いうろこに覆われていて、体長十メートルはあったからだ。

彼は忍び足で洞穴を出ると、村にとって返し、人びとに悪竜の話をした。夢でも見ていたのか、と笑う人もいたが、羊が減っていることを知っていた人びとは若者の話を信じた。村人は集まって、悪竜退治の作戦を練った。とにかく、戦って倒す以外に方法がなく、勇敢な村人たちは手に手に農具を持ち、竜の洞穴へ向かった。

羊を食べ終わっていた竜は次の獲物を求めて、近づいてきた村の男たちに襲いかかろうとした。太い大木の幹のような竜を前に、男たちはまるで麦わらのようにか細く無力であった。しかし、一人の投げた鋭いもりが、竜の喉笛に突き刺さり、竜が苦しがってのたうつところを、他の人びとがめった打ちに切りつけ、やっとのことで倒すことができた。

村人は竜の死体を、四頭の牛の引く荷車に乗せて村へ戻った。このような巨大な竜がなぜ洞穴にいたのか、誰にもわからなかったが、村の災いが除かれたことに人びとは喜びで湧きかえった。一人ひとりは無力であっても、力を合わせれば、巨大な悪竜を倒すことができるのだと語りあったそうである。

58 ベアンシュタイン城の白い女

古来、ゲルマン人の恐れた幽霊のひとつに「白い女」があり、各地で目撃されている。

ベアンシュタイン城でも一八五九年以来、何度も目撃され、一九一二年には城で客のもてなしがあり、人びとが集まって歓楽に興じている時、突然、松明（たいまつ）行列とともに白い女が現われたという。しかし、人びとに驚くすきも与えず、次の瞬間には忽然と消えたという。

その後も一九二一年と一九四五年の月のない夜に、「白い女」が城をさまよったという。その正体は、不実だった城主の妻の幽霊だといわれ、三つの逸話を残している。

第一の話は、城主がトルコ戦争に出征している間に、妻が不実の罪を犯した話である。怒った城主は、妻を城の黒い塔の壁に塗り籠めてしまった。城主がその晩年に寝室で休んでいると、外の嵐をついて突然、白い服の妻が現われ、城主についてくるように合図し、そのまま消えた。恐怖にうちのめされた城主は護衛を呼びよせたが、逆にその護衛の一撃で死んでしまった。それ以来、城と土地そのものに呪いがかかったといわれる。

第二の話も、不実な城主の妻が殺された後に起こったできごとである。一般的に、懺悔の霊は白い衣を着ているといわれ、この妻の幽霊も、自分の罪の懺悔と反省から白い衣である。彼女は思い悩むように首を左にかしげ、手を頬にあててさまよい、その囲りに青や赤の炎がゆらめいている。また、手で首の傷を隠していることもあるが、その傷はいつどうしてできたのかわかっていない。彼女は夜だけでなく、白昼も現われ、城の窓から出て空中を漂ったこともある。また、城の小礼拝堂で熱心に祈っている姿も見られている。

ある人は、白い女を城のできる前に見たと言い、異界からの訪問者と言う人もある。

第三の話は、村の老女の言い伝えである。ベアンシュタイン市は、蛇紋岩の産地としてオーストリアでも知られている。蛇紋岩は不思議な力があり、この石の持ち主は、隠されたものを見通す力と他の人を左右する力を与えられるという。

ある日、疲れ果てた旅人が、この地にたどり着き、木の切り株を見つけて休息をとった。彼の足元には蛇紋岩が広がっていて、まだそれを見たことのない彼は、珍しそうに見入っていた。すると、石の上に白い足跡が残っているのが目に入り、同時にまばゆい白い光が射して、目がくらんだ。目が光に慣れてくると、光の中に白い女の姿が見えた。女の囲りには小さな炎がゆらめき、石の上を素足で歩いていても全く傷つくようすはなかった。

その時彼は、足元から嘆きの声が聞こえてくるのに気づいた。それは、地下に閉じこめられた人びとの苦しみの声のようだった。白い女が、足元の石に触れると、石の中が透き通り、そこに飢えに苦しむ人びと、食卓に座る権力者や金持ち、体中腫れもので覆われた病人が見えた。飢えに苦しむ人びとは、旅人に向かって助けを求めて、必死に手を差しのべて叫んでいた。けれども恐ろしかったのは、彼が病人の方に顔を向けた時、そこに彼自身の顔があったことだった。

彼は恐怖を覚えて、そこを立ち去ろうとした。白い女は、手招きをしてついてくるように言ったが、彼の足は動かなかった。彼が石に触れると、最初は氷のように冷たく、それから火のように熱くなった。彼の恐怖は募り、石から離れ、白い女についていくと不幸になる、と本能的に感じた。

白い女はさらに彼を呼んだが、彼の頭の中には、自分のこれからの生活、故郷の村の婚約者、子供たちとの幸福な生活が思い浮かび、引き返そうと決心した。彼が、行かないことをはっきり言った時、白い女の輝きは失せ、蛇紋岩の中へと消えた。同時に、透き通っていた石も元に戻り、苦しむ人びとの姿も消えた。

彼は驚きのあまりその場に倒れ、通りがかった農夫に助けられて、一命を取りとめた。

このような逸話から、「白い女」はゲルマン神話の死神ヘラがその起源といわれている。

59 キットセー町の農婦の霊

キットセーの町に住む、ある農家の主婦は、若くて美人で大金持ちだったが、人には麦わら一本与えるのも惜しむけちん坊であった。村の人びとは、彼女から一枚のパンをもらうより、石から牛乳を絞った方がましと言っていた。そこで、この農婦を訪ねる村人は一人もいなかったが、よそから来た乞食は、事情を知らずに金持ちと思って施しを求めた。農婦が家にいる時は、乞食は剣もほろろに追い返されたが、農婦の留守中、下働きの娘しかいない時には、十分な施しを受けることができた。下働きの娘は、農婦の傲慢冷酷さとけちとは正反対に、どんな貧しい人でも喜んで助ける優しい娘だった。

ある日、農婦の留守に、老人とその孫の幼い子供が食を乞い、娘が食事の残り物を与えていた時、農婦が戻ってきて、頭ごなしにどなりつけた。卵一個、ベーコン一切れ、牛乳が少しなくなっているとわめき、それを下働きの娘の罪として、泥棒よばわりした。そして、彼女の与えたパンを食べていた子供から、パンを奪い取り、足で踏みにじった。娘が老人と子供をかばって、そのみじめな境遇を説明すると、冷酷な農婦は、娘にもいっしょにここを出ていくように言い渡した。

娘は、少なくとも自分の持ち物をまとめるだけの時間がほしいと願ったが、欲張りな農婦は、彼女が老人と子供に与えた食料の代金として、彼女の持ち物全部を差し押さえてしまった。娘はせめて、母の形見の銀の十字架だけでも持って行きたいと望んだが、高価な銀の十字架を強欲な農婦が渡すはずはなかった。

二人の言い争いを聞いていた老人は、娘の肩に手をかけて、自分たちといっしょに来るように言った。さらに農婦に、

「お前さんは財産すべてを失い、娘をうらやましく思う時がすぐに来るよ」

といって呪った。農婦がその言葉に怒って飛び出した時、三人の姿はもう消えていた。

農婦は老人の呪いの言葉を鼻先で笑い、自分の寝室へ行くと、衣装ダンスをあけて、中から絹やレース、ビロードを次々に取り出し、それを着て鏡の前に立ち、悦に入った。それから宝石箱をあけて、首飾り、耳飾り、腕輪、指輪などきらめく宝石を身につけてうっとりした。何も恐れることはない。自分はこのとおり、誰にも負けない大金持ちなのだと得意の絶頂なのだった。

このような彼女は、村中の憎しみの的だった

が、彼女は少しも気にすることもなく、誰の忠告もきかなかった。村人は、彼女を村の恥としたので、交際する人もいなくなった。

いくらもたたないうちに、農婦は重い病いにかかり危篤に陥った。高慢な彼女は、懺悔も後悔もなく、ただ臨終の許しと平和だけを望んで神父を呼ばせた。しかし、神父を前にして、まだ十分生活を楽しんでいないのに若くして死ぬ無念さや、自分の莫大な財産を残していかねばならない悔しさを訴えるばかりで、神父も手の施しようがなかった。そして、彼女はそのまま悶死した。

死後、親戚が形見分けに、衣装ダンスと宝石箱をあけたところ、すべて大きなねずみに食い荒らされ、何もかもぼろぼろになっていた。その大きなねずみは、ぎょろりと燃えるような目を人に向け、普通のねずみでなかったことを人びとに告げていた。

それだけではなく、彼女の隣人は、真夜中十二時の鐘と同時に、炎の燃えさかる馬車に乗った農婦が、空を飛んでいくのを見た。農婦は苦悶の叫びをあげ、馬車は言語に絶する轟音をたてて通りすぎた。やがて、その馬車は何度も現われ、村人の誰もが目撃するようになった。彼女は、炎の馬車だけでなく、ほうきで空を飛ぶこともあり、また、嵐のような大風の中を火の鳥となって、かつての自分の家を横切ることもあるという。彼女は、死んでも自分の家屋敷、財産に執着して、それらが他人のものになっていないことを知ろうとするので、その家に住む人はいなくなり、呪われた不幸の家として忘れ去られた。

60 呪われた狩人

人にはそれぞれ好きなものがあり、時には身も心も注ぎ込み、何もかも忘れてしまうこともある。そのような情熱は病気のようなもので、その身の上に不幸をもたらすことも多い。

モーガースドルフ村に住んでいた若い狩人もその一人だった。彼の狩りへの情熱はとどまるところを知らず、狩り以外のことは、まったく頭になかった。父親は、何度も森の動物を殺すという残酷な狩りをやめるよう諌めたが、彼の耳にはまったく入らなかった。せめて日曜日だけでも狩りを休み、教会へ行って神の安息日を守るように父が説得しても、あっさりと笑いとばした。彼にとっては、狩りこそすべてであり、この世の最上のものであった。こっそり鹿に忍びよって一発でしとめ、また空を飛ぶ鳥を見事に射落とした時の誇らしさは、彼をますます高慢にしていった。日曜日の安息を守らないばかりか、動物は神が狩りのために人に与えたもの、とまで高言してはばからなかった。人びとが自分に狩りをやめるよう忠告するのは、自分のようなすばらしい狩りができない者の妬みとまで考えていた。

このような気持ちで狩りを続けていた若者には、一人の友人もなく、持って帰った獲物が手にあまるほど多くても、人に分け与えようとしなかった。さらに毎日、見つかるかぎりの動物を殺している彼は、死を軽く簡単に考える冷酷な人間になっていった。動物に対して生殺与奪の権を握っている自分が、上にたつ絶対者のように思われたのである。

その間に、若い狩人の父が病気になり、牛の世話や畑仕事もできなくなった。そして、泉まで水を汲みにいく力も火を起こす力も衰え、その日の食事を作ることができなくなった。このようすに親切な隣人が気づき、代わって仕事を引き受けてくれた。隣人は、彼の息子がこれほど父と家の仕事をないがしろにするありさまに怒り、森へ息子を捜しにいき、家へつれて帰ろうと思った。

しかし、すでに良心を失っていた息子は、隣人の話をうるさがり、すぐに森へ逃げていってしまった。彼にとっては病気の父も隣人も、自分の楽しみを邪魔する存在でしかなかった。

父親がついに危篤になった時、隣人は再び森へ行って、息子に家に帰るよう勧めた。しかし、息子にとっては、父の死も自分が毎日倒す動物の死と同じであった。病気の父が死ぬのは当然で、彼にはなんの悲しみもなく、動物が死ぬ時、家族が見取ることはないとまで言い放った。

隣人からこの話を聞いた父は、死の床で息子を激しく呪い、二度と再び森を出ることのないよう、最後の審判の日まで森で狩りを続けるがよいと叫んだ。

父の死後、息子はこの呪いの言葉を嫌というほど思い知らされた。その後まもなく彼は森で死んだが、真夜中になると村の小川の方から、「ウーソー、ウートー、トートー」という訳のわからない不気味なうなり声が聞こえるようになった。すると、空中に猟犬をつれた狩人の霊が現われ、森の中心にある狩猟小屋の近くで狩りをし、また恐ろしい雄叫びとともに消えていった。別の時には、真赤な舌をだらりと出した猟犬に引きずられて、あえぎながら走っていくこともあった。呪われた狩人は、空で五十年、地上で五十年休みなく狩りをした後、最後の審判の日の裁きを待たねばならないという。

モーガースドルフの人びとは、今でも風の激しいざわめきの中に、狩人の猟犬の声を聞くという。そして子供たちに、「永遠の狩人」の恐ろしい罰の話をして、傍若無人な行動を諫めるのである。

61　フォアヒテンシュタイン城のロザリア

オーストリアの悪女の代表の一人が、フォアヒテンシュタイン城の城主ギレトゥス侯爵の妻ロザリアである。

夫の侯爵が善良で優しいのに対して、ロザリアは残忍冷酷を極めつくし、領民に何一つ与えようとはしなかった。夫は領土をよく治め、人びとにも尽くしたので、領民は敬慕し、妻の残忍冷酷さはその陰に隠れていた。しかし、夫が貴族の義務として主君とともに出征すると、その留守にロザリアは好機とばかりに残忍のかぎりをつくした。彼女は情け容赦なく領民から搾り取り、不作を訴えても、家々に家来を送り込み、最後の一粒の穀物まで奪い取った。抵抗する者は容赦なく殺し、年貢がわずかでも不足したときには、すぐさま捕えて城の土牢に放り込み、拷問にかけて殺した。

そのため、人びとは恐れおののき、作物も牛もすべて奪われ、領民は疲弊し、領土は荒れ放題となった。

一方、ロザリアは自分の残忍な行為が夫にばれないように家来に口止めし、夫が帰還した時には、荒廃した土地と人びとを見せて、女の身でどんなに支配が大変だったたか、自分の苦労を訴えようと考えていた。善良で優しい夫なら、自分が泣いて話せば簡単に欺けるとたかをくくっていた。

しかし、戦争が終わり、侯爵が帰還した時に、城へ入る前に、村人がロザリアの不当な取り立てと残忍きわまりない拷問をすべて告げてしまった。侯爵は、領土と人びとのようすからその話が真実だと知った。そこで侯爵は、人びとを慰めて城に向かった。

城では、ロザリアがいともしとやかに嬉しそうに夫を迎え、侯爵も怒りを抑えて何気ないふりをして妻にあいさつした。その晩、侯爵の帰還を祝って、城で盛んな祝宴が催された。侯爵はその席で、領民に情け容赦ない残忍な仕打ちをして、最後の一粒まで穀物を奪う非人情な女性はどうすべきか、妻に尋ねた。ロザリアは、内心ぎくりとしながらも、何気なさを装い、いとも上品に、そのよう非人情な女性は許しておけないと心を痛めたように言ってから、土牢に放り込み、横木に縛りつけてぶら下げたまま飢え死させるべきだと断言した。侯爵は、その言葉を聞くや、ただちに、家来に命じてロザリアを捕え、彼女の言葉どおり、土牢の中で横木に縛りつけた。

それから毎日、十五分ごとに見張りの兵士が土牢をのぞき、

「サラー（ロザリアのこと）。へっ」

と呼びかけると、牢の中から苦悶にあえぐロザリアのすさまじい悲鳴が響いた。そして、八日後にロザリアは死んだ。

それ以来、城では、真夜中になるとロザリアの霊が現われてさまよった。見張りの兵士が、

「サラー。へっ」

と呼びかけると霊は消えた。この霊は、その後何百年もの間、毎晩現われていたが、約五百年後、

信心深い城主がロザリア礼拝堂を造り、成仏を祈ってからは現われなくなったという。

余談になるが、現在では、ロザリア礼拝堂の周囲のロザリア地区はぶどう酒の産地として有名である。

62 ライタ山脈の嘆き玉

ブルゲンラント州の北部を流れるライタ川に沿ったライタ山脈には、人に病気や死をもたらす不幸の玉があった。

その昔、一人の年老いた農夫が病気の娘の看病をして暮していた。ある日、天井で何か破裂するような音が聞こえたので、彼が驚いて上を見ると、黒い玉が天井から下がってきて、勢いよく音をたてて床に落ちた。そして、ごろごろと耳障りな音をたてながら床を転がった。農夫はすぐに、病気と不幸をもたらす「嘆きの玉」だと気がつき、すばやく椅子の上にのぼり、その玉に当たらないようにした。玉は病気の娘のベッドの下を転がり、娘は翌朝死んだ。

また、別の農夫が、夜遅く荷馬車を引いてライタ山脈を通りかかった。彼は居酒屋で一杯飲み、ほろ酔い気分で歌を歌いながら荷馬車を引いていた。すると突然、炎のような玉が彼の荷馬車に向かって転がってきた。彼は馬にぶつかるのではないかと心配して、素早く棍棒を手に取ると、玉に向かってどなった。

「もしお前が私にぶつかってきたら、この棒で一発お見舞してかぼちゃのように叩きつぶすぞ」と。

しかし、玉はその声が全く聞こえなかったようにごろごろと転がり、火花を散らして荷馬車の囲りをぐるぐる回った。そして、村に着く少し前に玉は野原に消えた。彼が村の食堂で人びとにこの話をすると大笑いになった。

しかしその数日後、彼が馬を引いて、同じ道を通ると、玉の現われた場所で突然馬車が崩れ、彼も彼の馬もその瓦礫の下敷になって死んでしまった。が、不思議なことに、馬も農夫もまったく傷あとがなく、ただ農夫の服に炎の玉に射抜かれたような黒焦げの丸い穴があいていたという。

63 アイセンシュタット市の山の小人

ブルゲンラント州の州都アイセンシュタット市に近いブルクシュタールベアク山は、多くの秘密と神秘に包まれた山である。

魔法をかけられた騎士と貴族の婦人が、夜、山に現われて不思議なことをしたという。また、この山では山の小人が隠された宝を守っていた。小人は人間に敵意がなく、傷つけたりしないが、人と口をきくことはしなかった。そして、山を歩く人に危険があると、それを知らせた。その時も小人は口をきかないが、指を口にあてて危険を知らせ、すぐにやぶに跳びこんで姿を隠してしまうのである。

ある時、アイセンシュタット市で遅くまで働いていた一人の男がブルクシュタールベアク山中を歩いて帰宅していた。彼は、暗い夜道を迷いそうになったが、突然、彼の背後にかすかな足音がして、山の小人が現われた。小人はいかにも悲しそうな顔をしていた。男は小人にかまわず足を速めたが、小人はぴったりついてきた。彼はさらに薄気味悪くなり、駆け足で近道をして、家の塀を乗り越えて、自宅に戻りついた。しかし、庭に降り立った男の前に、またしても小人が現われて、

「どうか、悲しまないで」

と小さな声で言うと姿を消した。

男が不安にかられて家に入ると、妻が死んでいた。小人はそれを知って、男に知らせようと、追いかけていたのである。

64 マリアの野

一二〇一年のこと、ハンガリーのアニゴニエンの地からブルゲンラント州へ勇敢な騎士が移ってきた。彼は貴族の出身で、王に忠誠を尽くし、よく働いたので、その恩賞としてマタースドルフ城とその地を与えられ、そこを治めることになった

のだ。騎士は、義務として戦争の時には王に従って戦場に馳せ、命を捨てても戦うことが要求された。彼はよくそれを勤めたので、後に伯爵の称号を与えられた。

やがて、王の領地には荒々しいタタール人が侵入し、乱暴狼籍のかぎりを尽くしたので、伯爵はヴィーナー・ノイシュタット市へ逃れ、悶々のうちにそこで死んだ。彼には二人の息子があり、コンラッドとエマーリッヒといったが、タタール人が引き上げた後、父の領土の相続争いで、激しく仲違いしてしまった。とくに問題となったのは、マタースブルク市とアイセンシュタット市の間にある広い草原であった。二人は互いに武器を取って争うようになり、国王の調停もきかず、父伯爵の残した平和な共同統治法は完全に破られた。

二人の不和は果てることなく続き、国王はついに、二人に剣試合で決着をつけるように命じた。その勝負は一二六〇年の聖霊降臨祭の月曜日（聖霊降臨祭は日曜日と月曜日の両日に祝う）と決められた。

その当日、二人の敵対する兄弟は、それぞれの部下を伴ない、問題の草原に現われた。エマーリッヒはアイセンシュタットから、コンラッドはマタースドルフから訪れ、国王の使者が貴族やその婦人、市民、農民などとともに到着し、決闘が宣言された。

兄弟が互いの場所を占めた時、その間を割って土地の住人が座り込み、血を流して争わないように涙ながらに懇願した。それを見た瞬間、兄弟は目から鱗が落ちたように、争いの愚かしさを悟って、剣を捨て仲直りをした。そして、争点となった草原は国王に献上することにした。

二人が仲直りをした場所には教会が建てられ、フォアヒテンシュタイン城から聖母画が奉納されたので、その地を「マリアの野」と呼ぶようになった。

65　バード・タッツマンスドルフ温泉の起源

オーストリアには火山はないが、鉱物質を含んだ鉱泉が各地にあり、人びとが湯治に訪れる。ブルゲンラント州南部のバード・タッツマンスドルフもそのひとつである。ここは、現在では温泉(バード)として知られ、療養所その他の施設も整っているが、温泉の水が発見された当初は、人のいない湿地帯であった。

どのくらい歴史を遡ることになるのかわからないが、大昔、この地は広い湖があり、その周囲に沼が点在し、とくに見事な榛(はん)の木の大木が繁っていた。そして、その根元から常に、こんこんと水が湧き出していた。しかし人びとは、この湿地帯を気味の悪い危険な場所として敬遠していた。ただ一人、豚飼いの若者だけが、人びとの言葉を気にかけずに、ここで豚を放牧していた。

彼はむしろ人を避けるためにそこへ来たのだった。彼の豚は訳のわからない病気にかかり、どんなに薬を与えて介抱しても、快方に向かわなかったからだ。人から聞いてあらゆる手を尽くしたが、豚はますますやせて、餌を食べる力もなくしていった。それを見て人びとが陰でどのようなうわさをしているのか、彼は知っていた。彼は怠け者で、豚に餌を与えなかったので、豚が牧草を食べて病気になり、その罰を受けたというのだ。別の村人は、彼は悪魔と契約して村人を地獄に引き込もうとして失敗したので、その呪いで豚が病気になったと言い張った。

実際に彼は、豚といっしょに沼へ沈んでしまいたかっただろう。実際の事情も知らずに勝手な陰口をきく村人から離れて、一人で沼地で休んでいる方がずっと心地よかった。彼はその時、人目をできるかぎり避けていたので、気がつかないうちに、榛の大木の根元の湧き水のところまで来ていた。豚はよろよろと彼についてきたが、勢いよく湧き水を飲み始めた。はじめはのどが渇くのか、と簡単に考えていた若者は、豚のようすがすっかり変わっていることに気がついてびっくりした。それまでの気息奄々としたようすとはうって変わって、元気よく鳴き、草を食べ始めていた。

若者は、元気になった豚をつれて家に帰り、豚が昔のように、丸々と太って完全に健康を取り戻すまで、村人には何も言わなかった。元気になった豚を見て、村人が事情を知り、榛の木の湧き水のところへ殺到した、湧き水はやがて治癒の水として国中に知れ渡った。

けれども、時が経ち、戦争、ペスト、飢饉などが次々に起こり、治癒の泉は忘れ去られた。人びとは治癒の水などお伽話の作り事と馬鹿にして、湧き水のところへ行こうとはしなくなった。湖は干上がり、沼だけが残っていた。

十三世紀になると、オーバーワルト市に奇跡の医者が現われ、彼はどんな病人でも全快させた。彼が使ったのがこの湧き水であった。医者は、豚飼いの話を聞いていたのか、独力で発見したのかは知られていないが、永年の間、湧き水がどんな病気にも効くことを村人には伏せていた。そして、真夜中に、灯をたよりに暗い夜道を沼まで歩き、桶一杯の湧き水を汲んで、家に持ち帰り、患者の治癒に使用していた。村人は、彼が毎晩沼まで往復していることを知らなかった。沼地は再び、気味の悪い危険な場所として村人から敬遠されていたからである。

しかしある時、よそから来た鉱山師が夜道に迷い、偶然、榛の木の湧き水のところへたどり着き、そこで水を汲んでいる医者を見かけた。鉱山師は医者の立ち去った後、それを飲み、独特な苦味のあるその水が、鉱物を含んだ最上の鉱泉であることに気がついた。彼はその場所に印をつけてから、まだ遠くに見えていた医者の灯をたよりに、村まで帰ることができた。

翌日、鉱山師は再びそこを訪れ、白昼、太陽の下で湧き水を調べた。そして、それが村の人びとの語っている伝説的な治癒の水であることがわかった。彼は、病気の隣人にそれを飲ませ、その病気を治してやったので、湧き水の鉱泉が知られ、今日のバード・タッツマンスドルフの温泉となったのである。

66　ブライテンブルン村の死の洞窟

一六八三年にトルコ軍が二回目にオーストリア

に攻め寄せてきた時、人びとはトルコ軍の放火や略奪、殺戮を恐れて、家畜や財産をまとめて村から避難した。実際に、トルコ軍がウィーンを包囲し、周辺の村々を焼き払い、村人を捕えると容赦なく皆殺しにしたという話が、ブルゲンラント州にも伝わってきた。

ブライテンブルン村の村人も、トルコ軍を恐れて、続々と避難を始めていた。村の近くには、広い森とそれに続いた岩壁があった。人びとは、その岩壁に穴を掘り、その洞窟に隠れ住んだのである。日中はそこに潜み、夜になると秘かに抜け出して食糧を集めた。

ある日、その洞窟に乳飲み子を抱えた母親が同じように避難してきた。人びとは母子を受け入れ、そこに住まわせた。しかし、洞窟は湿気が多く、赤子はまもなく病気になり、泣きやまなくなった。洞窟の人びとはしだいに不安が募ってきた。トルコ軍が迫っているという情報が伝えられ、赤子の泣き声が洞窟の外に漏れて、ここが発見されると考えたのである。

人びとは、手の尽くしようのない赤子とその母親に冷たく当たるようになり、自分たちのことばかりを考えて、洞窟を出て行ってくれるように言った。母親は自分が弁解できないことを承知していて、赤子を抱いて黙って出ていった。

母子がふたたび村に戻ると、そこはすでにトルコ軍の焼き打ちに遭った後であった。村人は皆殺しになり、首のない死体が累々としていた。母親は、トルコ軍の去ったあとの森から、なんとか家畜を捜し出し、焼き払われたあとの家を修理して、住めるようにした。

後に、母親が洞窟の近くを通り過ぎた時、潜んでいた人びとは全員殺され、死体だけが散らばっていた。母子の去った後、トルコ軍がここを発見したのである。自分たちだけのことを考えて母子を追い出した村人は、全員死に、逆に母子は、そこを追われたがゆえに命を助かったのである。

67　プアバッハ町のトルコ人

ライタ山脈とノイジードラー湖にはさまれたプアバッハの町には、今も一風変わった煙突がある。約四百年前のトルコ戦争当時に建てられたその家は、煙突にトルコ人の顔を彫りつけてあるのである。

一五三二年に始まる第二回トルコ戦争では、オスマン・トルコのためにオーストリア・ハンガリー帝国は壊滅的な打撃を受けた。しかし、トルコ戦争は、残酷な話ばかりではない。

プアバッハでも、トルコ軍による焼き打ち、殺戮、略奪のひどい被害を蒙った。町の人びとは被害を少しでも避けるため、地下に貯蔵庫を造り、そこに食糧やワインなど必需品を貯えた。この地下貯蔵庫は上手に隠されていたので、略奪や食糧漁りのトルコ軍にもなかなか発見されなかった。

けれどもある時、食糧を捜して家に忍び込んだ一人のトルコ人が、地下貯蔵庫を発見してしまった。彼は、その家を空き家と思って、夜の間、秘かに忍びこみ、持ってきた袋にできるかぎりのハムやチーズやパンをつめこんだ。そして、酒樽のそばへ行き、ワインも一口味わった。トルコにはぶどう酒がなく、彼はその酒がどんなものかまったくわからなかったのである。

一口飲んだぶどう酒は、非常に彼の口に合った。こんなにおいしい酒は飲んだことがない、と大喜びで次々と飲み続け、一樽飲みつくすと、酔って大胆になり、ピストルを発射して、次の樽に穴をあけ、またそれを飲み干した。すっかり酔ってしまった彼は、上機嫌で歌を歌い出し、よろよろと上の部屋に上がり、ベッドを見つけて寝転がった。

けれども、そこは空き家ではなく、まもなく住人が戻ってきた。住人はトルコ人の歌声を聞きつけて、敵が侵入したと思って、見回りに来たのである。トルコ人は酔ったまま、あわててベッドの下に隠れたが、その時には、付近の人びとに彼の侵入が知れ渡っていた。人びとは、彼を捕えようと躍起になって家を捜し、トルコ人は隠れ場に困って、かまどの中から煙突をよじ登り、屋根から逃げようとした。しかし、彼がやっと煙突の上に顔を出すと、庭にいた人びとに発見され、あわててまた下に降りた。

人びとは、脱穀用殻竿（からざお）や乾草用熊手を持って追いたてたので、トルコ人はそのたびに煙突を上下し、ついに進退きわまって人びとに捕えられてしまった。

捕えたトルコ人をどうしたらよいか、町の人びとは集まって相談した。ほとんどはトルコ軍にひどい目に遭わされたので、見せしめに殺すように主張した。しかし、教区の神父は、そのトルコ人が温和なことを見てとり、ここで働かせてはどうかと提案した。そして、彼がぶどう酒を飲み干してしまったことから、その酒蔵の持ち主の下男として働くことになった。トルコ人は、その処置にすっかり感謝して、喜んでそのぶどう農家で働いた。しかも、よく働き親しみやすい人柄だったので、生涯人びとから好かれ、彼が死んだ時にはその記念に煙突にその顔を刻み込んだ。

トルコ戦争後、オーストリアが気に入り、オーストリアに留まったトルコ人はほかにもいるという。

四　上部オーストリア州

68　ラナリーデル城の騎士

ドナウ川の左岸の険しい崖を登り、支流のラナ川がせせらぎの音をたてながらドナウ川に合流している丘の上にラナリーデル城が誇らしげに建っている。エンゲルハルトツェルの町にある、この壮麗な現在の城ができる以前は、もっと小さな城だったという。

ここには、善良な騎士の夫婦が幸福に暮していた。二人の間にはかわいい男の子が生まれたが、生後まもなくその地は敵の侵入を受けて、壮烈な戦争となった。騎士は部下を率いてよく戦ったが、敵はさらに強く、残忍で、情け容赦なく土地を荒して略奪し、人びとを殺した。守備も次々に破られ、敵はラナリーデル城へ迫ってきた。

城主は、自分と妻の最期を予感し、せめて男の子だけは助けようと、一人の気丈な下働きの娘に託して、窓から城壁伝いに逃れ、舟で川を下るように指図した。娘は忠実に主人の言葉を実行に移し、生まれたばかりの男の子を抱くと、綱で体を縛って窓から城壁を伝ってラナ川へ下り、つないであった舟で川下へ下ろうとした。

しかし、虎口を脱出したその時、敵の放った矢

69 トラウン川の幽

が娘を射抜き、娘はそのまま川に落ちて死んだ。城も敵の手に落ち、城主の騎士夫婦も敵の手に倒れたが、男の子を乗せた小舟は無事、ラナ川を下っていった。

ラナリーデル城からラナ川を少し下ったところに、ハイヘンバッハ城があり、男の子を乗せた小舟はそこに流れ着いた。城の年とった下働きの女が、その子を見つけて抱き上げ、城主夫婦のもとへ連れていった。子どものいなかった城主夫婦は天の授り物と喜び、その子を実の子として育てることにした。

男の子はハイヘンバッハ城で成長し、立派な騎士となった。自分をハイヘンバッハ城主の息子と信じ、また城主も彼の出生を調べようとはしなかった。

一方、ラナリーデル城は、城の陥落後、廃墟として崩れるがままになっていたが、そこには死んだ城主の残した莫大な宝があるといわれていた。しかし、小人がその宝を守り、宝を手に入れようと城跡へ行っても誰一人成功しなかった。若い騎士は、それを聞いて、自分の勇気と力を試してみたいと思った。

ラナリーデル城は瓦礫と土砂、やぶと森に覆われ、なかば朽ちた城壁から簡単に中庭に入ることができた。騎士はそこで馬を下り、苔と下草に覆われた城の扉をあけて中に入ると、すぐに小人が現われた。灰色の服と長い鬚の小人は、喜んで彼を迎え、長い間、彼が来るのを待っていたことを告げた。小人は、彼の実の両親がこの城の主であり、その死後、彼が来るまで、他の人びとから宝を守っていたことを話した。小人の案内で、彼は城の地下に納められていた莫大な金貨銀貨の山を見つけた。小人は、この金で両親の葬いをすませ、城を再興するように説いた。

騎士は急いでハイヘンバッハ城の両親のもとへ戻り、ラナリーデル城の小人の話を伝えた。そして、両親の口から、彼が実の子でないこと、川に流れてきた小舟から見つかった赤子だったことを知らされた。そこで、彼は、ラナリーデル城の実の両親の葬いを立派に行い、城を建て直し、ハイヘンバッハ城主の後にできた美しい娘と結婚し、生涯、妻とともにそこに住んだ。

69　トラウン川の幽霊船

サルツカンマーグート山地を流れるトラウン川はドナウ川の支流で流れの速い小さな川だが、急流であるだけに小舟で下る場合、転覆の危険が多い。かつてのトラウン川は、現在より川幅が広く、中型の船の航行も多かった。現在とちがって道路の状況も悪く、馬車の便も不自由だったので、人びとは危険と知りながらも、船での往復を選んだ。その頃、激しい雷雨や、雪どけの水の増水のため、船が岩礁にぶつかって沈没することも少なくなかった。

今日、川岸の処々に十字架が建てられ、水没した塩の運搬船の水夫たちの霊を慰めている。けれども、不慮の災禍で溺死した人びとの霊はこの世への未練があり、しばしば幽霊船に乗って現われるという。彼らは人びとに害を与えることはなく、話をすることもできないが、生きている人びとに助けを求めて、この世への未練をはらそうとする。しかし、人びとは幽霊船と聞くだけで不吉なものを感じて、逃げ去った。

若いコンラッドもその話を聞いた一人であった。彼は若く強く、自分の力をもてあますこともあったが、玩具を商ってトラウン川を航行し、故郷のトラウン湖畔のフィートアウの町に住んでいた。

ある春の夜、コンラッドは家に帰る途中、一杯飲んで外の寒さを柔らげようとしたのだが、逆に歩き始めると汗をぐっしょりかいてしまい、トラウン川畔の石の上で休んでいた。周囲では風がごうごうとうなり声をあげていたが、それはまるで地獄の雄叫びのようだった。すると彼は、風の音の中から別の音が聞え、川の向こうにぽつんと小さな灯が見えるのに気がついた。その音は、船の航行する音で、暗い夜の闇の中で船の灯がみるみる大きくなり、やがてはっきり船の形が現われた。幽霊船だった。彼はぞっとして、熱い汗が冷や汗に変わるのを感じた。

船には大勢の人びとが乗っていて、しきりにコンラッドの方へ手を差し伸べ、何か伝えようとしていた。船に乗っている老若男女は衣服も髪もびしょ濡れで、青ざめていた。そして、その中の一人が手にしていた袋をコンラッドの方へ投げると、船は再び遠ざかり、やがて見えなくなった。

コンラッドが袋をあけてみると、中には金貨がびっしりつまっていた。何か訳があるに違いないと思い、袋の中を隈から隈まで探すと、はたしてパッサウ市のある住所とマチアスという姓名が記されていた。そこからパッサウ市までは遠くなかった。この袋の金貨をそこに届けたら彼もそこで、玩具の商いができるだろうと考えて行くことに決めた。

翌日、彼はパッサウ市へ行き、問題の住所を訪ねたが、そこに家はあっても、住人はマチアスではなかった。彼はともかく尋ねてみようと考え、案内を乞うと、下働きの老女が姿を見せた。彼は、老女にトラウン川の幽霊船と、男から預った金貨の話をしたが、その話がいかにも荒唐無稽で、かえって老女に強盗と疑われないかとさえ感じた。

しかし、老女は彼の話に驚き、マチアスは、老女の一番の気に入りの若い陽気な紳士だったことを告げた。マチアスは善良であることにまちがいはなかったのだが、軽薄でもあった。この家は彼の伯父のもので、伯父の娘は金持ちの医者と結婚していたのだが、仕事がうまくいかなくなり、伯父はマチアスに託して、金貨の袋を娘のところへ届けさせようとした。しかし、マチアスは伯父の信頼を裏切り、その袋を持って家を飛び出し、商売につぎこんでしまった。娘夫婦も伯父もそれを苦にして亡くなり、二人の間に残された男の子を老女が引き取って世話をしているのだった。そして、その子も親の残した遺産もなく、生活に苦労していた。

コンラッドは自分の持ってきた金貨が残された子供を救ったことを知り、老女も、死んだマチアスが不当に奪った金を苦にして良心の呵責に苦しみ、なんとかして金を返そうとしていたことを知って喜んだ。老女は、コンラッドと金貨を分けようと申し出たが、彼は、男の子が大きくなるのを待って、その金で共同で玩具を商い、さらに利益をあげたという。

70 ベアフェンシュタイン城の黒い修道士

ドナウ川に沿ったグライン市には、追いはぎの城だったベアフェンシュタイン城が高い岩の上に建っている。大胆な追いはぎは太い鎖で航行する船をたぐり寄せ、思いのままに略奪し、人びとを捕えては、城の塔にとじこめ、莫大な身の代金を要求した。閉じこめられた人びとは、金を払って解放されるか、そこで苦悶の死を遂げるかのどちらかであった。城が廃墟となった現在でも、嵐の日にはそこで殺された不幸な人の嘆き声が聞こえ、その霊が救いを求めているという。

そのような霊の中に、「黒い修道士」がいた。彼は生前、修道士であるにもかかわらず、この城で神を恐れぬ生活を送り、死後、その罰として地上をさまよわねばならないのだった。黒い修道士の出現は死や不幸の前兆であるといわれる。

十一世紀にドナウ川を下っていったハインリッヒ三世は、大勢の部下とともにドナウ川を下っていった。一行の中には、ビュルツブルクのブルーノー司教も混っていた。船がこの城の前にさしかかった時、突然、黒い修道士が現われて、脅すように手を上げたが、司教以外の人の目には映らなかった。司教は驚いて、囲りの人びとにその意味を尋ねたが、誰にもわからなかった。

一行が船を下りて、エバースブルク城のリヒリタ伯爵夫人のもとで休息をとっている時に、再び黒い修道士が現われた。その時、修道士は一行の間に立っていた。司教が伯爵夫人にそのことを尋ねようと、城の広間を歩いていた時、突然、床が崩れ、城の住人とともに階下の部屋に落ちた。ハインリッヒ三世と部下が助けにかけつけた時には、すでに全員が死んでいた。

黒い修道士は、その数百年後の十字軍遠征の時にも出現している。十字軍の船が航行中、突然、大空に黒い修道士が現われ、船に乗っていた人びとは、全員その姿を見た。するとその船は、トルコ軍の攻撃を受けて沈没し、全員死んでしまった。

一五二九年にトルコ軍がオーストリアを攻めた時にも、黒い修道士は現われ、両手に剣を持ち、激しく空中で振り回した。これは、ベアフェンシュタイン城の近くのシュトルーデンガウの塔でのできごとだったが、時を経ずしてトルコ軍の攻撃を受けた。

この城はまもなく取り壊されたが、今でも不幸の地として知られている。

71　石になった兄弟

暗い冷たい冬は、氷と雪をもらたし、凍てつくような寒風が、葉のない黒い枝と幹を鳴らし、粉雪は家々の壁の割れ目や窓の至るところに積り、人びとは家の中で暖を取りながら、夜を過していた。そしてドナウ川では、巨大な氷の塊が互いにぶつかりながらゆっくり流れていた。

ウンターミュールの村では、ドナウ川の川岸に沿って人家はほとんどなく、年とった渡し守の家があるだけだった。暗い冬の夜には、その家の灯が航行の頼りとなった。当時、渡し守の妻は重い病気で、臨終を迎えようとしていた。そのため、妻を看病する渡し守も、疲れと悲しみに沈んでいた。家の囲りには人の気配もなく、家のすぐ外の川岸につないである彼の渡し舟に、巨大な氷塊のぶつかる音が聞こえるだけだった。

真夜中近くなって、突然、彼の家の窓を叩く者がいた。それと同時に、

「へい、親爺。出てこい。早くおれたちを向こうへ渡してくれ。急いでいるんだ」

という乱暴な声が聞こえた。このような深夜の客は、物騒な事が多いことを渡し守はよく知っていたので、彼はおだやかに断わった。

「静かにしてくれ。どんなに金を山と積まれても、このような真暗な晩に、氷の塊の漂う川を渡

すことはできないよ。危険すぎる」

この言葉を聞いて、窓の外の男たちは、悪態をつき、老人の渡し舟に勝手に乗り込んだ。

「あの爺さん、おれたちを脅しただけだよ。こんな川を渡るくらいたいしたことじゃない。おれたちは三人だ。兄弟力を合わせれば、へのかっぱさ。夜だの、氷だの、要は臆病なのさ。向こうに着いたら、口笛を吹いて歌を歌って、爺さんに、おれたちの力を見せてやろうじゃないか。おれたちにはこんな川なんか怖くないことを知らしてやるんだ」

三人の兄弟が老人の舟を漕いで川を渡り始めると、川からは無気味な「ホーラウス！」という雄叫びが聞こえてきた。三人はその声も風の音と考えて気にもとめず、対岸に向かって力強く漕ぎ始めた。対岸はすぐに見えてきたが、速いドナウの流れは高い波となり、それがみるみる巨大な人の姿となった。

ドナウ川の支配者、ドナウ侯が現われたのだった。いかめしい顔と、灰色と青の髪のドナウ侯は紫色のマントをはためかせ、巨大な胸を張り、手をふり上げて、三人を脅すように、舟の前に立ちはだかった。漆黒の闇の中でも、天を突くその巨大な姿ははっきりと三人の目に映り、侯は夜の静けさを乱した三人に対して、憤怒の情を露わにしていた。

三人は髪の毛の逆立つほどびっくりした。化石のように動けない三人に、ドナウ侯が水藻のついた緑色の手で触れると、三人とも、そのまま石になってしまった。

小屋の中にいた渡し守の老人は、薄気味悪い「ホーラウス！」という雄叫びを聞いて、全身の血が凍りつく思いだった。翌朝になって老人が川を渡ると、対岸に石になった三人の姿があった。その石は、ドナウ河畔のウンターミュール村に、今も残っている。

72　ドナウ侯と漁師の娘

ドナウ河畔のシュトルーデンガウ村の人びとは

今でも夜になると、川の方からドナウの水の精(ニックス)の悲しそうな声を聞くという。

「いつ、あなたは、水晶と宝石のあなたの城に戻ってくるの?」

「いつ、あなたは私たちのドナウ侯になってくれるの?」

「私たちはもうずっと、長い長い間あなたを待っているのよ」

水の精(ニックス)の声は、夜の霧に消え、誰も答える者はいない。

ドナウの乙女とも呼ばれるドナウの水の精は、ドナウ川の支配者、ドナウ侯の娘で、川岸で、夜になるといつも人間の若者を待つのだった。そして、父親のドナウ侯もまた、人間の娘に恋することがあった。

ドナウ侯は、川底の水晶と宝石の宮殿に住んでいるが、自分の娘たちとは違うある美しい漁師の娘に恋をしていた。彼女の明るい笑い声や、岸で花輪を編む時に口ずさむ歌声が、ドナウ侯を魅了したのだ。ドナウの乙女たちは水の精なので人間の心を知らず、人間の娘のように心から感情に浸ることができないのだった。水の精は美しく優しい親切な娘たちだったが、心がないので、楽しい時にも幸福を感じることがなく、反対に、辛い時でも苦しみを感じないのだった。彼女たちは涙をこぼすことがなく、また、笑うこともできなかったのだ。

ある時、漁師がドナウ川に網を投げて漁をしている時、大きな魚が彼の舟の囲りを泳ぎ、姿を現わしては消え、消えてはまた現われた。漁師は必死でその魚を捕えようとしたが徒労に終わった。

その日、捕らえたのは普通の魚ばかりだった。それでもほんのちょっとの間に、大漁となったのだから満足してよいはずだった。しかし彼は、漁師の根性から、どうしてもこれまで見たことのないその巨大な魚を捕えなければ気がすまなくなっていた。こんな大きな魚は、夢の中では見たことはあっても、現実には初めてだった。魚のうろこはまるで銀のようであり、その目は宝石のようだった。

しばらく魚と漁師の追いかけっこが続き、魚は疲れたのか、自ら漁師の舟に跳び込んできた。漁師は大喜びだった。そして、舟を漕いで岸に戻り、巨大な魚を抱えて、得意そうに家に帰った。しかし、家に近づくと、家の前は近所の人びとが皆集まって人だかりができていた。彼は自分の獲物が人びとの羨望の的となることを期待して、皆のもとへ行った。

しかし、人びとは魚を見ても何も言わず、逆に彼を気の毒そうに見て、口をつぐむばかりだった。嫌な予感がして、魚をおろし、一体何があったのか、人びとに尋ねた。すると彼らは、午後、灰色の鬚を生やした老人が来て、漁師の娘をつれて、水の中へ飛び込んだことを伝えた。つまり、ドナウ侯が、娘をさらってしまったのだ。漁師も含めて、人びとはドナウ侯に対しては太刀打ちできないことを知っていたので、誰も娘を助けることができなかったのだ。ドナウ侯は老人に変装していたが、変装の下で侯の王冠が輝いているのが見えたからだ。

漁師は、それを聞いてもあきらめがつかず、再び自分の舟を漕いで、ドナウ川に乗り出した。彼は、声のかぎりにドナウ侯を呼ぶと、川底から、巨大なドナウ侯の頭がぬっと現われたので、すんでのところで小舟は転覆するところだった。漁師は、大声で娘を返してくれるように懇願したが、ドナウ侯は、頑として聞き入れなかった。一度自分のところへつれてきたものは、自分のものだから返せないというのだ。

漁師はかっとして、舟の櫂で、侯の頭を嫌というほど殴りつけたが、櫂が折れ、ドナウ侯の貝の宝冠の四個の宝石が飛び散っただけだった。そして、激しい大波が小舟を襲い、漁師はもう少しで溺れるところだった。けれども、聖なる十字架をつけていたために助かり、ドナウ侯は、からからと笑いながら水底に沈み、二度と姿を現わさなかった。

漁師は娘に二度と会えなかったが、不思議なことに、それ以後、すっかり裕福になった。あの巨大な魚は、正しく銀と宝石でできていたからだ。

しかし、豊かな財産も彼の慰めにならず、あの時、魚を追わずに早く帰宅すべきだったと後悔するばかりだった。彼は、毎日川岸に座り込んでいた。

ある時、ドナウの乙女が彼のところに現われ、娘のようすを知らせた。娘は川底の水晶の宮殿にいて、そこを出ることは許されない。一方、ドナウ侯は、漁師に殴られた時、宝冠の四つの宝石が失われたので、王位を降ろされ、四つの宝石を見つけるまで川底を捜さねばならない。見つかるまでは、王位に戻ることができないのだ。また、溺死者の魂は、四日間、水晶の宮殿で過してから昇天する掟になっているので、娘は溺死者が水晶の宮殿に来るごとに、花束を作って水面に送り、その人の死を知らせる仕事をしていると言われた。

漁師はそれを聞いて、いくらか心を慰められたという。

73 ドナウの乙女の返礼

ドナウ川の中州、ベアタ島付近は、川の流れが渦を巻き、難所なので、シュトルードル、またはビアベル（どちらも「渦」の意）と呼ばれ、漁師や渡し守から恐れられていた。

その川岸に、渡し守の若者が母親と二人きりで、小屋に暮らしていた。ある日若者は、近くの農家の若者達を向こう岸へ渡していた。若者たちは、酒を飲み一杯機嫌で、舟の上でも大騒ぎをしては舟を乱暴に揺らし、手で川の水をはね返ししぶきをあげた。

舟が中州のベアタ島にさしかかった時、彼らは、その岸でドナウの乙女が休んでいるのに気がついた。酔って思いあがっていた若者たちは、おもしろがって悪口を浴びせてからかい、笑い者にした。ドナウの乙女は怒り、彼らに向かって、

「悪口を言わなかったなら手助けをしたのに、これ以上、悪口を浴びせると、渦に巻きこまれて

溺れる」

と警告した。

若者たちはしゅんとなった。渡し守の男は、ドナウの乙女の言葉が冗談でないことをよく知っていたので、彼らにそれ以上何も言わせなかった。ドナウの乙女は、渡し守の若者に感謝して流れの中に姿を消した。

その当時、オーストリアはトルコ戦争で蹂躙され、シュトルードルガウ村もその侵入を受け、人びとは次々に避難を始めていた。

ある颪のごうごう吹きまくる夜中に、渡し守の小屋を三人の幼い子供をつれた女が訪れ、なんとか今夜のうちに対岸へ渡してほしいと頼んだ。女は、トルコ軍の焼き打ちにあい、命からがら三人の子供だけをつれて、家財道具は一切捨てて、ここまで逃げてきたのだった。

若者は、勇気もあり、舟を操る腕にも自信があったので、危険を顧みずに承知し、四人を舟に乗せた。波は高く颪も激しく、舟に灯した灯も颪のために消えてしまい、恐ろしい渦流に飲まれそうになったが、対岸から、舟着き場はここだ、という声が繰り返し聞こえたので、無事に渡すことができた。女は彼の勇敢な、しかも見事な櫂の手さばきに感心し、危険を冒して自分たちを渡してくれたことに感謝して、多額の謝礼をした。

女と三人の子供は、無事、対岸の小屋に落ち着き、若者も一晩泊まるように勧められたが、この嵐の晩に年老いた母を家に一人で残しておくのが不安なので、嵐をついて舟を出して帰ることにした。

しかし、帰りは行きよりも颪が激しく、若者は疲労困憊し、櫂を漕ぐ力も失せてしまった。舟は流れのさなかにさしかかり、渦に呑みこまれそうになった。もう駄目だ、と若者が思った時、舟の脇にドナウの乙女が現われ、櫂に触れると、舟はたちまち危険な渦を抜け、するすると彼の小屋の前に着いた。彼がドナウの乙女に礼を言おうとした時には乙女はすでに川底に姿を消していた。ドナウの乙女は、農家の若者たちが彼女をからかった時、それを諌めてくれた彼に対して返礼をしたのである。

渡してやった三人の子の母は、トルコ軍が引き上げると、再びその地に戻り、彼にもう一度、多額の謝礼を渡したので、それ以後、若者と彼の母は、貧乏に苦しむこともなくなったという。

74　ワインベアク城主と水の小人

フライシュタット市の近郊の村アイストには、底知れぬ深い沼があって、そこには水の小人が住んでいた。人びとは、水の小人を恐れて、誰一人そこで水浴びをしようとはしなかった。けれども、水の小人は善良で、人間を傷つけたり、害を与えたりしたことはなかった。小人は五歳くらいの子供の身長で、頭が少し大きく、ほとんど色のない輝くばかりの金髪と、善良だが燃えるような瞳をもっていた。人びとは、水の小人がよくドナウ川の岸で日向ぼっこをしているのを見かけた。

ある日、小人がいつものように川から上がってくると、ちょうどそこへワインベアク城の城主が通りかかった。城主は、水の小人を見たことがなく、その姿に驚きながらもすっかり気に入り、自分の城へ来るように誘いをかけ、いっしょにつれて帰った。

城主は、水の小人を実の子のようにかわいがった。小人は陽気で善良で、城主をはじめ城の人びとをいつも楽しませた。そればかりか、人が隠している事や、隠された宝を見つける才能も持っていた。

ある時、城主は、小人を教会のミサにつれていった。すると小人は、ミサの途中で突然笑い出した。城主は怒って、なぜ神聖なミサの途中で、あんなに甲高く笑い出したのか、理由を訪ねた。すると小人は、脇の祭壇に悪魔がいて、牝牛のなめし皮に、うわべだけ信心深く見せ、実は不実な人の姓名を記しているのが見えたからだと、答えた。不実な人があまりにも多くて、牝牛の皮に書ききれず、どんどん皮を薄く引き伸ばして余白を作り、姓名を書きこんでいるうちに、とうとう皮が破れ、悪魔はつんのめって、聖水台に頭をぶつけて、ものすごい音をたてたのだ、と説明した。これを聞いた城主は小人をミサにつれていくことをやめた。

また別な時には、教会の前で、新しいエプロンで得意げに着飾っている女がいた。水の小人はそれを見て、なぜあんなに見栄を張るのか、彼女の座っている石の下には、大変な宝が埋蔵されているのに、そのことに気づきもしない、掘り出せば立派な教会を建てるだけの金になるのに、とつぶやいた。

水の小人は、城主のもとで楽しく暮らしていたが、やはり水の底へ戻りたいと郷愁を感じるようになった。城主は、長い間、水の小人を引きとめていたので、沼に帰してやることにした。別れ際に、水の小人は、自分が城主にいろいろなことを話しすぎたので、沼に戻った後、ドナウ侯から罰を受けるかもしれない、と言った。そして、もしも何事もなく水の底へ帰れたら水は黒くなり、罰を受けた場合には、自分の血で水は真赤に染まるので、自分といっしょに沼に行って見届けてほしいと城主に頼んだ。

城主と城の人びとが、水の小人とともに、沼まで行き、どうなるのかと見守っていると、水の小人が飛び込んだ直後、水はみるみる真赤に染まった。城主をはじめ人びとは、善良な小人を悼んで、彼を沼に帰すのではなかったと残念がったということである。

75 イア湖の起源

サルツカンマーグート山地のイア(「過ち」の意)湖は、ツェラー湖ともいわれ、湖底には、美しい城が沈んでいるといわれる。すなわちかつてここは丘陵だったのである。

その昔、城には悪い魔法使いが住んでいて、人びとを苦しめることを喜びとしていた。農家の畑仕事のじゃまをし、穀物を腐らせ、または人の財産を魔法で盗み、人びとが困るようすを見て、喜びを味わっていた。

魔法使いの城は、豪華をきわめつくし、黄金の屋根の下に大理石の壁が続き、そこには数限りない宝石がちりばめられていた。広間は数百もあり、どの部屋も黄金と宝石で埋めつくされていた。

魔法使いは、周囲のすべてを見下しながら、現在の自分の生活にすっかり満足していた。ただひとつ気に入らないのは付近の、バード・イシュルの町にある塩坑で働く坑夫たちに害を与えられないことだった。坑夫たちは賢く用心深く、決して魔法使いの策略に乗せられなかった。魔法使いは、目の上のたんこぶの彼らを、なんとかして出し抜いてやろうと、いらいらしていた。

ある日、城の図書室で、魔法使いは、坑夫たちを苦しめる方法を見つけようと、魔法の本を隈から隈まで調べた。そして、最後の本の最後のページに、それが見つかった。魔法使いは、にやりとうなずくと、すぐに薬を煎じ始めた。彼は鍋に次々とさまざまなものを入れ、何日間もぐつぐつ煮つめた。城の煙突からは、真黒な毒の煙がもくもくとたち昇り、その煤煙に侵された付近の住民は、せきや息苦しさを訴えた。なかには熱を出す人びとも出て、あたかも何年か前にアタ湖で起こった家畜の恐ろしい伝染病の再来のようだった。真黒な煙はその間も、城の煙突から絶え間なく吐き出され、空をすっかり覆い、昼と夜の区別がつかなくなるほどだった。

やっと薬が完成すると、魔法使いは、通りがかった、少し頭の足りない若者を呼びとめ、瓶につめた薬を、バード・イシュルの塩坑夫たちに渡すように言った。しかし、瓶を決してあけないことを約束させた。瓶の中の液体は無色透明で、一見ただの水と変わりなかった。魔法使いは若者に、それは塩水だ、と嘘をつき、坑夫たちの必要とするものだ、ともっともらしく説明した。

若者は、話をそのまま信じて坑夫たちのところへ持っていったが、賢い坑夫たちは魔法使いからのものだと聞くと、悪い贈り物に違いないと思い、瓶を受けとらなかった。悪い魔法使いが人間に良いことをするはずがなかったからである。彼らは、若者に魔法使いに瓶を返すように悟した。

若者は、しかたがないので、瓶をそのまま魔法使いの城へ持ってかえることにした。しかし、坑夫たちに言われてから、かえって好奇心をおこし、瓶をあけたいと思うようになった。

城が見えてきた時、若者は魔法使いがバルコニーに立っているのが目に入った。すると瓶を渡さなかったことを叱責されると思い、瓶のふたを抜いてしまった。それを見ていた魔法使いが、やめろ、と手でしきりに合図したが、まにあわず、瓶からはごぼごぼと水が溢れ、たちまち洪水となって城に襲いかかった。魔法使いは、洪水を起こす水を瓶に封じこめたのであった。

魔法使いは必死で逃げたが、水は庭から広間へ、広間から塔へ、どんどん押し寄せた。彼は、魔法の本から水をとめる魔法を探そうとしたが、その本は水浸しになり、ばらばらになって沈んでいった。せめて木の板があれば浮き輪がわりになって助かると思ったが、城には重い黄金と大理石しかなかった。そして、魔法使いは溺れ死に、城も水没し、あとには広く美しい湖ができた。そして、湖の周囲には美しい花が咲き乱れた。悪い魔法使いが呪文で封じこめていた花は、今、魔法使いの死と同時に呪いが解け、また元のとおりに美しく咲くことができたのである。

一方、貧しい使者の若者は、一人の娘に求婚していたが、娘の父親は、彼が金持ちになったら娘をやるから、湖に行って、城とともに沈んだ黄金を引き上げてこいと命じた。彼は、その言葉どおり、湖で小舟に乗り、とある地点で網を投げた。すると、娘の父親の要求しただけの黄金がそっくり獲れた。彼はそれを持って帰り、希望どおり結婚したという。

76 地獄山脈の小人

上部オーストリア州には、山脈全体が石灰質で、草木の一本も生えない山脈がある。植物がないので動物も生息せず、荒涼とした地域となり、地獄山脈（ヘレンゲビルゲ）、死者山脈（トーテンゲビルゲ）と呼ばれている。しかし、実際には、険しい岩肌の露出した美しい天然の地で、地獄や死者にまつわるおぞましい伝承は残っていない。

この地獄山脈には、小人の洞窟があり、善良な小人たちが住んでいて、人びとに塩・鉱物・宝石や泉のありかを教えていた。現在では、小人を見かけるということはなくなったが、今でも山の隠れた洞窟に住んでいるといわれている。幸運にも小人に会えた場合には、莫大な宝を手に入れられるが、その時も、小人の言うことは絶対に守らなくてはならない。さもないと、その人はすべてを失ってしまうという。

ある時、一人の狩人がこの地で鷹を追っていた。鷹は天高く舞い上がり、狩人は岩壁を登って追いつこうとしたが、足を滑らせて岩の割れ目に落ちた。そのうえ、激しい雷雨が襲ってきたので、雨をしのごうと、割れ目の奥深くもぐり込んだ。しかし、そこは割れ目ではなく、小人の洞窟の入口だった。しかも、不思議な光に照らされた広間だった。そして、奥からは、忙しく金槌を叩く音が聞こえていた。彼は好奇心にかられたが、激しい疲れのため、すぐさま眠りに落ちてしまった。

目を覚ました時、洞窟の中は真昼のように明るく、小人たちが彼を取り巻いて、親しげにあいさつし、彼を歓迎した。狩人は、小人の洞窟へ黙って侵入したことを詫びたが、小人は首を振って、日曜日に生まれた子供は幸運に恵まれ、小人の穴を見つける力がある、と教えた。この狩人は日曜日に生まれた子供だったのである。

小人たちは狩人の手助けを請い、狩人が承知すると、岩棚の上の金属の皿を下ろしてくれるように頼んだ。彼らは小さいので、そこまで手が届かず、困っていたのである。彼が金属の皿を取って手渡すと、小人たちは手を叩いて喜び、感謝した。そして、返礼として彼に三つの方柱のある魔法の水晶を与えた。

第一の方柱は、どんな質問にも答えられる知恵と知識、第二の方柱は、どんなに使っても減らない金、第三の方柱は、山の中まで照らし出せる光、という魔法の力を持っていた。そして、小人は、この水晶を小人からもらったことを誰にも言うな、と口止めした。

狩人は、大喜びで小人の洞窟を出て、町へ帰っていった。それからというもの、狩人の人生は、にわかに花開いたようだった。彼には、人に聞かれて答えられないことはひとつとしてなく、人は次々と彼のもとを訪れ、知恵を借りた。そして、財布にはつねにほしいだけの金が入っていて、決して不足することがなかった。そのうえ金銀宝石を続々と掘りあてたので、彼はすばらしい屋敷を建て、王侯のような生活を送った。

彼はまた、隣人にもよくし、なにくれと助けていたが、その中の一人は、彼の成功を妬み、悔しがり、なんとかして秘密をさぐろうとしていた。隣人の男には、非常に美しい娘がいたので、うまく狩人と結婚させることができた。しかし、父親に似て、意地の悪い彼女は、下働きをいじめ、乞食には犬をけしかけて追い払った。そして、彼女が、夫の水晶の秘密を知るまでには、それほど時間がかからなかった。彼女は策をめぐらして、水晶を誰にもらったのか問いつめた。自分も同じ水晶を手に入れようとしたのである。

しかし、夫が地獄山脈の小人の洞窟のことを口にするや否や、ものすごい物音が響き、山全体が生き物になったか、と思われるように揺れ動き、山から石や巨大な岩塊が屋敷に雨あられと降り注ぎ、傲慢冷酷な妻もろとも押しつぶされてしまった。

夫は九死に一生を得たものの、貧しい元の狩人に戻ってしまった。けれども彼は、大金持ちになるよりも、狩人の生活の方が呑気で楽しいと思ったそうである。

しかし、世の中にはまだ失われた魔法の水晶を探して、必死で地獄山脈を掘る人も少なくない。しかし小人は、人間には一人で水晶の三つの能力すべて持てるほどの器がないと考えたのか、水晶を三つに割ってしまい、たとえ誰かがそれを見つけたとしても、ひとつの能力しか持てなくなったという。

77　オーバーベアク村の小人の洞窟

オーバーベアクの村に住むある農夫は、その年作った穀物や野菜を市場で売り、家族を養っていたが、その年は、うち続く天災のためにすっかり行きづまってしまった。彼はいつもと変わらずに働いたのだが、春には遅霜で果物の花が枯れ、夏には雹と長雨で穀物が腐ってしまい、秋の収穫を迎えた時、彼の手元には借金ばかりで、暮らしをたてるめどがつかなかった。

妻は友人に援助を頼み、せめて税金だけでも支払えるようにしようと夫に勧めた。彼は山を越えて友人を訪ねたが、そこでも同じように一文の余裕もなかった。彼は将来の見通しもつかないいま、再び山道を歩いて帰り始めた。歩き疲れて道端の岩に腰かけ、誰にともなく、

「小人でも妖精でもいいから、出てきて助けてくれたらなあ」

と、ぐったりしてつぶやいた。

かたわらでは、りすが木に登り、小鳥がさえずっていたが、彼は背後から何か別の声が聞こえてくるのを感じた。彼はあたりを見回したが誰も見えず、木立の間を縫って、かすかな人声だけがいくつも聞こえてくるのだった。そこで用心深く立ち上がり、声の方角へ行くと、うっそうとした茂みの中に空地があり、のぞいてみると、そこには枝という枝に何百人もの小人が座っていた。空地の中央には、すばらしく美しい小さな馬車が止まっていて、六頭の真白い山羊が引いていた。馬車の中には、紫のマントをはおって、金の冠を頭に戴いた小人の王が座っていて、みんなで歓楽に興じていた。

しばらくの間、農夫はそのようすを見ていたが、やがて、一人の小人が彼のすぐ近くに誤って跳びこみ、農夫を見つけた。小人が「巨人」の浸入に腰を抜かして王に報告したので、小人の王はすぐさま農夫のところへ行き、ここで何をしているのか、自分たちに何かできることはあるのか、と尋ねた。農夫は切々と、自分たちに襲いかかっ

た天災と凶作、そして生活の窮状を訴えた。小人の王は、非常に同情して、部下の一人に、山中の隠された目に見えない扉をあけるように命じ、農夫には、自分といっしょに来るように合図した。山の中の扉を入り、細い道を辿っていくと、もうひとつの鉄の扉があり、そこをあけると、中には小人の宝物がぎっしりとつまっていた。金銀宝石がきちんと整理されており、燦然ときらめいていた。

次の大広間には食卓が用意され、小人の王は農夫を席へ案内した。農夫は目を丸くしながら、大喜びで次々に出される料理に舌鼓をうった。その料理のおいしいこと、彼はまだこんなにおいしい料理を食べたことがなかった。彼は満足するまでごちそうになった。

宴会は二日間続き、三日目に小人の王は農夫に、自分たちのところに留まりたいか、と尋ねた。農夫は、おなかをすかせて自分を待っている妻と子供を思い、家族を見捨てることはできないと話した。確かに小人の国は貧苦も飢饉もなく、天国のようだったが、自分一人だけがこの幸福を享受するわけにはいかないのだった。

小人の王はうなずき、土産に宝を持って帰るように勧めた。農夫は、金銀などの宝を袋いっぱいにつめると、親切な小人の王に別れを告げて、人間の世界に戻ってきた。

彼が家に戻ると、妻は留守中、夫に何かあったのではないかと、心配していた。驚いたことに、彼が小人の国にいたのは三日間だったのに、人間の世界では八日間も過ぎていたのだった。けれども、彼は妻に、小人に助けられたことを語り、それから家族は、小人の宝で何不自由なく暮らすことができた。

78　ミュール川の小人と音楽師

ミュール川に沿った谷間にあるハスラッハの町には、軽はずみな音楽師が住んでいた。

ある日彼は、結婚式のためにサンクト・オズワルドの町に呼ばれたので、楽器を持って出かけた。彼がリヒテンアウ城まで来た時、城から小人が小さな馬に乗って現われた。小人は、茶色の顔に緑色の髪と鬚を生やし、ぎらぎら光る目をして、緑色の服を着ていた。小人の服と小人馬の頭装具は、湿地の植物と水草で飾ってあった。

小人は、音楽師に、サンクト・オズワルドへ行くのは中止して、自分の結婚式で音楽を演奏してほしいと頼んだ。音楽師はその方がおもしろそうだと思ったので、小人とともに城へ入っていった。城は岩をくり抜いて造ってあり、灯がこうこうと輝いていた。広間も水草で飾ってあり、結婚式の宴席が調えられ、小人たちが席についていた。花嫁は花婿と並ぶと人形のようにかわいらしかった。

音楽師は、バイオリンを取り出して、ワルツやポルカなど次々に弾いた。小人たちはそれに合わせて堪能するまで踊り回った。

結婚式の宴会がすむと、花婿の小人が音楽師に、謝礼として三つの銅貨を与えた。この銅貨は、三つの願いを叶えてくれるのだった。彼は、それを袋に入れると、小人に道案内をしてもらい、無事帰宅することができた。

家では、彼の妻がかんかんだった。一言も言わずに出ていって八日間も帰らなかったからである。彼が小人の国にいたのは一晩だけだったのだが、外の世界ではそれが八日間に当たっていたのだ。けれども妻は、弁解をきかず大喧嘩となった。すると、彼は、小人にもらった銅貨を思い出し、いちかばちか、願いをかけてみることにした。彼は袋から銅貨を取り出し、手に持って大声で言った。

「もしも、これが本当に願いの銅貨なら、おれの妻を、エックアルツベアク山の悪魔のダンスホールへやってしまえ」

彼が言うと同時に、大風が部屋に舞い込み、妻は風にさらわれて窓から飛んでいってしまった。そこで彼は、二つ目の銅貨を出して、妻をここへ戻してくれるように願った。妻はすぐに戻ってきたが、もはや喧嘩どころではなかった。

この異常な話は、たちまち近所中に広まり、人びとは気味悪がって、夫婦を敬遠するようになった。そこで二人は、村を離れることに決めた。音楽師は、三つ目の銅貨を捨てようとしたが、妻は、使い途があるだろうと財布に入れた。

二人は村を去ってからあちこちをさまよったが、やはり故郷が懐しく、船で再び村へ戻ろうとした。ところが、船は折悪しく激しい雷雨に遭い、転覆しそうになった。たまたま船客の一人に伯爵がいて、もしもこの雷雨を収めてくれたら、莫大な報酬を出すと公言した。音楽師は大急ぎで三つ目の銅貨を出し、たちまち嵐を収めた。喜んだ伯爵は、彼らに約束どおり、莫大な報酬を与えた。

そして、故郷に戻り、心を入れ替えて働き出したので、人々の信頼が集まり、ハスラッハの治安判事に選ばれた。伯爵の金で、暮らしにも困らず、困っている人びとを助けながら良心的に職務を忠実に果たしたので、非常に良い一生を送ることができたという。

79　山の小人のパン

エンス川に沿ったエンス谷のライヒラーミング村には、巨大な岩がそびえていて、そこに住んでいる山の小人は、金銀を守っているといわれていた。小人は岩の割れ目から出入りしては岩の上で遊び、料理して過ごし、土地の人びとにも親切で仲良くしていた。

ある朝、貧しいきこりが空腹と疲労をかかえてその近くを歩いていた時、岩の上から煙が出ているのを見つけた。近づいてみると、小人が大勢集まってパンを焼いていた。一人の小人がパン種をこねると、別の小人がかまどに薪をくべ、パン種を入れた。するとたちまち、おいしそうなパンができ上がった。きこりは、小人にパンを一塊だけ所望した。すると小人が、少し待ってくれ、と言うので彼は、木を切りに行き、夕方、再び小人のもとを訪れた。小人は約束どおり、焼きたての大きなパンの塊をくれた。

きこりは何度も礼を言い、家に帰ると家族とそれを食べた。山の小人のパンは、どんなに切って食べても、切れ端さえ残しておけばすぐ元の大きさに戻り、決してなくなることはないのだった。こうして、きこりは毎日、おいしいパンを食べることができた。

しかしある時、他のきこりや友人たちが集まってパンを切り分けた時、切れ端まですっかり食べつくしてしまった。すると二度と元戻りにならなかった。きこりは、もう一度パンをもらいに山の小人の岩へ行ったが、小人たちはもういなかった。

けれども、小人の残した金銀は、今でも山中に隠されているという。それを見つけるには、山のどこかにある金の帽子を手に入れなければならない。そして、金の帽子で岩の割れ目に触れると、金銀のありかがわかるという。しかし今のところ、誰もそれを手に入れた人はいないということである。

80　湖に沈んだ町

サルツカンマーグート山地のモント湖の底には小さな丘があって、すばらしく美しい城が沈んでいるといわれる。

かつて城の丘には肥沃な畑と花咲く牧草地が広がり、マリア教会もあった。人びとは勤勉で信仰も厚く、毎日額に汗して働き、日曜日には欠かさずミサに訪れた。

ところが、城の騎士は反対に神を怖れない非人情な人間だった。彼の楽しみは、庶民や家来を苦しめ、隣の城を襲って略奪することだった。日曜日や祝日には決して教会へ行かず、人びとを集めて飲めや歌えの大宴会を催した。

このような悪業に、神の正義の裁きがおろされようとしていた。ある晩、土地の教区神父の夢に聖母マリアが現われ、人びとに家財道具を持ってこの土地を一刻も早く立ち退くように悟した。人びとは神父の言葉に従い、住みなれた家々をあとにして、今日のモントセー市の市場まで避難した。

騎士とその仲間は、それを見て大笑いし、うるさい邪魔者がいなくなると喜んで、去っていく人びとに罵詈雑言を浴びせて馬鹿にした。人びとの姿が見えなくなると、彼らは再び酒池肉林の宴席に戻り、大騒ぎを続けた。その間にも、城の上には無気味な厚い黒雲が広がり、稲妻が続けざまに閃き、城には火の手が上がった。城がみるみる猛火に包まれるころ、土砂降りとなり、水はエンス谷を埋めつくし、炎に包まれた城はたちまち水底に沈んでしまった。水はさらに増し、城のあった丘は広い湖となった。その湖は三日月の形をしていたので、モント（月）湖と呼ばれた。

漁師は、今でも、天気のよい日には澄んだ湖の底に、教会の塔が見え、水底から、騎士の催す馬鹿騒ぎの声が聞こえるという。

81 ビンデック城の幽霊

エンス川とドナウ川の合流地点の付近に、すでに朽ち果てた廃墟の城、ビンデック城がある。ここには、かつての女主人が幽霊となってさまようといわれている。

生前の彼女は強欲で権高で、土地の農民に対して独裁者としての権力をほしいままにしていた。彼女の求める年貢は他のどこよりも高く、払い切れない場合には、鞭を持って農家を捜し回り、もしもわずかばかりの穀物が見つかった場合には、怒りに任せて鞭を浴びせ、どんな嘆願にも耳を貸さなかった。彼女の搾取に遭って餓死寸前の農民を見ても、かえって小気味よさそうに笑い、百姓など掃いて捨てるほどいるのだから、一人や二人死んでもかまわないと言い放つのだった。

土地の農民たちは、このままでは自分たちが餓死してしまうと、一揆を計画した。それが実行に移されたかどうか記録に残っていないが、村の盲目の老女が、女主人に対する正義の裁きの期は迫っていることを告げたので、人びとはそれぞれの家庭を心配して家に戻ったということである。

その同じ晩、一人の白髪の老人が城への道を登っていった。老人は疲労困憊し、城の女主人に一晩の宿とパンを乞うた。しかし、冷酷強欲な女主人は、その厚かましさを怒り、警備隊に城壁から老人を突き落とすように命じた。ところが、奇妙なことに兵士の体は鉛のように動かなくなってしまった。老人はもう一度、腰を低くして宿とパンを頼んだ。彼は、聖地エルサレムのイエスの墓（ゴルゴダの丘）を訪ねた帰りで、非常に長旅をしたのだと説明した。

しかし、女主人は聖地を愚弄し、自分の富と城を自慢し、巡礼帰りの老人には、下の谷を流れるドナウ川で死ね、と罵声を浴びせた。

老人は城を出ると、ドナウ川の岸の柔らかな苔の上に休み、野いちごを摘んで食べた。彼は、女主人の神を恐れない傲慢冷酷、非人情に怒り、神の裁きが近いことを悟った。

その頃、城では老人を追い払った直後から、女主人が高熱を出し、激しいめまいで立っていられなくなり、ベッドに横になった。そして、明日は、元気づけに村へ行って人びとを殴り、年貢を徴収しようと考えていた。しかし、その瞬間、彼女は心臓発作を起こして死んでしまった。

女主人の死後、城には住む人がいなくなり、崩れるにまかせてあった。時が経ち、いちごつみに出かけた女の子が、廃墟で酒杯を持った女主人に会った。女主人は、その酒がどんなにおいしい上等のぶどう酒か説明し、飲み干してほしい、と女の子に頼んだ。女の子は、しかし、説明できない恐怖にかられて断ったので、女主人は、「また百年」とすすり泣いて廃墟に消えた。

女主人は、罰として廃墟の城の真暗な闇に住み、百年に一度だけ外に現われて、そこに居合せた人にぶどう酒を勧める。もしも、相手が飲んだら彼女の霊は救われ、拒否したら、次の百年、暗闇で待たねばならないのだという。

82　呪いのかかった処女

ケーニックスビーセン市の市場から遠くないところにある森は、かつては今のように安全な場所ではなかった。

ある時、若者が、市場から森を通り抜けていくと、岩の上に銀髪の女が座っていた。まだ処女のようにうら若いのになぜ白髪なのか、と若者はからかいながら尋ねた。彼女は、呪いをかけられているので、岩から離れられず、すでに三回も木が芽生えて大木になり、切り倒されるまでを見たと言った。そしてもしも、自分を救ってくれるつもりなら、明日、同じ場所に来て、火災を吹く蛇の口から金属の皿を奪ってほしいと告げた。その際、蛇に近づくと、すさまじい雷雨となり、世界が沈んでしまいそうになるが、怖がらなければ、自分は救われる。しかし、失敗した場合には、再び次の木が芽生えて大木となり、その木の板で作られたゆりかごの中で彼女自身が赤子となって生まれ変わり、処女に成長し、次の救いを待たねばならないのである、という。

彼女の話を聞いた若者は同情し、翌日炎を吹く蛇から金属の皿を奪おうとしたが、豪雨のあまりのすさまじさに、恐怖にかられ、失敗に帰した。若者の耳には、次の救いまでまた数十年待たねばならない、というかすかな女の声が聞こえて消えていった。

83　悪魔の馬

昔、ハウスルック地方の森を通って、三人の若い煉瓦工が家路を急いでいた。三人のうち一人は、かつて皇帝の乗馬の世話をしたことがあるので、その時の思い出話をおもしろおかしく、次から次へと二人に話して聞かせた。なかには、ものすごい暴れ馬もいて、乗りこなすのも大変だったそうだ。まるで悪魔自身が馬になったようだったが、自分としては、もし本当にそのような馬が出てきたら、遠慮なく乗り回してやる、と豪語した。
彼がこう言ったとたんに、荒々しい白馬が突然彼の前に現われて、ぴたりと止まった。二人の仲間に言われて、彼は得意になって、荒馬を乗りこなす技を見せてやろうと、鞍に跳び乗った。すると馬は、頭を振り立てて東へ向けて疾駆し、あっと言うまに二人の視界から消え去った。二人は、心配しながら馬の帰りを待っていた。

三日後になって、若者はびっこを引きながら、気息奄々と帰宅した。馬は、昼も夜も縦横無尽に山野と畑を走り回り、どんなに腹を叩いても手綱を引いても鎮まらなかったのだ。三日目の早朝、リンツ市のカルバリエンベアク教会の朝の鐘が鳴った時、彼が十字を胸に切ると、突然、走っていた馬の背から降り落とされ、下の岩場に転がり落ちた。全身を強く打ったものの命だけは助かり、そこからほうほうの態で帰宅したという。

この馬は、土地の人びとから「悪魔」と呼ばれる荒馬で、悪魔自身が馬に化けていたらしいといわれる。

84　魔弾の射手と悪魔

死者山脈（トーテンゲビルゲ）は名前こそおぞましいが、自然のままの露出した岩肌の迫る巨大な岩塊にすぎない。その近くの森の奥深くに、貧しいきこりの一家と若者が住んでいた。若者はきこりの仕事に精を出さず、森を駆け巡っては、鹿、かもしかなど野生の動物の狩猟に情熱を注いでいた。彼は、三度の飯より狩猟が好きで、他の狩人が考えもつかない新しい方法の狩猟を大胆に試みるのが好きだった。

ある日、彼が一人でアルプスかもしかを追っていると、悪魔が、黒い狩人となって彼の前に姿を現わした。悪魔は、彼の狩猟の情熱に敬意を表して、魔弾をこめた猟銃を二十年貸そう、と持ちかけた。それを使えば、どんな獲物でも決してはずれることなく倒せるのである。彼は大喜びで、悪魔との取り引きに応じ、契約書に署名し、色あせた銃をもらった。悪魔はさらに、他の狩人が近づいた時に、木に変身できる魔法も与えた。その代わり、今からちょうど二十年後の深夜十二時と一時の間に、悪魔はこの地点で彼の魂をもらうことになった。若者は、深く考えずに承知し、悪魔と別れた。

それからというもの、彼は森一番の狩人として雷名をとどろかせた。彼に倒せない獣は一匹もいなかった。さらに変身の術で木に化けるので、誰も害を与えることができないのだった。彼は二十年間、狩猟に生き、獲物を売って多大な利益をあげることもできた。

二十年後の約束の日が近づくと、狩人は智恵を働かせ、悪魔の手を上手に逃れようとした。彼は、隣人に同行を頼み、聖別した白墨と聖水を持って、約束の日、約束の地点へ約束の時間の一時間前に行った。そして、木に変身すると、幹の上に聖別した白墨で三つの十字架を描いて、その上にたっぷりと聖水をかけてもらった。

十二時の鐘とともに悪魔が現われ、木に変身した狩人を見ると、にやりと笑って倒そうとした。しかし、十字架と聖水で聖別してあるので、悪魔がどんなに頑張っても、木を倒すことはもちろん、傷つけることもできなかった。悪魔は、一時間、あらゆる方法を試みたが成功せず、一時の鐘とともに怒りながら消え失せた。

狩人は、その後も仲間たちと、一生狩猟を楽しんだという。

85　聖ウォルフガングと悪魔

ドイツのレーゲンスブルク市のウォルフガング司教は死後、聖人として崇められるが、生前は司教という高い地位を捨て、隠者として森の奥深くに住むことを好んだ。人びとが、彼に司教館に戻ってくれるよう頼んでも、彼は首をたてに振らなかった。そして、森の奥の小さなアーバー湖を見つけると、その北岸の「鷹の岩」にある洞窟に住んだ。五年間、彼は隠者として、貧しい人や訪ねてくる人びとを助けながら、自然と共存する生活を営んだ。

悪魔は、人びとがいつも列をなして鷹の岩を訪れ、慰めと喜びを見出して帰って行くのを見て、邪魔をしようと考えた。ある時司教は、うっかり寝過ごしてミサの時間に遅れたので、後悔と懺悔から岩に頭を打ちつけたが、岩はまるで牛乳のように柔らかくなり、司教の頭は少しも傷つかなかった。これを見ていた悪魔が、上から巨大な岩塊を司教めがけて投げつけたが、岩塊はまるで毛糸玉のようにふわりと司教の頭に乗っただけだった。

ところで司教は、この森にも人びとの寄り処となる教会を建てようと思い立ち、手にしていた斧を投げ、それが落ちた場所を教会の建設地とした。斧は、アーバー湖の突鼻に落ちたので、司教は自らそこへ赴き、木を切り倒して教会を造り始めた。

彼が、最初の石と木をそこへ運ぶや否や、また悪魔が現われた。司教は、それが悪魔であることを知りながら、平然と教会建設の手伝いを頼んだ。悪魔をすばらしい大工だとおだてて、その奸知をかわそうと考えていたのだ。悪魔はおだてに乗って手伝い始めたが、石運びも木の伐採も、すぐ嫌になってしまった。そこで悪魔は、もしも司教が、完成した教会に最初に入ってきた神の創造物の魂をくれるのなら、自分の魔力ですばらしい教会を造ろうと申し出た。司教はそのおもしろい取り引きに応じた。

すると、悪魔は、山と谷を駆け回り、たった一晩で美しい教会を完成させた。司教は目を輝かせて喜んだ。悪魔はほくそえんで教会の前で待ち伏せ、最初に訪れた人の魂を奪い取ろうとした。しかし、人びとは遠くから美しい教会に見とれるばかりで、なかなか中に入ろうとしなかった。悪魔は焦燥にかられ、火のように怒って司教のもとへ行き、報酬の魂を要求した。

すると司教は、落ちつきはらって、報酬の神の創造物はすでに教会の中にいるから、その魂をつれていくように言った。悪魔が大喜びで教会の扉をあけると、いつのまに司教が入れておいたのか、祭壇の前に恐ろしい狼が牙をむき出し、目をらんらんと光らせて悪魔をにらみつけていた。これでは契約違反だ、と怒る悪魔に、司教は恥もせず、狼も神の創造物のひとつだと言ってのけた。その言葉に相違はないので、悪魔もけちのつけようがなく、吠えかかる狼を尻目に地獄へ逃げ帰った。司教は、狼を森へ放してやってから、人びとを教会に招じ入れ、祝福を与えたという。

86　十二夜と野猟

サルツカンマーグート地方のトラウン湖畔にはエーベンという町がある。

その町で、かつてある農家が一匹の大きな強い犬を飼っていた。番犬として主人に忠実で、一度ならず泥棒を追いたて、家族を守り、火事で燃えている家から家族を救った。しかし冬が訪れ、十二夜（一八頁6話参照）の晩になると、「野猟」の一団に向かって落ちつきなく吠えたてるようになった。野猟は、十二夜を中心に冬に訪れる荒々しい魑魅魍魎の一団で、ごうごう吹き荒れる風と共に天を駆け巡り、行き交う人びとに害をなす恐ろしい存在であった。

犬は、十二夜になると、いつもと違って人を寄せつけず、ものも食べず、一日中うなり、あたかも野猟とともに天を駆け巡りたがっているようだった。

このようにして一年、また一年と過ぎ、人びとは、それがこの犬の習性なのだと思うようになった。ところが、ある年、例年より激しい十二夜が訪れ、犬は忽然と消え失せてしまった。農家の老女は、あまりにも風の激しいその晩、眠りつかれずに窓際に立って外を見ていたので、犬が野猟の一団とともに空へ昇っていくところを見てしまった。一番下の男の子も、雲の中から犬の吠え声を聞いたと言い張った。

農家の主人は、それを信じなかったが、十二夜の終わった翌朝、一月七日に、戻ってきた犬を見ると、以前とはすっかり変わっていた。毛の色はあせ、目だけは燃える石灰のようにぎらぎらと光り、人が少しでも触わると激しく吠えたて、餌をがつがつと食い、新しく飼った犬をかみ殺して骨までしゃぶりつくし、家の鶏と猫も同じように食い殺された。家族は、日曜日になると、犬が玄関に立ちふさがりうるさく吠えたてるので、教会のミサにも行かれなくなった。隣人がこれに気がついて、犬を鎮めようとすると、逆に吠えかかって追い払った。

もてあました家族は、犬を毒殺しようとしたが、犬は一口含むと餌を持ってきた下男にかみついたので、下男に毒が回り死んでしまった。

農家の主人は、十二夜の野猟に従っていった者は、悪魔になるという古い言い伝えを思い出した。これを殺すには、聖なる弾で射つしかないというのだ。主人は、犬に聖水をかけると、犬はそのまま動かなくなったので、神父に弾の聖別をしてもらい、犬を殺した。最後の瞬間に犬は、良い犬に戻り、尻尾を振って一番下の男の子の手をなめて死んだ。

犬の死後、人びとは雲の中に犬の声を聞き、巨大な犬の影が空を流れるのを見た。

年月が過ぎ去り、一番下の男の子も一人前の農夫になった。不思議なことに、彼とその一家は、信じられないほどの幸運に恵まれていた。人も家畜も一度も病気にならず、雹の害もなく、収穫はどこよりも豊かだった。死んだ犬が一家の守護となったのであり、農夫が年とって死んだ時には、再び空に犬の影が現われた。

この犬の影は、「エーベンの犬」と呼ばれ、その後も人びとに危険を知らせた。

きこりが倒木の下敷になった時には、大きな黒犬が彼を救い、赤子がふとんで窒息しそうになった時には吠えて家族に知らせ、湖で子供が溺れた時には、跳びこんで救った。人びとは、野猟のために悪魔になってしまった犬に、一番下の男の子が同情したので、犬はそれに返礼したのだと語りあった。

人びとは今も、十二夜の颪の中にこの犬の声を聞いている。この犬は、この世とあの世のふたつの世界を往復していて、十二夜になると、この世に戻ってくるのだという。

87　蛇の女王の祝福

ミュール地方の森の貧しい村に、欲張りな農婦が住んでいて、貧しい孤児の女の子を下働きとして使っていた。その娘は、母親が死んで、ここに引き取られてから、毎日一生懸命働くのだが、叱られてばかりいるので、辛い思いをしていた。彼女は馬小屋で寝起きしなければならず、食べ物は残りもののパンだけだった。

ある晩、庭でパセリとにらを摘んでいた娘は、宝冠を頭にのせた白蛇を見つけた。もしも農婦に見つかったら、蛇はすぐに殺されると娘は考えて、自分のエプロンに隠して牛小屋につれて行き、牛乳を与えた。そして毎日、蛇に牛乳を与えているうちに、娘は蛇に慰めを見出すようになった。そして彼女自身も、どんどん丈夫になり、外見もよくなり、仕事もてきぱきとできるようになった。農婦はこれがしゃくに触わり、いよいよ辛く当たった。

ある日、行商人がこの農家を訪れ、いろいろな品物を並べたが、娘をはじめ下働きは一文も持っていないので、何も買うことができなかった。行商人が、農婦の吝嗇をとがめると、農婦は、悪いのは下働きの方だと頭ごなしにきめつけた。娘の母親が貧乏な校長と結婚して、財産を残さずに死んだから悪いというのだ。娘が丈夫になったのも、自分の食糧を盗んだからだろうと言い放った。

しばらくして、行商人が再びそこを訪れた時、娘が蛇に牛乳を与えていることが、農婦に見つかった。農婦は娘を泥棒呼ばわりにして蛇を殺そうとしたが、その時、足を滑らせて骨を折ってしまった。行商人は、蛇の女王を殺そうとした罰だと言って、その話を語った。

蛇の女王は、自分に親切にする者には幸運を授け、殺そうとする者には不幸を与える。

あるボヘミアの侯爵の娘が、黄金の馬車である農家の前を通り、牛乳を所望した。農家の娘は、蛇の女王にも牛乳を分け与えるように頼んだが、侯爵の娘は冷酷にも蛇を殺してしまった。すると、それからいくらも走らないうちに、黄金の馬車もろとも侯爵の娘は沼に落ちて溺れてしまった。

また、蛇の女王の黄金の冠は、持つ者のどんな望みも叶えてくれるが、それは蛇の女王から喜んで与えた場合に限る。

ある兵士が、悪知恵を使って、牛乳で蛇の女王をおびきよせ、紫色は王者の象徴だから、と蛇の女王を騙して紫色の布で女王の宝冠を包みかくして、そのまま馬に乗って逃げた。すると、あらゆる蛇という蛇が彼の馬にまとわりつき、彼を引きずり落とそうとした。そこで、宝冠が入っているように見せかけて、紫色の布だけ蛇に投げたので、蛇は布に跳びつき、兵士はそのすきに逃げのびた。しかし、その後、その兵士がどうなったのか誰にもわからない。女王の冠を手に入れても女王の祝福が伴わないかぎり、幸運は授からないのである。

行商人の話は、ここで終わったが、下働きの娘は、ほとんど聞いていなかった。農婦もその話を鼻で笑った。しかし、農婦の折れた足は治らず、蛇の女王が去った農家には、不幸のみ残った。家畜は病気になり乳を出さなくなり、貯えた財産はすべてねずみが食い荒し、みるみる貧乏になった。農婦は、すべてを下働きの娘の責任にして、追い出してしまった。

それは寒い冬の日のことで、追い出された娘が道端で泣いている時、どこからか蛇の女王が現われて、彼女の膝の上で頭を振って王冠を落とし、そのまますると、どこかへ姿を消してしまった。それからというもの、娘は幸運に恵まれて、一生幸福に暮らしたという。

88　アタ湖の黒死病

黒死病といわれたペストがオーストリアを襲った時、上部オーストリア州も逃れるすべはなく、人びとは次々と倒れていった。ペストに効く薬草や、あらゆる迷信的なまじないまで試みられたが、すべては水泡に帰した。サルツカンマーグート地方のアタ湖畔でもペストに見舞われて、生き残ったのは、女が一人、湖の対岸に男が一人だけだった。

二人は、湖を隔てて生き残ったため、互いの存在を知らず、生存者は自分だけだと信じて、それぞれ寂しく暮らしていた。二人とも死んだ家族や友人を懐かしく思い出し、昔に戻りたいとため息をついていた。女は、どこを向いても誰もいないので、自分も死んだ方がよかったと思ったほどだったが、男には犬が一匹生き残ったので、話相手にして孤独をまぎらしていた。そして、一人で畑を耕やし、乳を搾り、生活を営んでいた。

ある夏の暑い日、女は湖畔で洗濯をしてから、鍋に水を入れて火にかけた。一方、男は、犬のために魚を獲ってやろうと思い、小舟で湖に乗り出した。湖の中ほどまでくると、魚が獲れたので、火打ち石で火をおこし、小舟の上で焼いて犬に食べさせた。犬は大喜びで食べていた。

その時彼は、対岸から煙が上がっているのを見つけた。不審に思い、小舟を漕いで対岸に近づくと、湖畔の一軒の家の煙突から煙が出ているのが見えた。誰か生き残りの人がいるのだと知って、彼は一刻も早く会いたいと思った。

ちょうど男が魚を焼いている時、女は鍋を火にかけたまま、勘のようなものがはたらき、湖畔に出てきた。そして、沖の小舟から立ち昇る煙と、こちらへ漕いでくる男の人を見た。彼女は夢かと思い、自分も小舟に乗り、沖へ向かって漕ぎ出した。

二人が互いに相手の姿を認めるまでにそれほど時間はかからなかった。相手が生きた人間であることを知ると、互いに涙を流して喜び、孤独を慰めあった。

やがてこの二人が結婚し、その間に子供が生まれ、しだいに子孫が増え、再びアタ湖畔に町が造られたのである。

89　ウェルス町の薬草女

ウェルスの町に住んでいたバーバラは、気立てがよく親切なだけでなく、あらゆる薬草をよく知っていて、それを使って人や家畜の病気を次々に治していた。

人びとも最初は、彼女を頼り、病に倒れると彼女を訪ねて薬草を施してもらい感謝していたが、あまりにもよく効くので妬む人も多かった。彼らは、彼女は悪魔と契約を結んでいるので、どんな病気でも治せるのだと言いふらした。

ある晩、彼女の家に一匹のすばらしい白馬を引いた男の人が現われた。白馬は重い病気にかかっていて、どの医者からも見放されていた。飼い主は、バーバラの噂を聞いて、ここまでつれてきたのだった。バーバラは、馬の治療を引受け、夜昼薬を与えて看病したので、馬は全快し、飼い主は大喜びでつれて帰った。

その後まもなく、その土地に伝染病が広がった。バーバラを妬む人びとは、彼女は悪魔の力を借りた魔女なのだから、天がそれを罰するために伝染病を村に送ったのだと言いふらした。村人はそれを信じてしまい、バーバラさえ殺せば、村の魔女がいなくなり、天の怒りもとけて、伝染病もおさまると言いあうようになった。

ちょうどこのころ、バーバラの家事を引き受けていた老女が死んだ。臨終に、彼女はバーバラに厚く看病の礼を言い、この後、バーバラにふりかかるどんな災難も、神が守って助けてくれることを予言した。

その間にも、村の人びとはバーバラを焼き殺そうと、彼女の家の囲りに焚木を積み上げて火をつけた。燃え上がった炎が家を包み、バーバラは助けを求めて叫んだが、村人はきかなかった。

その時、遠くから馬のいななく声がしたかと思うと、一頭のすばらしい白馬が疾駆してきて、あっと言う間に、燃える家からバーバラを救い出して、どこへともなく駆け去っていった。人びとは、その出来事に、体が麻痺したように動かなくなり、自分たちの過ちに気がついたが、口には出さなかった。そして、夢だったに違いない、と言いあったが、焼け落ちた家の後には、バーバラの死体はなかった。

教会が魔女狩りを行なっていた当時、バーバラのような薬草の効き目を知っている優れた人、治癒力のある鉱泉を使って病気を治せる人、あるいは特に上手なバター作りなどは、周囲の妬みを買い、でたらめな噂を証拠として、教会と神の名の下に魔女とされて、火刑に処せられた。しかし、それらはすべて無実の人びとで、教会の説く悪い「魔女」は、実際には一人もいなかったという。

五　シュタイアマルク州

90　巡礼地マリアツェルの地獄の門番

オーストリア第一のマリア巡礼地、マリアツェルの近郊には、ミッテルバッハという村があり、村の小さな食堂では、日曜日や祝日になると近隣の若者たちで賑わっていた。彼らは、酒が入ると陽気な気分がさらに盛りあがり、乱暴狼藉にまでおよぶこともあった。その中で、セップというきこりの若者はとくに荒々しく騒ぎ、人びとから「悪魔のセップ」と呼ばれていた。

ある五月のキリスト昇天祭の祝日に、セップは、灰緑色の上着、赤いシャツ、皮の半ズボン、緑の靴下、先の尖った靴、アルプスかもしかの鬚の束をとさかのように挿した帽子というういでたちで、教会へ行く人びとをからかい、脅しては喜んでいた。そして、酒場を次々に飲んで回り、まじめな話を笑いごとにしながら楽しもうとした。しかし、周囲は軽蔑し迷惑がり、相手になる者はなく、昼すぎには満たされない思いで家路についた。

家に帰る途中も、その不満を解消させようとして、行き交う人ごとに、祝日なのだから騒ごう、と荒々しくけしかけた。しかし、誰からも無視さ

108 シュロッスベアク山の

れ、この村には満足な者はいないと憤満やるかたなかった。仲間のきこりが、神の祝日に酒を飲んで騒ぐものではないと戒めた。すると、彼は、頭からそれを馬鹿にして、祝日だからこそ、陽気に騒いでよいのだということを皆に見せるのだと得意になった。そして、どこかに必ず自分と同じ考えの者がいるに違いないと信じきって、村中を走り回り、森の中へ入っていった。

そして、それっきり、セップの姿は消え、何日たっても戻ってこなかった。人びとは彼の行く先をあれこれ考えたが、どこにもいなかった。

三年が過ぎ、再びキリスト昇天祭の祝日が訪れた。人びとが再び、マリアツェル教会を訪れると、道端の小屋からセップが現われた。彼は体中、すすと汗まみれだった。人びとが、三年間も留守にした彼の行く先を訪ねると、セップは疲労で口もきけないようすだったが、喉の渇きを癒すために何杯も水を飲むと、やっと舌が回るようになった。

三年前のこの日に、彼がいっしょに騒ぐ仲間を求めて森へ入ると、一人の男に呼び止められた。仲間かと彼が期待すると、反対に、彼の足許の地面が割れ、地獄につれていかれた。そして、神と祝日を馬鹿にした罰として、地獄の入口の門番を命ぜられた。食べ物は十分に与えられたが、飲み物がなく、地獄の炎熱と酷暑のなかで、汗が滝のように流れ、喉の渇きに耐えられなかった。そのうえ仕事中には一睡もできなかった。次から次へと、休みなく人びとが地獄に落ちてくるので、眠る暇がないのだ。今日でちょうど三年たち、罰の期間が終わったので、地獄の主人に眠ることを許された。そして、彼が目を閉じた瞬間、村に戻っていたのだった。

セップは、服を着かえて、マリアツェル教会のミサに行き、以後、まじめな人間となった。

91　ダッハシュタイン山の悪魔の馬

ゲルマン民族の雷神トールの居城とされる地は、オーストリアに何カ所もあり、その代表的なものが、標高二九九六メートルのダッハシュタイン山である。

その山麓のラムサウ村に、遊び好きの農家の若者が住んでいた。彼は仕事という仕事を嫌い、毎日、居酒屋に入り浸り、飲んだくれていた。

ある晩遅く、居酒屋の主人は、彼を追い立てて、店を閉めようとした。若者がようやく腰を上げて出ていき、店内に誰もいなくなると、耳障りな豪音が聞こえてきた。店内は異常がなかったが、主人が窓から外をのぞいた時、恐ろしい光景が目に入った。外の道を骸骨の馬に乗り、やせた背の高い男が通り過ぎた。男はあたかも熱した鉄の囲りに炎がゆらめくその影のようで、実際彼の周囲には紅蓮の炎が燃えていた。男の頭は骸骨で、透明な体の皮膚の下にも骨が見えていた。うつろな目には青い炎がちらちら燃えていて、とんがり帽子に赤い羽を挿し、手には真赤に燃えたむちを持っていた。

馬の尾から鉄の鎖が伸びていて、先程の怠惰な若者を含めた六人の男がつながれ、先頭の男の鞭で打たれるごとに地に倒れ伏していた。店の主人が、ぎょっとした瞬間、地獄のお練(ね)りは消えていた。

その同じ時刻、村の鍛冶屋には、不思議な事が起こった。鍛冶屋は、訳のわからない力にあやつられ、六組の蹄鉄とそれを打つ釘、ハンマーなどの鍛冶道具を持って、戸外へ呼び出された。そして、骸骨の馬の騎手から、鎖につながれた六人の両足に蹄鉄を打つように命ぜられた。鍛冶屋が言われたとおりにすると、騎手は金貨の袋を投げ与え、闇に消えていった。鍛冶屋の足許には十二枚の金貨があり、夢でないことだけはわかった。彼はよろめきながら家に入り、ベッドに倒れ込んだ。翌朝、目が覚めた時、金貨は牛の糞に変わっていた。

その晩、ダッハシュタイン山頂では、前代未聞の激しい雹が降った。ラムサウ村も、雹のため果樹や作物に大変な被害がでた。そして、翌朝第一番にダッハシュタイン山に登った狩人は、山頂付近で不思議な蹄鉄の跡を見つけた。そこは、道が狭く険しく、人は登ることができても馬が行くことは不可能な場所であった。居酒屋の主人と鍛冶屋はそれを聞いて、昨夜の事件を思い起こし、山頂から若者が地獄へ連れていかれたことを知ったという。

92　セックアウ村の悪魔の山

今から百年ほど前、セックアウの村に住んでいた女の子が、夏至の朝、伯母を訪ねるために家を出た。彼女は、山の向こうに住んでいる伯母の家まで一日で往復するつもりだったので、ガムスコーゲル山の険しい道を通り近道をすることにした。

山道は夏を迎えて爽快で、快晴の空の下を彼女はどんどん登っていった。すると、彼女の背後から、一人の老婆が杖をつきながら同じように登ってきた。女の子はそれまで老婆に気づかず、地から突然現われたのかと思ったほどだったが、親切で人なつこい彼女は老婆に声をかけていっしょに登ることにした。

二人は楽しく笑いながら山を登っていったが、まもなく女の子は、伯母の家に行く道からはずれていることに気づいた。老婆は先に立ってどんどん登るばかりか、よぼよぼの老婆にしては、不思議なほど達者な足どりであった。けれども悪い人間には見えなかったので、女の子もそのあとについていった。やがて昼になり、女の子は持っていた弁当を老婆とともに食べた。老婆は非常に喜び、さらに元気になって山を登った。

いつのまにか、山道は終わり、二人は切り立った崖の下へ出ていた。女の子は、もはや山を登るすべのないことに気づいたが、老婆は、岩肌に三度指を触れた。すると、岩肌に扉が現われ、開けるとすばらしい洞窟が目の前に開けた。洞窟の床と壁は純金の彫刻で覆われ、天井は輝く宝石の鎖が三重にも巡らせてあり、その鎖は床にまで届くほど長かった。

女の子が、驚きのあまり我を忘れていると老婆の姿は消え、狩人が立っていた。狩人は親しげに女の子にあいさつし、好きなだけ金と宝石を持っていくように勧めた。女の子は大喜びで、エプロンとポケットにいっぱいに宝石と金をつめ、狩人に礼を言うと洞窟を出た。

ところが、洞窟を出ると、周囲のようすがおかしかった。女の子が洞窟にいたのは、ほんの二、三時間だけなのに、あたりの草や木は枯れはて、氷のような冷たい風が吹きつけ、日も暮れかかっていた。彼女は、一体どうしたのか、と思いながら、伯母の家に行くのはやめて家路についた。

女の子が家に着いたのはもう真夜中で、家は死んだように暗く、静かだった。不安になって扉を叩くとようやく灯が灯り、父母が出てきて、彼女の姿を見るとびっくりした。両親は、女の子が夏至の朝、伯母の家に行くといって出かけたまま帰らず、半年も過ぎ去ったので、山で死んだのだろうとあきらめていたのだった。女の子が洞窟にいたのは、ほんの数時間だったのに、外の世界では半年も過ぎ、冬至になっていたのだ。

ともあれ、両親は彼女の無事な帰宅を喜び、女の子は、山の老婆と狩人、そして金と宝石の洞窟の話をして、土産の金と宝石を見せた。その日から、貧しかった女の子の一家は、村一番の大金持ちになった。

この話が村中に広まると、欲張りな人びとが続々と山へ登った。しかし、老婆と狩人に出会った人はなく、空しく村に戻ってきた。ただ一人だけ、山に行ったきり、戻ってこない若者がいたが、彼は崖近くの岩の裂け目でばらばらの死体となって見つかった。彼は宝の洞窟にたどりついたらしく、ポケットには金がつまっていたが、欲得づくであったため命を失ったと思われた。この事件後、人びとはそこを「悪魔の山」と呼ぶようになった。そして狩人は悪魔で、老婆は悪魔の祖母と噂したが、親切な女の子にあれだけ礼をしたところから、実際には山の精だっただろうといわれる。

93　シェッケル山の山の精

標高一四四五メートルのシェッケル山は、土地の人びとから、さまざまな鉱脈を包蔵しているといわれていた。そこで、イタリアから毎年何人も商人や鉱山師と思われる人びとが訪れて鉱脈を探していたが、発見した人はいなかった。土地の人びとは、当てにならない鉱山で一獲千金をねらうより、実直に畑仕事と牧畜に精を出して確実な収入を得る方を望んでいたので、イタリア人にも関心を払わなかった。

ある農夫も、生活に不自由ない収入があったので、金持ちになる必要はないと考えていた。彼は、鉱脈が発見できずに発狂した人も見ていたので、堅実な生活を選んだのである。

けれどもある日、二人のイタリア人が、こそこそ森へ入っていくのを見かけた時、あまりにも秘密めいたその態度に不審を感じて、追跡を始めた。二人の男は山の奥深く入り、農夫が二人を見失った時、彼は山の洞窟の入口に来ていた。噂では、そこにこそ山の宝がかくされているといわれていた。農夫が洞窟の上から、中の深い淵をのぞきこんだ時、うしろから、悪魔のような高笑いとともに、頭を殴られ、深い穴の底へ落ちてしまった。二人のイタリア人が土地の人間に鉱脈を先取りされないように、男を穴へ突き落としたのだった。

穴の底に落ちた農夫は、しばらくして意識を取り戻し、たいした怪我をしていないことに気づいてほっとした。しかし、それも束の間、あたりは真の暗闇に包まれ、一筋の光も射していなかった。彼は大声で助けを求めたが、自分の声がこだまするだけだった。彼はなんとかして、そこから出る方法を構じようと手さぐりで岸壁を探った。

その時、彼方から紫色の光がかすかにちらつくのが見えた。光はどんどん近づき、あたりが明るくなると、彼は、自分が宝の洞窟にいることがわかった。天井も壁もルビーや水晶で燦然と光り輝き、彼の前には銀色に光る地底湖が広がっていた。そして、湖面を紫色の灯を灯した小舟が、彼の方に近づいてきた。小舟のマストと櫂は純金で、青い帆がひらめき、帆から真珠の水滴が滴っていた。小舟を漕いでいるのは緑の上着にエメラルドなどの宝石をちりばめ、さんごのベルトをしめて、宝石の帽子を被った山の精だった。彼はまだ若者に見えたが、山の精は永遠の若さを保っているので、千年生きても若々しいのだった。そして、その姿には威厳と品位があった。

「地上の息子よ。私の帝国に何の用だね」

と山の精に尋ねられて、農夫は、二人のイタリア人に穴の底へ突き落とされた転末を説明した。しかし、山の精は、疑わしそうに首を振り、地上の人間は必ず宝めあてに訪れると言って、彼のポケットを指さした。するといつのまにか、農夫のポケットには金と宝石がぎっしり詰まっていた。

農夫は、金や宝石よりも女房と子供のところへ帰してくれと懇願したので、山の精にも彼の気持ちが伝わった。山の精はにっこり笑い、宝石と金は持っていってよいが、実直堅実に生きないかぎり、宝は消えると警告して、再び小舟を漕いで去っていった。

と同時に、農夫は見えない力でぐっと引き上げられ、気がついたときには洞窟の入口に横たわっていた。彼は我に帰ると、一目散に家に戻った。妻と子供に洞窟の出来事と山の精の話をすると、最初は半信半疑だった妻子も濡れた服のポケットが金と宝石であふれていたので大喜びした。彼らは大金持ちになったが、山の精の警告を忘れずに、おごることなく、実直に堅実に働き、幸福な一生を終えた。

一家の幸運が村に伝わると、人びとは欲にかられて、山の精の洞窟へ続々と押しよせた。しかし、そのような自己中心で欲の皮をむき出しにした人びとは、山の精に会うことも、金や宝石を得ることもなかったという。

94　グリミング山の小人

エンス川に沿ったトラウテンフェルスの村に、

ある少年が住んでいた。彼はどんな仕事もできなかったので、村人から馬鹿にされていた。そして、家畜番なら楽な仕事だから勤まるだろうと、牧草地に追いやられていた。彼の両親は、できの悪い息子をいつもこぼしていた。

さて、村はグリミング山の麓にあり、土地の人びとは、それを何より誇りにしていた。山が宝物を蔵していると信じていたからである。少年も、祖母から、一年に一度「山の扉」が開き、うまくそこに居合わせた人は、幸運をつかめると聞いていた。そこで少年は、山の隠された宝を発見して、人びとの役に立てたらどんなに有益だろうと考えていたのだが、誰に話しても、本気にされなかった。

ある日、少年の牛が暴れ出し、群れから離れて走り去っていったので、少年は追いかけて山奥に入り、いつの間にか祖母の話していた山の扉の岩壁まで来てしまった。すると、いつもは岩肌の見えている岩壁に、ぽっかり穴があいていて、小人が出てきて彼を洞窟に招いた。

少年が洞窟に入ると、中では小人たちが忙しく鍛冶や採鉱に働いていた。金銀宝石が至る所に山と積まれていた。少年が驚くひまに、小人は少年に金銀宝石を持ち帰るか、鍛冶の技術を習いたいか、と尋ねた。少年は技術を身につけたいと答えた。小人はにやりと笑い、よい選択だとほめたが、まず横になって休むように勧めた。少年はいわれるとおり横になって眠り、夢の中で小人からあらゆる鍛冶の技術を習った。夢からさめた少年は、小人に言われて洞窟を出た。

少年は家路につきながら、わずか数時間眠って夢を見ていただけで家に帰されたのは、自分に才能がなかったためか、と失望していた。家に着くと、両親から、一年間も行方不明で一体どこで何をしていたのか、と責められた。両親の話では、ちょうど一年前のその日に、少年は牛をそのままにして姿を消し、消息不明になったという。少年は山の洞窟と小人の話をしたが、両親にも村人にも、たわ言だと笑われ、信じてもらえなかった。しかも、一年間も留守にしたので、家畜番も別の人になり、少年は職を失ってしまった。そして貧乏な少年の家ではこれ以上彼を扶うだけの余裕がないと両親はこぼした。

そこで少年は一人で家を離れて、職探しに町へ出た。町の鍛冶屋の前を通りがかった時、彼らの仕事ぶりを見て、小人の洞窟で見た夢を思い出した。しかし、職人の鉄の打ち方が小人の方法と全くちがっていて手間のかかるうえに、仕上がりもよくないことに気がついた。そこで彼はつかつかと鍛冶屋に入り、職人から金鎚とやっとこを受け取り、小人の方法をやってみせた。はじめは図々しい小僧だと不満だった職人も親方も、少年の打ち上げた鉄の素晴らしさに驚嘆してしまった。まだ子供なのに、鍛冶場の誰よりも完成度の高い道具を造り上げたからである。

少年が鍛冶屋で働くようになると、その優れた鉄製品を買い求める人びとがどっと押し寄せ、鍛冶屋は大繁盛した。彼の作る犂（すき）や鍬は、楽に土を掘り起こすことができ、包丁は最高の切れ味をみせたからである。

やがて少年の作品は伝説となり、彼の仕事を見たい、という人びとも大勢現われたが、誰一人として彼と同じ腕を身につけることはできなかった。彼は鉄だけでなく、金銀細工も見事にこなし、親方も舌を巻いた。親方は金銀細工にはまだ手を染めていなかったからである。少年はそのまま親方となり、自分の鍛冶場を持ち、最高の製品を次々に造り上げたので、大金持ちとなった。

彼が錦を飾って帰郷した時、両親は大喜びし、かつて彼の無能さを笑った村人は深く恥じたという。彼は一生、優秀な鍛冶屋としてまじめに働き、年をとって臨終を迎えた時はじめて、人びとに、小人の洞窟で鍛冶を修業した秘密を打ち明けた。人びとはそれを聞いて、こぞってグリミング山へ出かけたが、誰一人小人に会った人はいなかったという。

95　アルツベアク山の銀の小人

かつて、ヤコブという鉱山師が、アルツベアク山に銀鉱脈を探し求めて歩き回っていた。

　彼の勘では、確かに山中に銀の鉱床があると思うのだが、容易なことでは発見できなかった。彼は土地の農家に宿を借りていたので、毎日、無為徒労、疲労困憊して戻ってくるヤコブの姿を見て、農家の主人は、銀鉱脈をあきらめるように説いた。しかし彼は、無一文になっても銀鉱脈の探索をやめなかった。

　ある日、地下を掘り続けてくたくたになった彼は、山の空地で眠り込んでしまった。目が覚めたのはすでに夜中で、満月であった。彼は、月明りを頼りに家路についたが、二、三歩も行かないうちに、木立の間からちらちら光が漏れ笑い声が聞こえてくるのに気づいた。彼は木立の陰から声と光の方向を窺うと、空き地で小人の鉱夫が働いていた。彼らの服は銀でできていて、月光の下にきらきら輝いていた。小人たちは、岩肌を削り鉱石を採掘しているのだが、そのようすは遊びに興じているように楽しそうだった。

　そのうちに小人の一人がヤコブに気がついた。ヤコブがあわてて逃げ出すと、小人は背後からばらばらと小石を投げ、追いかけてきた。ヤコブはやっとのことで宿に帰りつき、小人の投石を逃れた。

　翌朝、宿の外に出たヤコブは、玄関の前に落ちている小石を拾うと、それが銀であることに気づいた。昨夜小人は彼をここまで追いかけながら小石を投げたので、山まで銀の小石が点々としていたのだ。ヤコブは、銀鉱脈に違いないと思い、小石の跡を辿っていった。そして、前夜、彼が銀の小人を見かけた空き地の岩壁を採掘した。するといくらも掘らないうちに、銀鉱脈に当たった。

　銀鉱山の所有者となったヤコブは大金持ちになり、自分の屋敷も持った。彼の銀鉱山の近くにはシュトゥーベン伯爵の城があり、当時の貴族の権利として、近隣の土地からの収穫は、農作物でも鉱物でもいくばくかの冥伽を受けることができた。伯爵は温厚な条理を立てる人柄だったため、ヤコブと協定を結び、ヤコブも相応の冥伽金を納め、うまく事を運んでいた。

けれども、彼の幸運を妬む人もいた。伯爵家の管理人は、ヤコブの富と伯爵からの信頼を妬み、伯爵が出征している間に、家の管理を任されたのをよいことに彼を不当に糾弾した。管理人はヤコブが銀山の所得をごまかしていたとにせの証拠を作り、彼の友人をも味方につけてヤコブを追いつめ、逮捕させた。

そして、管理人はヤコブの銀山を自分のものにしようと、銀坑へ下りていった。するとまもなく小人が現われ、灯をともして銀坑の奥へ奥へと案内した。銀坑内は天井も壁も床も厚い銀で、管理人は欲につられて、小人の言うままに奥底まで行ってしまった。すると突然、灯が消え、小人もいなくなった。真暗闇に一人取り残された管理人が必死で助けを呼ぶと、周囲や背後で小人たちのあざ笑うような声が響いた。管理人はなんとか出口を探そうと手をつくしたが、坑道の奥底で死んでしまった。ヤコブと彼の鉱夫たちはそれで一息つくことができた。

やがて、伯爵が戦争から戻ると、すぐにヤコブは牢から出され、彼の銀山を取り戻した。ヤコブはその後も小人の守護によって、銀山を経営し幸福な一生を送った。山の小人は本当に堅実な欲のない正しい人のみを助けるのだといわれている。

96 ツァイアリング鉱山の銀の小人

かつて、ツァイアリングの銀鉱山は、一四〇〇人もの鉱夫が採掘に従事する豊かな鉱山だった。鉱夫は良い賃金で贅沢な生活を送ることができた。しかし、贅沢な生活は、鉱夫たちに酒と賭博を覚えさせ、大胆で傲慢な人間にしてしまった。彼らは庶民の服を嫌がり、貴族の着る絹やビロードをあつらえ、上等のぶどう酒をあおり、貴族の食卓のような山海の珍味を賞味した。禁猟の川から最も美しい鱒や鮭を取りよせ、最上の肉を吟味した。それだけでなく、山や川をあらゆる軽率な行動で荒らし回った。

ある日、一四〇〇人のうち十四人が、仕事中に抜け出し、森の中で乱暴狼藉を始めた。すると、彼らの前に銀のように白く輝く小人の老人が現われた。小人のマントも帽子も銀色に輝き、髪も鬚も白く、燃えるような鋭い目をしていた。鉱夫たちは、小人の威厳に押されて、悪戯をしかけたりからかったりすることができなかった。小人は、鉱夫たちのおごりを極めた生活や、山川を荒らす心ない行為に怒り、七年間かけて山と川を元の状態に戻し、贅沢三昧と心の傲りをやめないかぎり恐ろしい災いが降りかかる、と警告した。

小人が消えた後、鉱夫たちはさすがに衝撃を受け、身を慎しもうとした。しかし、数カ月たつとすっかり忘れ、以前より傍若無人な行動に出るようになった。一日中、居酒屋で飲んだくれ、夜は銀のピンを銀の玉で倒してボーリングを楽しみ、高価な銀を湯水のように浪費した。そればかりでなく、居酒屋の近くに住んでいた少年を冗談半分で殺すという犯罪にまでおよんだ。少年の老母は持っていた籠の中のけしの種を地面にこぼし、その種が地面にこぼれているかぎり銀山が封ぜられるように呪った。

それがちょうど七年前、銀の小人に警告された日だった。すなわち七年の鉱夫の猶予期間が切れた日だったのである。その日、小人の警告も忘れ、老母の警告も馬鹿にして、坑道へ降りた鉱夫たちは、地下水の出水で全員溺死してしまった。一人だけ、地下坑の無気味な物音から出水の危険を察知した鉱夫がいたのだが、自信過剰でこわいもの知らずになっていた一四〇〇人の鉱夫の耳にはどんな警告も届かなかった。

出水の結果、一四〇〇人の鉱夫の死はもとより、溢れた土砂が坑道を埋め、銀鉱脈は消滅した。小人と老母の呪いは成就し、床にこぼれたけしの種の数と同じ年数が過ぎるまで、山には銀が出ないという。

97 マイクスナーの部屋

バード・グライヘンベアク温泉からフェルドバッハ村へ向かう途中の山道に「マイクスナーの部屋」と呼ばれる岩場がある。

マイクスナーはその近くのグライヘンベアク山の中腹に住む極貧の農夫であった。彼は妻子をかかえて、毎日の食を得るために必死で働いていた。けれども、彼がどんなに頭を使って働いても暮らしは楽にならなかった。

ある晩、明日の暮らしを考えて悶々とするマイクスナーの前に小人が現われ、彼に同情して、極貧から救い、富と幸福を約束してくれた。小人はある伯爵が近くの山頂に城を建てようとしていることを教え、彼には翌日の真夜中、その隣の山頂へ来るようにと言った。その山は、マイクスナーの住んでいる山と同じ標高だったので、人びとは双子山（グライヘンベアク）と名づけていた。

翌日の真夜中にマイクスナーが、小人の言うとおりに隣の山頂へ行くと、小人が待っていて、彼を金と宝石の洞窟に案内した。洞窟内では、大勢の小人が採掘に従事していた。彼を案内した小人は、金と宝石は持てるだけ持っていってよいが、二度とここへ来ないことを約束させた。そしてもしも彼が約束を破った場合には不幸が見舞うと警告した。洞窟の入口には、つねに小人が番をしているので、中に入る隙はないのだが、クリスマスの夜十一時と十二時の間だけは誰もいないことも明かした。

小人はさらに、空腹のマイクスナーを食卓に招き、金の杯になみなみと注がれた上等の酒や、銀の皿に山盛りにされた贅沢な料理を飽きるほどふるまった。マイクスナーは我を忘れて夢中でご馳走を貪り、ようやく満腹すると、鞄やポケットを金と宝石でいっぱいにして、小人に厚く礼を言い、洞窟を出た。

家に戻ったマイクスナーは、それまでとはうってかわった大金持ちになり、贅沢三昧を始めた。生活の心配のなくなった彼は、苦労せずに手に入れた金で、成り上がり者の傲慢さをさらけ出してしまった。

その間にも、小人の住む山の頂では、伯爵が本格的に城造りに取りかかっていた。しかし、自分の山を荒らされることを嫌った小人は、築き上げられていく城壁の石を次々に壊したので、城はいつまでたっても完成しなかった。現在でも、小人が運び去る途中で落とした石や岩が山道に転がっているという。伯爵はとうとうその山頂に城を造ることをやめ、隣のグライヘンベアク山頂に城を移すことにした。これが、ごく最近まで残っていたグライヘンベアク城である。

一方、マイクスナーは五年間の贅沢三昧の生活で、小人からもらった金も宝石もすべて使いつくしてしまった。そこで、クリスマスの夜十一時から十二時の間なら、洞窟の入口に番人がいないといっていた小人の言葉を思い出し、その時が来るのを待った。彼がクリスマスの夜の十一時にそこへ行くと、確かに誰もいなかったので、中へ入り、袋とポケットに金と宝石をつめて出ようとした。しかしその時、十二時の鐘が鳴り、小人の戻ってくる気配がしたので、全速力で洞窟を出ようとした。しかし、あとわずかで出口というところまで来た時に、十二時の鐘が鳴り終わり、洞窟の天井と壁に亀裂が入り、ごうごうと風が吹き荒れ、崩れた洞窟の瓦礫の下敷きになってマイクスナーは死んでしまった。それ以来人びとは、そこを「マイクスナーの部屋」と名づけたが、その後、そこで小人を見た人はいない。

98 小人の祝福

ある年とった鉱夫が、不治の病の息子をかかえて心身ともに疲れ果てていた。息子は、以前は病気ひとつしない壮健な体だったのに、ある日、死人のような真青な顔で震えながら家に戻ってくると、そのまま床に就いてしまったのだった。どんな薬もどんな名医も彼を治すことはできなかった。鉱夫は山をさまよいながら、自分たちの暗い未来を思って一家心中した方がましかと考えた。

その時、足下の岩の割れ目で助けを求める悲鳴が聞こえた。よく見ると、小人が岩の割れ目にはさまって出られないのだった。割れ目から出してやると、小人は厚く礼を言い、怪我した足はシュタインツの泉の水で治るはずだからそこまで連れていってほしいと頼んだ。鉱夫は、シュタインツまでの道が遠いことを知っていたが、小人の頼みを承知した。彼は幼い頃、祖母から、小人は必ず恩を返すものだと聞いたことがあったからである。

彼は小人を背負って山道を歩き始めたが、初めは軽かった小人がどんどん重くなっていった。すると小人が、鉱夫は今、自分とともに、病気の息子を背負っているためだと教えた。だから治療の泉に着いたら、息子の病を治す方法を教えようと約束した。

シュタインツの泉に着き、小人が泉に入ると、たちまち小人の怪我は全快した。そして、彼に息子の病の原因を教えてくれた。息子は宝の洞窟に入り、宝を守っている蛇にかまれて、その毒が体にまわり、精神に異常を来たしているのだった。けれども、この泉で七週間沐浴させれば全快するというのだ。しかし、再び宝の洞窟へ行くと、息子に災難がかかることも警告して、小人は消えた。

鉱夫は大喜びで帰宅し、息子をシュタインツの泉へつれて行き、七週間沐浴させた。すると、息子は以前にもまして壮健な体となった。そして、鉱夫も若返って活力がみなぎり、よく働くようになり、息子も畑仕事と果樹栽培に精を出したので、他のどの家庭よりも豊かになった。

これを見た友人や隣人が、彼らの幸福を羨望し、理由を尋ねた。鉱夫は、小人に口止めされた訳ではないので、小人と宝の洞窟と治癒の泉の話を聞かせた。そして、宝を守る毒蛇と、小人の警告も伝えた。しかし、友人には、毒蛇の話と警告は耳に入らなかった。友人は自分ならうまくやれると簡単に考え、悪知恵を巡らし、宝の洞窟へ向かった。

彼は山道で、そだを集める老婆に会い、洞窟への道を尋ねた。老婆は「ひひ」と笑い、すぐに案内してくれた。その老婆の笑い声や声の調子からおかしいと思うはずなのに、宝に心を奪われた友人は喜んで洞窟に入り込んだ。そして、礼も言わずに人の頭ほどもある金塊を次々と袋に入れ、眠っていた蛇の頭に岩を投げつけて殺し、意気揚々と外に出ようとした。その瞬間、洞窟の天井が崩れ、友人はその下敷きになって死んだ。

ところで、小人はどこで知ったのか、先の鉱夫の息子が、その後まもなく結婚する時にすばらしい贈り物をした。結婚式の前夜、小人が玄関の扉を叩き、息子には砂金の袋、花嫁には金と宝石に輝く冠を贈った。このようにしてシュタインツの治癒の泉は、全国に広まり、人びとが湯治に訪れるようになった。

99 最初のリヒテンシュタイン人

フランク王国のカール大帝の統治時代に、シュタイアマルク州のアイヒフェルドの町ではアリボという農夫が妻のオダと暮らしていた。

夫婦は小さな石の家に住み、一人息子のゲロルドの成長を楽しみにしていた。夫婦はゲロルドには、今に良い時代が訪れるから、それまで一所懸命仕事に励み、必要とあれば勇敢に戦うように悟した。

六〇〇年ごろより東からアヴァール人がオーストリアに侵入し、七九一年から本格的な戦争となりアリボも兵として招集された。ゲロルドは母とともに父の帰還を待ったが、七九一年にカール大帝がアヴァール人を破っても、父は生還しなかった。ゲロルドは父の戦死を聞いて、自分も父のような優れた兵士になろうと決心した。しかし、アヴァール人の侵入はその後も続き、ゲロルドと母の住む石の家も危険になったので、ゲロルドは自らの家に火を放ち、母とともに村を逃れた。

ようやく、アヴァール人が引き上げた後、二人は再び村に戻り、家を造り、畑仕事に精を出した。ある日、ゲロルドが畑を耕していると、鍬の先に石が引っかかった。それは光り輝く宝石だったが、彼はそれに気づかず、ポケットに入れた。その晩、母のオダが宝石を見つけ、高価なものなので森の隠者に相談するように勧めた。ゲロルドが隠者の庵へ赴くと、隠者は彼に、アーヘンのカール大帝のところへそれを持っていくように言った。彼の道はそれから開けるだろうというのだ。

ゲロルドは言われたとおり、カール大帝のもとへ馳せ参じると、大帝はちょうどサクソン人との戦いに備えて準備をしていた。若く逞しく勇敢なゲロルドは歓迎され、兵として徴用された。彼は皇帝に忠実だっただけでなく親切で有能であったため、誰からも好かれた。

戦いが始まると、ゲロルドは勇猛果敢に戦ったが、夜に入ると暗く夜戦ができずに、兵士たちは焦っていた。光さえあればよい、と一人の兵士が言った時、ゲロルドは自分の光る石を思い出して、かぶとにつけた。すると、石はたちまち戦場を照らしたので味方に有利となり、サクソン軍を急襲し、勝利を収めることができた。

戦いの後、カール大帝は、ゲロルドの功績を讃え、ゲロルドは大帝に敬意を表して光る石を献上した。カール大帝は、見返りとして彼を騎士に叙勲し、子々孫々まで継承できる領土と城を与え、「光る石(リヒテン・シュタイン)」をつけていたのでリヒテンシュタインの姓を与えた。現在、ユーデンブルク市にあるリヒテンシュタイン城がそれであり、ゲロルドの家系は、シュタイアマルク州の最も古い貴族となり、その子孫は、現在のリヒテンシュタイン侯国の王室であるといわれる。

100 子授けの泉

シュタイアマルク州は、「オーストリアの緑の心臓」と呼ばれるように美しい森が多い。十九世紀初頭、州都グラーツから八〇キロほど離れた森で、ある伯爵夫婦が狩りに興じていた。伯爵は狩りに夢中だったが、妻は動物を殺すところを見るのが嫌で、家にいるのを好んでいた。一行が森の空き地まで来た時、、見事な牝鹿を見つけた。伯爵はすぐさま射倒そうとしたが、牝鹿の脇に一人の少年が現われて、射たないでくれ、と身振り手振りで示した。伯爵はいらいらして、家来に少年を遠ざけるように命令したが、伯爵夫人は不思議なことにどこかでその少年を見たことがあるように思い、夫に射つのをやめるように懇願した。伯爵はなおも少年に向かって叫んだが、少年は聾唖だったので全く動じなかった。そして伯爵夫人も懇願を続けたので、伯爵は不承不承猟銃を下ろした。

聾唖の少年は、伯爵が射つのをやめたので森の中へ姿を消した。その少年は、農夫たちから「森の兄弟」と呼ばれて、森の動物が危険にさらされた時に姿を現わすという。

鹿は殺される心配がなくなったので、安心して近くの泉で水を飲み始めた。すると、森の兄弟が再び現われて椀に泉の水を汲み、伯爵夫人に差し出した。その瞬間に、伯爵夫人は、夢の中でこれと同じ場面に遭遇したことを思い出した。夢の中では、どこからともなく声が響き、

「生命を救えば生命を授かる」

と聞こえてきた。そこで、無意識のうちに、伯爵夫人は牝鹿の命乞いをしたのである。伯爵夫婦はそれまで子供が生まれないことを嘆いていたのだった。

泉の水はすばらしくおいしく、少年は、一行の一人ひとりに椀で水を汲んで差し出した。家来の一人が、この泉は、かつて子授けの泉と呼ばれて、子供の生まれない女性が必ず飲んだと語った。伯爵夫人はそれを聞いて、自分もぜひ、この水を飲み続けてみたいと夫に頼んだ。伯爵は迷信だと鼻であしらったが、夫人の懇願に負けた上に、司教の許可も得られたので、泉の水を飲むことを許した。

伯爵夫人は、泉の脇に宿を設け、毎日水を飲んだ。森の兄弟も毎日現われて、森の動物といっしょにその光景を見ていたのだった。伯爵はくり返し帰宅を促したが、夫人はいつも幸福で、そのうえ、すでにある期待と確信をもつようになり、泉にとどまった。

ある晩、激しい雷雨となり、夫人の夢に、泉へと歩いていく病人の列が現われた。そして、再び不思議な声が響き、夫人の奇跡を知った人びとが治癒を求めて訪れることを予言した。翌朝、夫人は森の兄弟と動物たちに別れを告げて帰宅した。

それから一年後、伯爵夫妻に最初の男の子が生まれ、続いて次々に男の子や女の子が生まれた。

夫人は、子供たちに森の子授けの泉のことを語ったので、人びとは続々と泉を訪れるようになった。それがバード・グライヘンベアクの鉱泉で、一八三七年に湯治場が完成し、現在に至っている。

101　鉱山の発見と水の男

アイセンエアツ市の鉄鉱山は、すでに紀元前八百年頃のケルト人の時代から採掘が始まり、紀元後七一二年にローマ軍が採掘権を握ったが、現在では鉱脈はほとんど尽きている。

ケルト人がその地を支配していた頃、近くのレオポルドシュタイン湖から流れる水が、地下に洞窟を作り、そこの地底湖には全身鱗で覆われた魚のような小人が住んでいた。彼は人間に害を与えることはなく、平和に暮らし、ときおり体を暖めるため、湖面に現われて日光浴をしていた。

けれども、人びとはその無気味な外見を気味悪がって、「水の中に住む男」は、人間の娘や旅人を水中に引き込むのではないか、と疑った。そこで、彼を捕えて殺すか、追放するか、その存在を消してしまおうとした。人びとは、食糧と飲み物でおびきよせ、水の男にピッチ（松やにのような塗料）を塗った服を着せて動けないようにしたうえで捕えることにした。

このたくらみはうまくいき、日光浴に現われた「水の男」は、おいしいぶどう酒と食べ物、きらきら光る美しい服に誘われて、服を身につけた。すると、服に塗ってあったピッチのため、身動きができなくなり、捕まってしまった。そこで男たちは水の男を肩に荷い、村へ連れていった。水の男は、このままでは人びとに災いが及ぶが、解放してくれたら礼をする、と言った。男たちは欲につられて目の色を変え、水の男を解放することにした。水の男は、金か銀か、鉄かを選ぶように言った。金はただちに大金持ちになり、銀は金ほどではないが何年も幸運が続き、鉄は子孫まで生計が立てられるのだ。男たちが鉄を選ぶと水の男は鉄の鉱床を教え、坑道を掘る方法も教えた。けれども男たちは疑ぐり深く、鉄鉱山を掘りあてるまで、水の男を何カ月もとじこめておいた。

水の男はそれを怒り、やっと解放された時、人間の狡智と強欲、不当な扱いの報復として、彼の知っている極上の物は与えなかったことを明かした。それは聖なる輝く石（カー・フンケルシュタイン）とくるみの中の十字架だというのだ。男たちは腹を立てたが、水の男は水底深く消え、二度と人間の前に姿を現わさなかった。

人びとは水の男の鉄鉱山には感謝したが、最後に彼の言った二つの極上品は何を指すのか皆目わからなかった。近くのアルトアウ湖の水の男も同じことを言ったが、そこの人びとにも謎だった。一般的にカーフンケルシュタインはざくろ石、紅玉といわれるが、ここでは不思議な力を持ったすばらしい宝石らしく、今日でも、人間には知られない水の男の宝とされている。

102　野の女の祝福

ホルレ夫人の娘、またの名をサーリゲ女とも呼ばれる「野の女」たちは、オーストリア各地に住んでいるといわれ、善良で親切で人びとに祝福を与えるが、なかなか姿を見せない。彼女たちは金髪で白い服を着て、美しい声で歌うといわれる。さらに、農家の収穫を増やし、病人を治し、ときには人びとの踊りを見ていることもあるが、何か気に入らないことがあるとすぐに姿を消してしまう。彼女たちがどこから来て、どこに住んでいるのか、誰も知らない。アドモント市では、湧き水や滝壷の近くにいるといわれている。

あるきこりが、復活祭に滝の近くを通りがかると、野の女たちが草原のパン焼かまどでおいしそうな大きな復活祭の編みパン（シュトリッツル）を焼いていた。きこりがほしがると、たちまち焼きたてのシュトリッツルが目の前に現われ、彼は大喜びで持って帰った。

このように野の女たちは人間に親切で、幸運をもたらした。けれども、人間が厚かましい恥知らずなことをした時にはその幸運は消えてしまう。

ある時、アルム（アルプス山麓）の牧草地に二人のチーズ作りの娘がいた。二人はひとつの小屋に住み、一人は軽薄なつっぱり屋で、もう一人はおとなしかった。野の女は彼女たちを助け、つっぱり娘の牛が行方不明になると、その居場所を教え、彼女が行かれない時には小屋まで牛を届けた。また、おとなしい娘の牛が病気になると、牛小屋の入口に薬草が置いてあった。そのたびに二人の娘は礼として、牛乳を皿に入れて窓際に置き、チーズができた時にも同様にした。

そのうちに、軽薄な娘は、野の女に甘えるようになり、牛が行方不明になっても野の女が捜してくれると安心して何もせずに小屋へ戻り、牛が無事に戻ってきても、礼の牛乳やチーズを忘れるようになった。おとなしい娘は少しも変わらず、礼の牛乳もチーズも忘れなかったため、野の女の助けと幸運を得て、最上のチーズを作り、彼女の牛も丸々太って毛並みもつやつやしていた。小屋の持ち主の農婦はおとなしい娘を褒めちぎった。

しかし、軽薄な娘は、野の女の祝福が得られず、牛は元気がなくなり、牛乳はすっぱくなり、チーズ作りも失敗した。そのため、彼女は周囲から怠け者と非難されたが、彼女はすべてを野の女に責任転嫁し、野の女がおとなしい娘ばかりをえこひいきしたのだと悪口を言った。

野の女は軽薄な娘の言葉を聞いてからは、いっさい現われなくなった。その年も暮れ、翌年の春のまだ雪解けの頃、農婦は、軽薄な娘をアドモンド修道院へ金銭を奉納するための使いに出した。娘は雪どけ水が奔流となっている滑りやすい道に怒り、天を恨み農婦を恨みながら、しかたなしに出かけた。あたりには風が吹きすさび、風の中に野の女の警告の声が聞こえたようだったが、娘はそれを無視して、足下に全く注意を払わなかった。その時、濡れた石に足が滑り、転んだ瞬間、意識を失ってしまった。

娘が気がついた時、金の袋は消えていた。娘は、自分が泥棒と疑われるのではないかと歎いた。それなら、おもしろくない農家の仕事より、世の中へ出ておもしろおかしく遊び暮らした方がよいと考え、町へ出ようとした。しかし、いくら歩いても町には出られず、同じ道をぐるぐる回るばかりで、疲労困憊し、自分はここで死ぬのだとあきらめて眠りに落ちた。

目が覚めた時、彼女はアドモンド修道院の入口に横たわっていた。修道士が彼女をのぞきこみ、老婆が彼女をここまで連れてきたことを告げた。彼女は修道院で手当てを受け、再び元気になった時、決心して、神父にそれまでの経過と金の袋がなくなったことを語った。しかし、神父は驚いて、金の袋はすでに届いていることを告げた。彼女がここへ着く前夜、すなわち金の袋の消えた時間に、一人の見知らぬ娘が持参したというのだ。それが野の女だったのである。

娘はそれを聞いて、今までの行ないをすっかり改め、善良な娘になった。そして、彼女をここへ連れてきた老婆が一人暮らしだったので、その養女となり、その後はよく働き老婆を助けた。そしてまもなく、アドモンドの町の若い食堂の主人と結婚した。彼女は毎日、アドモンド修道院に花を捧げ、また、見事な女性の肖像画を描くようになった。その才能は野の女の祝福によるものといわれ、彼女の絵には、よく野の女と思われる女性の姿が描かれていた。

103 蛇の宝冠

かつて、シュタイアマルク州には貧乏な孤児の男の子が住んでいて、農家の残飯やごみためのかすを食べてやっと生活していた。

ある日、男の子が森へ苺を摘みに行くと、白い服を着た女性から、きらきら光る物を贈られた。それは、蛇の女王の小さな宝冠だった。彼はそれを帽子の中に入れて、そのまま歩いていった。すると、行き会った人びとからなぜ帽子に金貨を載せているのかと尋ねられたので、少年が驚いて帽子に手をやると、本当に金貨があった。しかも、少年が金貨を一枚取るごとに帽子の中には金貨が現われるのだった。こうして毎日、宝冠を帽子の中に入れたままそこから金貨を取り出したので、貧乏な少年は大金持ちになった。

少年は成長すると、大地主となった。その金貨で畑と屋敷と牧草地と牛を買い、白い服の女からもらったきらきら光る小さな宝冠は、大切にしまっておいた。

ところで、彼の家の近くに、借金がかさんで貧しくなった伯爵が住んでいた。伯爵は彼の財産を妬み、腹を立てていた。しかもその財産は、蛇の女王の宝冠の授かり物と知って、なんとかその宝冠を手に入れようと考えた。

ある日伯爵は、自分の城をこっそり抜け出し、森の中で乞食のようなぼろに着替え、顔をすすで黒く塗って浮浪者に化けると、地主の屋敷に忍びこみ、蛇の女王の宝冠を探し出した。しかし、宝冠を手に入れた後、再び自分の服に着替えようとしても、ぼろはぴったり体についたまま脱げず、顔のすすも落ちなかった。しかたなしにそのまま城に戻ると、門番は伯爵を浮浪者と間違え殴り倒し、どんなに説明しても聞き入れないので、城壁を乗り越えて中に入ろうとした。しかし、今度は泥棒とまちがえられて捕えられそうになったので、あわてて逃げ、それに懲りて宝冠を地主に戻した。すると顔のすすも落ち、ぼろも脱げたので伯爵は自分の城に戻ることができた。

一方、地主も、宝冠のおかげで、苦労せずに金貨が手に入るので、酒と賭博に遊び呆けるようになった。するとある日宝冠は消え、彼はかつてのような極貧にまでおちぶれてしまった。蛇の女王の宝冠は、まじめに堅実に働く人びとにのみ幸運を授けるといわれる。

104 蛇の女王の失敗

ユーデンベアク市の郊外の道端には、蛇がたくさんいたと伝えられている。その中で、頭に小さな宝冠を抱いた白蛇が、蛇の女王であった。その宝冠は非常に高価で、山の小人が精魂こめて作り上げた極上の金細工といわれている。

ユーデンベアク市から遠くないシュタインハウスの村に、貧しい農夫が妻と幼い娘と三人で暮らしていた。娘はいつも家の入口の前に座って、パンを牛乳に浸して食べていた。ある夕方、娘がいつものように、入口でパンと牛乳を食べていると、牛乳の匂いに誘われて、頭に宝冠を載せた白蛇が現われ、彼女の牛乳を飲み始めた。女の子はしばらくそれを見ていたが、やがて、いつも母から言われるように、蛇に向かって、

「牛乳だけ飲んでいると体に悪いから、パンもいっしょに食べなさい」

と言った。けれども、蛇は女の子の言うことが聞こえないらしく、おいしそうに牛乳を飲み続けた。女の子は、もっと大きな声で、同じことを繰り返して言い、言うことが聞けないなら、私が食べさせてあげる、と蛇の口にパンを持っていって、スプーンで蛇の頭を叩いた。すると、蛇の頭から宝冠がぽろりと落ち、女の子のエプロンの上に載った。そして、蛇はそのままどこかへ行ってしまった。

両親は女の子から蛇の話を聞き、びっくりしたが、幼い娘が無事だったので喜んだ。その晩、娘が眠った後、家の窓という窓からしゅうしゅうという音が聞こえ、数えきれない多くの蛇が家の中を窺っていた。農夫は、気がついて、蛇の女王の宝冠を蛇に渡すと、蛇はすぐに宝冠をくわえて消えていった。農夫と妻はぞっとするような蛇の群れが目の底に焼きついたまま、一晩中眠れなかった。

翌朝、入口の扉をあけた農夫は、敷居の上に長々と横たわっている白蛇の死骸を見つけた。蛇の女王は、自分の不注意から宝冠を失うと、ただちに女王の座を奪われ、その罰として他の蛇に殺されてしまう。そして、次の蛇の女王が現われるまで、百年待たねばならない、といわれる。

105　オブダッハ峠の幽霊宿屋

標高九五四メートルのオブダッハ峠（サトル）は、かつて

追いはぎの襲撃で恐れられていた無気味な場所で、付近の森に近づく人も少なかった。それだけに不思議なことも起こる場所として知られていた。

あるクリスマスの晩、ユーデンブルク市の農家の下男の若者が、稼いだ金を母に渡そうとオブダッハ峠へ急いでいた。すると、市を出てまもなく、緑色のマントを着た一人の狩人に会い、もしもエッペンシュタイン山を通るのなら、

「緑のマントから灰色のマントへよろしく」

とあいさつを伝えてくれるように頼まれた。若者は、クリスマスの晩に狩人が歩くのもおかしいと思ったが、追いはぎや悪い人間には見えなかったので、承諾した。すると緑のマントの男は、礼として、黒い小石を三個くれた。若者は、母への贈り物にしようと、それを袋に入れて先を急いだ。

緑の男に言われたように、エッペンシュタイン山まで来ると、灰色のマントの男が岩の上に立っていた。そこで若者は大声で、

「緑のマントの男からよろしく」

とあいさつを伝えた。すると、灰色のマントの男は喜んで、礼としてまた黒い小石を贈ってくれた。

若者はそのまま家路を急ぎ、母と二人で質素ながら楽しいクリスマスを過ごした。その翌日、母が黒い小石をよく見ると、純金の塊だったので、母子の暮らしはすっかり楽になった。

この話を聞いた人々は、オブダッハ峠へどっと押しよせ、黒い小石をもらおうとしたが緑の狩人も灰色の狩人も二度と現われなかった。

これとは別の不思議な出来事が、同じクリスマスの晩に、オブダッハ峠で起こった。

ユーデンブルク市で働く若者が、オブダッハ峠の町に住む裕福な伯父を訪ねようと、クリスマスの前夜、峠を越えていった。彼は臆病で神経質だったので、持っている金の包みを追いはぎに取られないか、とびくびくしていた。伯父には子供がいなかったので、若者を遺産相続者としていたが、若者はその代わりに毎年、自分の腕で稼いだ金を伯父に見せ、まじめに働いていることを証明

しなければならなかった。さもないと伯父は全財産を貧しい人びとにあげてしまうというのだ。

そこで若者は、つねに伯父の機嫌を伺い、クリスマスの朝には、一年分の稼ぎを持っていくことにしていた。前年までは、屈強の下男を用心棒に連れていたのだが、その下男が死んでから、疑い深く臆病な彼は誰も信用できず、一人で行くことにしたのである。

山道を急ぐ彼の背後に突然、降って湧いたように一人の男が現われ、道中をともにした。男は無口だったが悪い人ではなく、月が急に雲に隠れ、みるみる雪が降り出してあたりが白く包まれると、峠の宿屋に泊まるように勧めた。若者も、雪で道がわからず、しかたなしに男のあとについて宿へ行った。しかし、昨年まではこんな宿があることさえ知らなかったのが不思議だった。

宿の中は暗く、思いなしか人びとの顔も青ざめて陰気な雰囲気が漂っていた。若者は、金を盗まれやしないかと警戒ばかりして、宿の人の勧める酒にも食べ物にも手をつけなかった。酒に眠り薬が入っていやしないか、食べ物に毒が入っていないかと邪推ばかりするのだった。そして、部屋に案内されて床に入った。

すると扉の外でささやき声がきこえた。

「また駄目だった」

「彼も心がなかった」

「また百年……」

翌朝、ひどい寒さで目が覚めた彼は、自分が雪の上に寝ていることに気づいた。宿はあとかたもなく消えていた。けれども金の袋は無事だったので、胸をなでおろし、伯父の家に急いだ。

伯父の家に着き、家政婦に昨夜の話をすると、家政婦は青ざめて、二、三百年前、本当にそこにあった宿屋の話をきかせた。当時の宿屋は、無慈悲で強欲な追いはぎの巣窟だった。

あるクリスマスの晩、一人の旅行者が飢えと寒さの中をそこにたどり着き、一切れのパンと一杯のスープを求めたが、金を持っていなかったため、そのまま追い払われてしまった。その旅行者が宿に呪いをかけたため、宿の人びとの魂は安堵なくさまようことになった。ただ、百年に一度のクリスマスの晩のみ、元の場所に宿屋が現われ、そこを訪れた人が彼らのすすめる酒か食べ物を口にした時、はじめて救われるというのだ。

若者はその話を聞いて、追いはぎには当然の罰だと広言したが、彼自身も高利貸しで貧しい人びとから情容赦なく土地や財産を借金のかたに奪い、人びとを乞食にまで落として苦しめていたのだった。しかし、彼は法的に罪を犯していないため、良心の呵責も感じていなかった。彼は伯父に機嫌よくあいさつし、その年の稼ぎを見せようと、食卓の上に袋の中身をあけた。すると、先刻までぎっしりと金貨のつまっていた袋からは、石炭のかけらがたった一つ転がり出ただけだった。

伯父はそれを見て怒り、どんな弁解も聞き入れず、彼を家から追い出し、全財産は隣の貧しい人びとにあげてしまったという。

106 ミュルツツーシュラーク町の不幸な草原

十九世紀に産業革命が起こり、機械工業がどんどん広まっていったころ、オーストリアでも機械工場が次々に建てられた。そのひとつが、ミュルツツーシュラークの町にあったマルティンの工場である。マルティン親方は五十歳ほどだったが、仕事は順風満帆で、裕福になり、郊外の草原に城のような屋敷を建てて、妻と高校生のクレメンスと三人で住んでいた。

しかし、三人がその家に暮らすようになってからというもの、夫婦と親子の間で喧嘩が絶えず、妻は黄金の馬車やベルギーのレースを買い集め、贅沢と浪費で収入以上の出費を続けた。息子のクレメンスは何を思いつめたのか、ある日突然、家でピストル自殺を図り、死は免れたものの、以来ベッドに横になったまま天井を見つめて、ぶつぶつと訳のわからない言葉をつぶやくばかりになってしまった。マルティンは手をつくして医者を呼んだが、どんな薬も治療も効果がなかった。

ある日、マルティンの家の台所女中の祖母が訪れ、「不幸な草原」の由来を話した。かつてこの草原はある男の所有だったが、彼の強欲な兄が、弟から絞り取り、その借金のかたに草原を奪い取ったのである。その呪いを受け、兄の家は全焼し、兄一家は全員焼け死んだ。それ以来、誰も住む者がいなかったのである。だから、この家を貧しい人びとに譲れば呪いは消え、息子も全快するというのである。

マルティンは老婆の話を素直に聞き入れ、すぐその通りにした。するとクレメンスはたちまち全快し、妻の浪費癖も治まり、一家は再び健全で幸福になった。マルティン一家はその後、小さな家に住んだが、生涯それで満足していたという。

107 トルコ戦争時代のグラーツ

一五二九年に始まるトルコとの戦争で、オーストリアは大変な被害を蒙った。シュタイアマルク州でも州都グラーツを中心に放火、略奪、殺人による蹂躙を受け、多くの人びとが捕虜として連行され牛馬のごとく酷使された。そこで、人びとのトルコ人に対する恐れと憎しみは限りないものがあった。

トルコ軍がグラーツを包囲していた時、グラーツに一人の若い善良な商人の息子が住んでいた。彼はかつて、トルコを商用で訪れたことがあるため、トルコ人やトルコの国の良さをよく知っていた。そこで、トルコ軍の残虐行為が人びとの憎悪の的となっていることを悲しんで、トルコの弁護にまわっていた。しかし、敵対している国に対して、戦争中、そのような行動をとることは、利口ではなかった。

人びとは、彼をトルコのスパイとみなし、白い目で見た。それでも、彼はトルコに対する敵意を捨てるよう、人びとに説いたので、ついに彼は逮捕され、両親の家にも放火された。グラーツの裁判官は彼の同級生だったが、彼に同情しても、その現実を知らない理想主義を非難した。それでも商人の息子は、自分は悪事を働いたのではないと言い張ったので、人々の憎しみはさらに募り、ついに裁判官は彼に死刑を宣告した。

その間にもトルコ軍はグラーツを激しく攻撃し、市街の破壊と食糧の窮乏はひどくなり、市は陥落寸前であった。幸いにもトルコ軍の武器は精能が悪く、建物に命中することは少なかった。

裁判官は商人の息子に対する死刑の宣告は法的には正しいと考えながら、家路についた。その晩、街の暗闇で影のような二人の女が、街にまた血が流れ、人心は支配者の残酷さをきらって離れてゆくので、結局、国が衰える、とささやきあっていた。二人の影が消えた後、裁判官は、彼が死刑にするほどの罪を犯していないと考え直し、戦争が終わるまでの入獄に軽減した。

一五三二年になって、トルコ軍の総大将イブラヒム・パシャの陣営に、オーストリア軍の大砲が命中し、ちょうど食事中だったパシャの皿の肉を吹き飛ばした。トルコ軍は、その的確さに驚愕し、陣を引き払って逃げ帰り、グラーツは勝利に湧き返ったという。

一方、裁判官は、グラーツの救済と勝利を神に祈り、それが叶ったので、マリアツェル教会に巡礼し、隠者としてそこで生涯暮らしたという。

108 シュロッスベアク山の起源

復活祭前の四旬節（三月末）が終わろうとする早春に、人びとはショッカル山に集まり、にぎやかな歌と踊りで、冬を駆逐しようとしていた。信心深い老女は、四旬節の精進中に宴を催すと、悪いことが起こると警告したが、若者たちはその年の復活祭が遅いため、復活祭の聖週後では山野の美しい春を楽しめないといって、気にとめなかった。人びとは、ショッカル山が最も美しいと褒めたたえたが、緑の狩猟服のやせた男は、世界にはショッカル山より高い山があり、なかには雲までそびえる山もあるといって、人びとを井の中の蛙だと笑った。

人びとは狩人の言葉に当惑したが、なかでも大胆な女性が、世界で一番高い山に登ったことがあるのかと、やり返した。狩人が、自分は世界のどこへでも行き、できないことはない、と怒ったため、その女性は彼をほら吹きと思い、ショッカル山を今から二十四時間以内に、二、三倍の高さにしてくれ、と挑戦した。狩人は承知し、もしも自分が約束どおりにした場合、山に登った最初の人間の魂を返礼として要求した。人びとは、その時になって、狩人が悪魔であったことがわかって困惑したが、狩人は近くの大きな岩から空中に飛び、みるみる巨大な本来の姿を現わし、背中の羽をはばたいて遠ざかっていった。

人びとが悪魔との契約に脅えている間にも、悪魔はアフリカから巨大な山の塊を持ち上げて背中に載せ、ぐんぐんとショッカル山へ引き返してきた。悪魔は自分の勝利を疑わず、翌日の夜明けにはショッカル山の見えるところまで戻っていた。人びとは、教会で祈りを捧げ、悪魔から逃れようと神にすがっていた。悪魔はそれを小馬鹿にしたが、その日から復活祭の聖週が始まっていることに気がつかなかった。「枝の主日」の日曜日から復活祭の日曜日までの一週間は聖週で、その間は悪魔が人を傷つけることは許されなかった。

けれども彼は人びとを傷つけたいとあせったため、背中の山塊をしっかり支えていることができなくなり、ショッカル山まであと数キロのところで落としてしまった。山塊はものすごい音をたてて二つに割れ、ひとつはシュロッスベアク山に、もうひとつはカルバリエンベアク山となった。悪魔は勝負に敗れ、ショッカル山の頂上の穴から地獄の炎の中へ帰っていった。

この穴は「天気穴」と呼ばれ、日照りの際には、村人が誘い水を穴に注ぐと、たちまち穴の中で黒雲が煎じつめられ、雨が降るといわれる。そして、地獄の炎の勢いも、水を注ぐことによって弱まるので、暑さも柔らぐとされている。酷暑のときは、天気穴から「火の男」が現われ、付近で踊っているのが見られる。火の男は小人で、ある勇敢な村人が捕えると、小人は、金のありかを教えるから放してくれと頼んだ。しかし、小人はすぐに逃げてしまい、金は見つからなかったという。

109　草の十字架

ホーホシュバープス山の麓の「西洋御桜の床（バイクセル・ボーデン）」という谷間は、風光明媚であったが、毎年、雪どけ水で流された土砂のため、どんどんせまくなり、土砂と瓦礫のみの不毛の地となった。それよりやや低いホーホエーデル山の谷も不毛の荒野だが、一カ所だけ牧草が十字架の形をして生えているところがある。

かつてそこには金持ちの農夫が住んでいて、森と豊かな牧草地や見事な牝牛から、豊かな収入を得ていた。彼の妻は誇らしげに高価な服と装飾品に身を包んで教会へ通い、彼らの寝室のベッドの下には、金貨銀貨のぎっしりつまった大箱が置いてあった。

しかしある年、洪水で森の木が立ち腐れ、家畜の伝染病が漫延して大部分が死に、農夫はあっという間にすべてを失い、家を手放さねばならなくなった。絶望した彼はホーホエーデル山頂にいるという悪魔と契約を結び、一千ターラー（昔のオーストリア帝国の金貨）の金と引きかえに、一年後、自分の魂を渡すことにした。彼はその金を神父に祝福してもらい、農場と家畜を買い戻した。

一年後の約束の日が来た時、彼は木の十字架を組み立てて背負い、ホーホエーデル山頂へ向かった。そして、待ち受けていた悪魔に十字架を持ち上げるように言った。十字架は悪魔の最大の敵で、触ることもできないため、悪魔はほうほうの態で逃げ去った。

彼はその十字架をそこに立てようと思ったが、岩肌が露出しているためにできず、しかたがないのでわずかに生えていた牧草を十字架の形になるよう、回りをむしり取った。草の十字架は今日まで残り、農夫はうまく悪魔の手を逃れて幸福に暮らしたという。一方、悪魔は魂を手にできなかった悔しさに怒り狂い、毎年春になると、雷となって山から谷へごろごろと音を立てて降りてくるという。

110　ミックスミッツ山の悪竜退治

伝説の時代には、ミックスミッツ山の洞窟には悪竜が住んでいた。悪竜は、蛇によく似て堅い鱗に覆われ、背中にぎざぎざの羽が生え、四本の蹄のような足があった。付近の村人や家畜は、この竜の犠牲となり、人びとは竜に脅えながら、退治する方法も見つからず手をこまねいていた。

付近のペアネッグ村の農夫も、牝牛二頭と牧童を竜に殺されたので、竜殺しに懸賞金をかけた。その多額の金額につられて、何人も竜殺しに挑んだが、一人も成功しなかった。人びとの恐怖は絶望に変わり、次々に村を捨てていった。ところで懸賞金をかけた農夫には、一人の養子がいた。彼は、それまで竜に立ち向かった人から話を聞き、まともに戦ったのでは歯が立たないことを知って、知恵を巡らせた。

彼はまず、竜の住んでいる地形をよく調べ、竜の洞窟が山の中腹にあって、そこから深い谷底まで急な崖が続いていることを知った。その崖は岩肌が露出しており、竜は毎日そこをずるずると体重をかけて滑り降りるのだった。そこで彼は、竜の腹の皮膚は岩肌を滑りやすいように堅い鱗がないのではないかと想像し、そこなら刀を突き通せると考えた。

彼はできるかぎり大量の鎌や大鎌を集め、刃を上にして岩肌にずらりと突き立てると、竜が出てくるのを待った。朝になって、竜が洞窟から岩肌を滑り降り始めると、案の定、鎌と大鎌が柔かい竜の腹を次々に刺し貫き、しかも、体重をかけて下に降りるため、傷がどんどん深く切り裂かれ、ついに竜は苦しみのたうちながら谷底へ落ちて死んでしまった。彼は竜の死骸を谷間に埋め、懸賞金をもらい、村人からは英雄として限りない賞賛を受けた。

111　グライヘンベアクの魔女

中世の魔女狩りが盛んだった頃、人びとは迷信的な呪術を悪魔の行為と見なし、そういうことをする女を魔女として逮捕し、拷問の末、火刑に処した。しかしその呪術とは、鉱泉や薬草を上手に使った病気の治療が多く、人びとの知らない知識をもっていたからこそ魔女にされた例が少なくない。実際に魔女裁判で、魔女とされた者の中には一人も魔女は存在せず、すべて無実の人びとだったという。

グライヘンベアク城の城主の妻のところに、ある日、一人のロマの少女が連行されてきた。男たちは、住所不定のロマの少女を捕えて魔女として拷問にかけようとしたのだが、まだ幼いので、城主の妻はかわいそうに思って解放してやった。少女は感謝して、城主の幼い息子の病気を治す水を贈った。少女は毎晩、看病をして治療の水を与えたので、息子は全快した。城主の妻は非常に喜び、多額の謝礼をしようとしたが、少女はただ、息子の首にかけてあった息子の肖像画の入った金のペンダントを記念にと望んだ。城主の妻が喜んでそれを与えたので、ロマの少女はそのまま去っていった。

それから時がたち、城主の息子は成長し、両親の死後、城主となった。そのころ、村人が、拷問を受けて息も絶えだえになったロマの女を城に引きずってきた。女は不思議な水で人びとを次々に病気から救い、魔女として捕えられたのだった。女が城主に面会を求めたので、城主が出向くと、彼女は苦しい息の下から金のペンダントを示した。城主はそれを見て、彼女が幼い頃、自分を病気から救ってくれたロマの少女だとわかり、すぐに女を解放させたが、彼女は自分の最期を感じていた。そこで彼女は城主に治療の泉の場所を教えてのち死んだ。それがグライヘンベアクの祝福の泉として今日まで知られている。

中世、魔女として殺されたのは、このような人びとだったといわれる。

112　マウターン町の金貨の穴

昔、マウターンの町には、けちで強欲な食堂の主人がいた。彼は財産を増やすことだけが唯一の夢で、そのためには店の客の目を盗んで、ワインを水で薄めたり、追いはぎをかくまう返礼に儲けの一部を受けとったりしながら、貪欲に金をためていった。そのため金の亡者となり、自分の生活費も出しおしみ、客の残飯で腹を満たし、服も糸目が見えるまで着古すようになった。そして毎晩、最後の客が帰ると、用心深く鍵をかけ、店の奥にある自分の部屋の金貨の大箱を開けて、指の間から金貨をさらさらと流し、悦に入っていた。

けれども、万一金貨が盗まれないか夜も昼も気が気でなく、昼はもちろん、夜も一睡もできなくなった。彼は、夜通し店の前をうろうろしながら泥棒の番をしていたが、どうしても安心できず、もっと安全な場所を探した。そして、町の外のカルバリエンベアク山の洞窟に金貨の箱を隠し、夜な夜なそこで番を続けた。

やがて時が経ち、彼はそのまま、そこで黒犬に変わってしまった。黒犬は昼も夜も眼をぎらぎら輝かせて、金貨の番をしていた。少しでも人が近づくと獰猛に吠えるので、人びとは恐れて近づかなかった。

ところで、同じマウターンの町には、不運が重なって赤貧となってしまった農夫がいた。彼は誠実に働いたのだが、借金の山が高くなるばかりだった。するとある晩、彼の夢にカルバリエンベアク山の洞窟の金貨の箱が現われた。翌朝、彼は自分の運を試してみようとそこへ行き、黒犬のようすを窺った。そして、飢えきった黒犬に餌をやり、犬が脇目もふらずにがつがつと食いついている間に、悠々と箱の金貨を持ち出した。彼が持ち出したのは半分ほどだったが、その金は農場と家畜を買い戻すのに十分であったため、彼は満足し、二度と洞窟には行かなかったという。

六　ケアンテン州

113　ローマ軍の守護霊

オーストリアは、ローマ帝国の駐屯地として始まり、各地にその遺跡が残っている。ケアンテン州では、ローマ軍が引き上げた後も、力強いローマ軍の印象が強く残り、それが伝説となり、不正に虐げられる人々を救う守護霊として信仰されるようになった。

マグダレンベアク山の近くに、かつてひどいけちん坊が住んでいた。彼は大金持ちであったが、他人にはびた一文も出し惜しんだ。彼の従兄弟夫婦も裕福な商人で、男の子と女の子が一人ずつあり、幸福に暮らしていたが、このけちん坊は自分以外の者の幸運を妬み、従兄弟一家に腹を立てていた。けれども、従兄弟一家の幸福は長く続かず、妻が死に、伯父も二人の子供をけちん坊に預けて、イタリアへ行ってしまい、帰ってこなかった。

けちん坊は、ひそかに自分が従兄弟の遺産を継ぐ機会だと見てとり、二人の子供を引きとった。一年後に従兄弟がナポリで死んだという知らせを受けとるや、その財産をすべて横領し、二人の子供には一文も与えなかった。そして、隣人愛と慈悲

127 クラーゲンフルト市の

で置いているのだと恩を売りながら、二人を牛小屋に寝かせ、衣類も与えず、食事も残飯のみだった。冷酷強欲なけちん坊はそれで十分扶養の義務を果たしていると信じて、良心の呵責もなかった。

そのころ、かつてそこで死んだローマ軍の四人の若い兵士の霊が近くの洞窟に現われ、賭博に興じながらローマ軍の埋蔵金について語っていた。伯父の家に扶われている男の子は、毎日伯父の家畜の番をさせられていたが、ある日一頭の牝牛がいなくなってしまった。男の子は伯父のせっかんを恐れて泣き出したが、ローマ軍兵士の霊がそれを見て彼を慰めて銀貨二枚を与えた。

帰宅した男の子は案の定、伯父から殴られたが、男の子が銀貨を見せると、顔色を柔らげ、どこで手に入れたか根掘り葉掘り尋ねた。男の子が震えながら事実を話すと、強欲な伯父は目の色を変えてその洞窟へとんで行った。するとそこには、ローマ軍兵士の霊が焚火を囲んで、宝について話しあっていた。この洞窟の中に銀貨を転がして止まった所を掘れば宝がある、というのだ。しかしその宝は、貧しい人に分けないかぎり消えてしまう。しかし強欲な伯父は最後まで聞かずに銀貨を転がした。そして、銀貨の止まった場所を掘り、銀貨のつまった陶器の壷を見つけて意気揚々と家路についた。しかし、途中で会った貧しい老婆に施しを与えなかったので、家に着いた時、銀貨はごみになっていた。

彼は失望と怒りで再び洞窟に引き返した。四人のローマ兵士の霊はなおもそこで宝について語っていた。神々に捧げるつもりで、自分の全財産を振り返らずに肩越しに後ろに投げると、その地面が開いて宝の箱が見つかるが、その前に自分の不正を正さねば宝は消えるというのだ。伯父はそれを聞くと、不正をなくせばいいのだと解釈し、二人の子供を家から追い出し、自分の不正を消したつもりになった。そして、全財産を袋に入れて後方へ投げると、本当にその地面が開き、ローマ時代の銅貨のぎっしり詰まった大箱が現われた。彼はほくそえんで大箱を持ち上げ、家に持ち帰ったが、家に着くと中はごみに変わっていた。彼はかんかんに怒り、三度洞窟へ飛んでいった。

四人のローマ軍兵士の霊は、宝を手に入れるには、優しい心がないかぎり駄目だと話していたので、男は地面を掘りながら大声で、二人の子供を迎えてめんどうをみて、自分の罪を謝り、貧しい人に出会ったら金を施すことを誓った。すると、金貨のつまった壷が現われたが、それをつかもうとすると焼けるように熱くて、つかめなかった。そして兵士の霊のあざ笑う声だけがあたりにこだました。打算的な口先だけの誓いは、優しい心ではないことが、ローマ軍兵士の霊にはわかっていたのだ。

一方、伯父の家を追い出された二人の子供は、森の中でローマ軍兵士の霊に会い、言われるとおりに地面を掘り、宝のつまった陶器の壷を手に入れた。二人が壷を持って森を歩いていると、ぼろをまとったやせた男に会った。それが、死んだと思われた二人の父親で、三人はそれから幸福に暮らした。

一方、強欲冷酷な伯父は手に入れそこねた宝を捜して、死ぬまで森を出られなかったという。

114　巨人族の謝礼

オーストリアには、かつてハードと呼ばれる巨人族が住んでいた。彼らは体が巨大だということを除けば、善良で親切な働き者であった。しかし、体が大きいため衣食住が人間と合わず、共存共栄は不可能だったという話も上部オーストリア州ミュール地方に残っている。そこで巨人族は彼らの社会を作り、ときどき人間と会うだけになった。けれども彼らはいつも人間に好意を持っていた。

ある巨人の女の子が村里へ遊びに行き、そこで人間を見ると、かわいい動く人形と思ってエプロンに入れて連れて帰った。しかし母親から、自分たちと同じ生きた人間なのだと聞いて、あわてて村里へ人間を連れ戻した。かわいそうな人間は、巨人の女の子のエプロンから落とされた時、足の骨を折ったそうだ。しかし、このような話は少ない。

またある時、カッチ谷で農夫が巨人族の男と出会った。その頃は、巨人族がまだ多く住んでいたので、農夫も驚くことはなかった。巨人が困ったようすなので、農夫が親切に理由を尋ねると、まぶたが下がってしかたがないので、目をあけて周囲をよく見ようとするのだが、自分の洞窟まで戻れなくて困っていると言った。農夫は助けようとしたが彼の背は巨人のまぶたまで届かず、しかたがないので巨人の手に乗って持ち上げてもらい、まぶたを持ち上げようとした。しかし、まつ毛が家の棟木の太さなので、農夫には重くて持ち上げてあげられなかった。そこで、巨人は目を閉じたまま、農夫が彼の手を引いて、洞窟まで道案内をすることになった。

農夫が岩肌を登り、巨人の手を引いて彼の洞窟まで行くと、巨人は非常に喜んで、礼をするから待っていてくれと言った。しかし、その時、自分が与えるものだけを受けとって他のものを欲しがるな、と条件をつけた。

農夫がそれを安易に聞き流して、巨人の洞窟を見回すと、壁際に丈夫そうな靴がたくさん並んでいた。農夫はそこへ来るまでに自分の靴を履きつぶしてしまったので、その靴が欲しいと巨人に告げた。巨人は悲しそうに、人間はいつも同じで、自分のあげようと思うものよりつまらないものを選ぶ、と言った。巨人は隣りの部屋から輝く宝石の塊を持ってきて、返礼にこれをあげようと思ったが、靴を選んだので、これはほんのかけらだけしかやれない、と農夫に投げ与えた。そして、靴も好きなだけ持っていってよいが、それを履いて墓場へ行くな、と釘をさした。

農夫の喜びは大きかった。巨人がほんのかけらといってくれた宝石は、農夫にとっては両手でもかかえきれない大きさだったのだ。彼はやっとのことで巨大な宝石の塊を家に持ち帰り、それを売って裕福に暮らした。

一方、巨人の靴は丈夫で、それを履いているとどんなに歩いても疲れることがなく、また靴もいたまなかった。しかし、農夫が年をとった時、巨人との約束を忘れて友人の葬式にその靴を履いて墓地に行ったので、靴はたちまちずたずたになってしまったということである。

115 ローゼン谷の野の女

サラの女、サーリゲの女ともいわれる「野の女」は、若く美しく親切な働き者で、報酬を求めずに人びとを助けたが、彼女たちが何者でどこに住んでいるのか知っている人はいなかった。

ローゼン谷のある農家には年とった母親と息子が住んでいたが、母親が一人の時には野の女が来て仕事を助けていた。妬み深い村人の中には、野の女と関係すると悪い事が起こるとささやく者もいたが、母子は気にとめなかった。

ある日、母親を手伝っていた野の女は、すっかり夜遅くなったので、その家に泊まっていった。翌朝早く、母親はまだ眠っていた野の女のようすを見にいき、彼女の金髪があまりにもきれいだったのでつい触ってしまった。すると、彼女は目を覚まして起き上がり、涙を流しながら、あなたが私の髪に触ったので、私はあなたの息子と結婚しなければならなくなった、と告げた。野の女の掟を知らない母親には、なぜ髪に触れただけで結婚しなければならないのかわからなかった。人間でない野の女には、喜びと幸福の感情のみで、悲しみや苦しみの感情がなく、年をとることもないのだが、人間に体を触れられると人間になってしまい、悲しみや苦しみを味わい、年をとるようになるのだった。

母親は、堅実な働き者で優しい息子との結婚が、彼女にとってなぜ不幸なのかわからなかった。そして、すでに野の女を見染めていた息子はこの結婚話に大喜びだった。彼女は結婚式の時に、これから先自分のすることを責めないでくれ、と夫に頼み、夫も承諾した。結婚後しばらくは幸運ばかり続いた。穀物は豊かに実り、家畜は丸々と太って乳を出し、最上のバターとチーズができた。二人の間には、男の子と女の子の双子が生まれ、すくすくと育っていった。

ある日、男の子は、自分の母が妹を川に突き落として溺死させたのを見て、驚いて祖母に告げた。祖母は驚いて、なぜそんなことをしたのかと野の女を責めた。野の女は涙を流して、彼女が成長すると高慢と軽薄から不幸になることがわかったので、それをくい止めるために溺死させたのだと説明したが、誰にも理解されなかった。そして、自分のしたことを母が責めたので、夫婦の仲はこれでおしまいだと姿を消してしまった。

野の女を失った夫は再婚せず、農家の仕事を続けながら残された男の子を育てた。男の子はおとなしくて賢く、神父になる勉強を始めた。妻と娘を失った父親は、息子まで失うことになるのではと不安だったが、息子は無事に立派に神学を学び神父となった。その僧職授与式の日の朝、彼の部屋に突然、彼の母、野の女が現われ、彼に金のりんごを与えて祝福し、彼の妹も野の女の世界で母とともに幸福に暮らしていることを告げた。母はあの時、ドナウ川の水面に彼の妹の不幸な将来が映っているのを見て、自分の世界へ連れていったのだった。その時以来、野の女は一度も姿を見せなかった。

116 ベネディガーの宝

ベネディガーというのは、もともとベニスなど、主にイタリアからオーストリアを訪れていた鉱山師を指したのだが、彼らは金銀鉱を掘りあてることが多かったので、土地の人びとから金と宝石のありかを知っている超自然の力の持ち主と信じられていた。民話の中では、山に住み、隠された宝を守り、善良な人に分け与える親切な小人として登場している。

ガイル谷ラッテンドルフの村人は、毎年夏に訪れる、ひとりのイタリアのウディネ市の商人を見慣れていた。彼は毎年夏の間、決まった宿に泊まり、親切で礼儀正しいので、宿の主人も喜んでもてなしていた。しかし、彼がそこで何をしているのか、誰にもわからなかった。宿の主人は彼が毎朝早く出かけ、夕方重そうな袋を背負って戻ってくるのを見て、何を持ってるのか知りたがったが、商人は決して教えなかった。主人の妻は薬草を探しているのだろうと簡単に考えていたが、主人は薬草なら袋が重いはずはないとわかっていた。

　ある日、牛飼いの若者が、商人をアルムの牧草地で見た、と伝えたので、主人はますます訳がわからなくなった。そこで、商人の留守に彼の部屋へ入り、袋の中を調べると砂金がぎっしりつまっていた。彼はベネディガーだったと主人は気がついた。これだけの砂金があれば、娘も結婚でき、自分も裕福に暮らせると、ひとにぎりだけ砂金を持ち出してしまった。商人はそれに気づいたのか気づかなかったのか、何も言わなかった。

　夏が過ぎて商人がウディネ市に帰った後、主人は牛飼いの若者が言っていた牧草地をくまなく歩き、地面を掘った跡を見つけ、砂金を掘りあてた。それから毎日そこを掘り、十分な砂金を自分の家に運んだ。これをどうやって金銭に換えるのか方法がわからなかったが、思い切ってウディネ市まで行くことにした。

　ウディネ市で、彼はベネディガーの商人に呼びとめられ、その家へ招かれた。商人はいつも親切な宿の主人をよく覚えていて、快くもてなした。ベネディガーはすべてを見通す鏡を持っているので、それを通して、宿の主人が砂金を持っていったことを知っていた。しかし、親切の返礼として、彼の掘った砂金をすべて金貨に換えてくれた。それは、宿の主人の娘の結婚の支度金と彼の一家が生涯裕福に暮らせるだけの金額だった。主人は、ベネディガーの鏡に、残してきた妻と娘が貧乏で苦労しているようすを見て、軽率な出奔を後悔し、急いで村へ戻った。ベネディガーは二度とそのようなことをしないように諌め、砂金のありかを誰にも告げないよう主人に約束させた。

　主人はベネディガーとの約束を守り、それから幸福に暮らしたという。

　バイセン湖畔のノイサッハ牧草地（アルム）にも同様の話がある。ここでは、宿の主人がベネディガーから金銀鉱山を譲り受け、鉱山所有者として裕福に暮らした。現在でもそこには「鉱夫の道」「銀の溝」「金の一押し」という地名が残っている。

けれども、ベネディガーとの約束を破った者や、採鉱を手伝うと称して金銀を独占しようとした者には罰が下り、金銀が瓦礫に変わり、坑道から出られなくなるという。

117 メトニッツ村の宝の洞窟

メトニッツ村の付近には急な岩壁が洞窟のようにえぐられているところがあり、宝が隠されているといわれていた。そこは、日曜日に生まれた子供が聖霊降臨祭の日曜日の真夜中十二時に訪れた時のみ、扉が開いて宝を手に入れることできるのだった。そしてその宝は、地の精が守っていた。

ある聖霊降臨祭の日曜日、一人の未亡人が彼女の幼い子供をつれて、岩壁へ歩いていた。未亡人は日曜日に生まれた子供だったので、真夜中十二時まで待っていると、岩壁の扉があいて不思議な光が射し、ごうごうと風が荒れ狂うなかに醜い小人が現われて、中へ招じ入れた。洞窟の中は金と宝石が床、壁、天井を覆いつくしていた。彼女が宝石と金の輝きに目がくらみ、呆然としていると、小人は好きなだけ金と宝石を持っていってよいと言った。

未亡人があれこれ迷っているうちに、時間が過ぎ、小人はせかした。十二時の鐘が打ち終わると洞窟の扉が閉まるのだ。彼女はあわてて何も考えず、適当に金と宝石をつかんで外へ出たが、あまりあわてていたので、子供を洞窟に置き去りにしてしまった。その時、十二時の鐘が打ち終わり、扉は消えて目の前には岩壁があるだけだった。

母親は自分の浅はかさを後悔し、金と宝石はすべて貧しい人に分け、子供の無事を祈って一年後の聖霊降臨祭の日曜日を待った。その真夜中十二時の鐘と同時に、岩壁の扉が再び開き、彼女の子供は一年前、置き去りにされたちょうどその場所で、何事もなかったように遊んでいた。その一年間、地の精が子供のめんどうをみていたのだった。母親は大喜びで我が子を抱きしめ、金にも宝石にも目をくれずに洞窟の外へ出た。それ以来、彼女は金や宝石のことは一切考えず、子供を育てながら、自分の手で誠実に稼ぎ、堅実な一生を送ったという。

118 ビッタースベアク城の相続者

ガイル谷のケチャッハ町にあるビッタースベアク城には、かつて裕福な伯爵が住んでいた。彼はその血筋の最後の末裔で、城も財産も譲るべき親戚や友人もなかった。さらに彼自身人間嫌いで、金持ちも貧乏人も軽蔑していた。しかし、年をとるにつれて、財産をなんとかしなければならなくなった。最善の方法は、彼自身とともに墓へ埋めることだが、あの世では役に立たないうえに、墓泥棒に盗まれる可能性が大きかった。

その時、彼の内なる声が、貧しい者に全財産を施すようにと響いた。しかし、貧しい者は醜く汚なく、どうしても財産を譲るのは嫌だった。すると、内なる声は、彼の死後、どのような人に財産を譲るか決めておけばよいと勧めた。それなら不満もあるまいというのだろう。伯爵はそれに同意し遺言を残した。それによると、全財産を地に埋め、そこに菩提樹を植え、百年たって菩提樹が大木になった時、切り倒して揺籠を作り、そこに最初に寝た赤子に全財産を譲ることになっていた。

伯爵は自分で全財産を箱に入れて埋め、菩提樹を植えてから死んだ。死後、彼の魂は安堵を得ることなく百年待つことになった。伯爵の城は廃墟となり、人びとは伯爵の嘆きの声を風の中に聞いた。百年たち、老木となって朽ちた菩提樹が嵐で倒れ、人びとは薪にするために斧を持って出かけていった。そのなかで、ある貧乏な男がやや太い幹を見つけて、生まれたばかりの末っ子の揺籠にしようと持ち帰った。

その男の子は何年かたつと勇気のある少年に成長し、兄たちと廃墟の城へ登っていった。幼い少年には険しい道だったが、元気よく城へと登りつめた。すると少年の耳に、

「宝を掘れ」
という声が響いたので、素手でその地を掘り、鉄の大箱を見つけた。少年は兄たちとともにそれを家に持ち帰り、あけてみると、金貨がぎっしりつまっていた。彼の一家はそれから何不自由なく生活し、伯爵の魂も安堵を得て昇天することができた。

119　ライスエック山の放牧地の精

国立公園ホーエン・タウアーンの巨岩を重ねた山塊のひとつにライスエック山がある。そこの放牧地（アルム）は不毛の寂しい地で、大小二つからなるライスエック湖の畔に小さな番小屋があるだけだった。

けれども、かつてはアルムに豊かな牧草が生え、家畜も多く、「せむしのライスエッカー」と呼ばれるアルムの精が家畜を守っていたため、事故も伝染病もなかった。その家畜のなかでは農夫ベアンハルトの二頭の黒牛が、きわだって立派だった。

ある夏、彼がアルムから家へ戻る途中、緑の狩猟マントと帽子に赤い羽を挿した小人に出会った。これが、せむしのライスエッカーで、農夫に二頭の黒牛を一晩借してほしいと頼んだ。農夫は、アルムの精が付近の乱暴な若者にはそれなりの罰を与えていることを知っていたので、無気味に思ったが、牛を貸さなかった時の仕返しが恐ろしかったので、不承不承貸すことにした。するとアルムの精は、たちまち二頭の牛とともに消え失せた。

農夫はそれを見て不安を隠せず、夜も眠れなかった。すると、夜中にライスエック湖から、「それ黒よ、大きな湖に行け、それ汀（みぎわ）に行け」とものすごい叫び声が聞こえてきた。農夫はその声にさらに不安をかきたてられたが、恐ろしくて外を見られなかった。やっと少しまどろんだ頃、ようやく空が白み始めた。

日の出の少し前にまた大声が聞こえたので、彼は我慢できなくなり、窓から外をのぞくと、彼の牛が大ライスエック湖畔にいるのが見えたので、ほっとして牛を迎えにいった。牛は二頭とも無事だったが、何を運んでいたのか、汗にまみれ疲れきっていた。彼が牛を引いていこうとすると、アルムの精が現われ、陽が登るまで待てと言った。さもないと、二頭とも地に沈んでしまうというのだ。そして、牛の頭には金の塊が返礼として載せてあった。けれども農夫は、アルムの精の警告を無視して、すぐさま牛を連れて帰ったので、金の塊は手に入ったものの、二頭の牛は、苦しみながら地に沈んでしまった。

120　ペアヒト婆とクアテンバルカ婆

十二月二十五日の降誕祭と一月六日の公現節（東方三王が生まれたイエスを訪れた日）にはさまれた十二夜は、あらゆる魑魅魍魎が跳梁する危険な日々であった。彼らは「野猟」とも「ペアヒト婆」（ペアヒトの原意は「光の先導者」で、良いペアヒトは春の先駆けの霊のようなものだが、悪いペアヒトは人に害をなす鬼のような怪物である。地方によっては、ペアヒタとも言う）とも呼ばれて、人に害をなしたので、人びとは外出の際つねに用心していた。

野猟などにまつわる恐ろしい話は数知れない。十二夜の晩に外出した二人の娘は、一人が死体で見つかり、もう一人は行方不明のままであった。死んだ娘の手には、言うに言われぬ美しい花が握られていた。異界の花だという。二人に一体何が起こったのか、誰も知らなかった。

十二夜に不道徳や悪事を行なうとペアヒト婆から罰を受けて髪が真白になり、たちまち老人になってしまうという。ある粉屋の息子は、乱暴で奔放な性格で、いつも酒屋に入りびたり、酔って喧嘩をするので、両親の悩みの種であった。ある時喧嘩の相手をナイフで刺して重傷を負わせたのだが、母親に注意されても、弱いから怪我をしたので、相手が悪いとうそぶいた。

彼は両親の死後、反省するどころかさらに増長し、子供や家畜を虐待し、信心深い人びとをわらい、クリスマスのミサや十二夜の清めの薫香、公現節ごとに白黒で入口に書く厄除けのＣＭＢ（東方の三王の頭文字）の文字など、すべて迷信のたわごとと馬鹿にした。彼の名づけ親が、十二夜の習慣を馬鹿にすると野猟とペアヒト婆にどんなことをされるかわからないと戒めても、聞き入れもしなかった。反対に、名づけ親を笑ってやろうと、清めの薫香をすると、うわべは信心深そうにふるまったが、腹の底では裏をかいてやろうと、悪意のある計画を企てた。彼は隣家の納屋に放火した。十二夜の薫香は、石炭を真赤に燃して薬草を薫じ、家や牛小屋をその煙でいぶすからである。彼が自分の下心ある企みの成功に満足して大笑いしている時、火の粉がとんで納屋ががらがらと崩れ、その無気味な光の影にペアヒト婆が現われた。彼はあわててはしばみの枝の陰に隠れた。伝説では、ヨセフとマリアが赤子イエスをつれてエジプトに逃れる時、はしばみの枝に隠れて悪天候をのがれたので、人びとは災厄除けにはしばみの木に隠れるのである。

　しかし、粉屋の息子の場合には、はしばみの守護は得られなかった。ペアヒト婆の一撃で粉屋の石臼がめちゃくちゃになり、彼も気絶して倒れた。あたりは煙と硫酸の臭いに満ちて地獄のようだった。ペアヒト婆は、罰を下しても命まで奪うことはしないので、息子も命だけは取りとめた。彼はそれまでの行ないを改めて、まじめに働いたという。

　ローゼン谷のスロベニア人は、ペアヒト婆と呼ばずに「クアテンバルカ婆」と呼んでいる。クアテンバーは、かつてカトリックが春夏秋冬に三日ずつ定めた大斎日で、この日にはすべての人びとは仕事を休んで祈らなければならなかった。そして、これを破ると天罰が下るのである。

　ローゼン谷フライトリッツ村のある農婦はこの大斎日を忘れ、亜麻糸紡ぎに忙殺されていた。すると、一人の老婆が彼女を訪れ、手助けを申し出た。彼女は、亜麻をすすぐ盥が小さかったので、老婆に留守を頼んで隣家へ借りにいった。隣家ではすでに仕事を終えて、一家で大斎日の祈りを捧げていた。そして、彼女に、その老婆はクアテンバルカ婆であり、その日が終わるまでいっしょに祈るように勧めた。彼女も大斎日を思い出し、言われるとおりにした。夜半、彼女が自宅に戻ると、クアテンバルカ婆は彼女のかわりに亜麻糸を紡ぎ、仕事を終えていた。そして、もしも彼女が盥を持って帰ってきたら、亜麻といっしょに盥の中で彼女をすすいでしまうところだった、と笑って帰っていった。

121 野猟退治

十二夜に野と畑を吹きすさぶ風のごうごうという音は、空中を飛んでいる「野猟」の雄叫びとされている。それは犬や狼の吠え声にもたとえられ、荒ぶる狩人、荒ぶる男が六匹の三本足の犬と大勢の仲間を連れて飛翔しているのである。荒ぶる男は、大きくて逞しいが、足が小さく、声が荒々しく無気味で、骸骨の上につばの広い帽子を被っている。

ある十二夜の夜遅く、一人の老女が家の入口の前に立っていた。彼女は、野猟の接近に気づき、急いで家に入ったが、扉を閉める前に野猟が家の中に入ってきてしまった。家の中は、野猟の乱暴狼籍でめちゃくちゃになり、野猟の魑魅魍魎がいたる所で恐ろしいうなり声をあげた。老婆はしばらくはなすすべもなく手をこまねいていたが、やがて、思いつくと、すべての卵を割り、その殻を他の鍋といっしょにかまどの上にずらりと並べた。すると、それを見た野猟は、こんなにたくさんの鍋を見たのは生まれて初めてだと叫んで出ていってしまった。

また、サンクト・ウルバンの町のブッグル森も、野猟の運動場として知られていた。

ある十二夜の晩に若者の一行がブッグル森を歩いていた。彼らは野猟の接近に気づき、なんとかして被害を避けようと案じた。そして、顔を伏せていればよいと考え、全員が肩を組んで円陣を作り、顔を中に入れ、ラグビーのスクラムのような形を作った。すると、野猟はそれを見て、

俺はすっかり年をとって

ブッグル森が九回生えかわり
牧草地が九回生まれかわるのを見た
けれど、こんな変な動物は
生まれてから一度も見たことがない
と歌って通り過ぎていった。

このように、野猟の撃退方法は、なんでもよいから野猟の見たこともない物や形を作ることなのである。

122　死者を目覚ますホルン

かつて、州都クラーゲンフルトでは、毎時間ごとに時を告げるホルンを、塔から街の東西南北に向かって吹き鳴らすことにしていた。深夜十二時だけは、東西北の三方向のみ吹き、南側には墓地があるため、死者の目を覚まさないようホルンを吹かなかった。

ある時、一人の男が、町の居酒屋で酔払い、塔の下に来ると、ホルン奏者をからかい始めた。深夜十二時に南側の墓地に向かってホルンを吹かないのは、臆病で迷信だというのだ。ホルン奏者の息子は、それを聞いて非常に怒り、塔に駆けあがると父のホルンをつかみ、深夜十二時に南の方角へ吹きならした。ホルンの音は朗々と墓地に響き渡り、墓地では幽霊のような影がうごき始めた。墓の下で眠っていた死者がホルンの音で目覚め、地上に現われたのである。

男は後悔したが、目覚めた死者は骸骨の行列となって、ホルンの音の響いた塔へと昇っていった。ホルンを吹いた男は恐ろしくて塔の隈で小さくなって震えていた。骸骨の群れは、そこへ向かっていき、からかっていた男もどうなることか、とかたずをのんだ。

その時、塔の鐘が一時を打った。すると、骸骨の群れは一瞬のうちにかき消すように消え、何事もなかったような静けさが墓地にもどった。それ以後、塔から深夜十二時に南側の墓地に向かってホルンを吹く者はいなくなったという。

123　アーノルドシュタイン修道院の白ばら

ガイル谷のアーノルドシュタイン市の修道院では、かつて修道士が朝の祈りに礼拝堂へ降りていくと、椅子の上に白ばらを見つけることがあった。その当時は、各修道士は自分の席が決まっていた。そして、席に白ばらがある場合には、その人に対する神のお召し、すなわち死を意味した。修道士はそれを自分の運命として従順に受け入れ、朝、白ばらを見つけると、そのまま死の床につくのであった。

ある晩、疲れ果て、やせ衰えた母子が修道院を訪ね、一晩の宿を頼んだ。修道士は快く母子を招き入れ、食事と寝床を与えたが、疲労が限界に達していた母親はその晩死んでしまった。残された幼い男の子ヨハネスは、行くあてもなく、修道士たちの手で育てられた。ヨハネスは聡明でおとなしく、院長は修道院学校に入れて教育をして修道士にしようとした。

ヨハネスが修道院学校を卒業し、聖職者となる日には、院内だけでなく町の人びとも多く祝福に訪れた。その中に、町の商業取引所の管理人の若い娘が混っていて、ヨハネスは娘の美しさに一目で魅せられてしまった。修道院の中だけで育った彼は、初めての恋に衝撃を受け、どうしてよいのかわからなくなってしまった。彼は人びとの祝福を受けながら終始無言でうわのそらだった。

その翌朝、彼が朝の祈りのために自席につくと、そこに白ばらがあった。若い彼は死を脅えた。彼にとって生は魅力的ですばらしく、まだ地上の生活を満喫したかったのだ。彼は白ばらを隣の席に移した。するとそこへ、隣りの席の修道士、老ビンセンツが入ってきた。老ビンセンツは、年とともに地上の生活に疲れ、かねてから神のお召しを待ち望んでいた。そこで彼は、ようやく訪れた神のお召しを喜んで受け入れ、死の床へ赴いた。

ところがその同じ日、商業取引所の管理人が修道院を訪れ、娘の死を告げた。彼女は、朝早く一人で外出し戻らないので両親が捜しに入ったところ、岩の下で死んでいるのが見つかったのだ。彼女は、若い修道士に一目で見入られた報いとして、自ら死を選んだのだった。若いヨハネスはその話を聞いて、神が白いばらを彼の席に置いたのはそのためだったのだと悟った。地上では結ばれ得ない二人でも、死後、神の御許では結ばれるからだった。ヨハネスはそれを知って、老ビンセンツに死のばらを贈ったことを悔いたが、今さら死ぬこともできず、生涯、隣人愛と慈悲の生活を送った。それが自分のかわりに死んでくれた老ビンセンツへの懺悔であった。

ヨハネスは、毎日、自席に白いばらが置かれるのを待ち望んだが、神のお召しは訪れず、ついに、九十歳になった時、老ビンセンツの墓地に咲く白ばらの下で死んだ。その白ばらは、ビンセンツの死と同時に墓に生えたのである。そして、神のお召しの白ばらは、それ以後見られなくなってしまった。

124 ハイリゲンブルート村の伝説

オーストリアの最高峰グロースクロックナー(三七九八メートル)の麓に、「聖なる血(ハイリゲンブルート)」という村がある。オーストリアで最も美しい村と銘打って観光化に努めた結果、国の内外からたくさんの観光客が訪れるようになり、オーストリアでも知らぬ者のない有名な村となっている。元来ハイリゲンブルートはその名の示すように、イエスの血を聖遺物として安置している小村だったのである。

東ローマ帝国のレオ皇帝時代、帝国の首都コンスタンチノープルに、ブリシウスというデンマーク人が、他の三人のデンマーク人修道士とともに働いていた。彼は優れた兵士だったので、レオ皇帝から将軍に望まれたほどだったが、非常に信心深い性質から、皇帝の願いを退け、神に仕える生活を好んでいた。

同じころ、コンスタンチノープルの町では、ある商人が主イエスの権威を試そうと、教会に安置されていた主イエスの絵画にナイフを突き刺した。彼はどんな立派な絵画でも単なる絵にすぎないことを示して、絵を拝む人びとを嘲おうとしたのである。ところが、ナイフを刺された主イエスの絵画から血が流れ出したので、人びとは仰天し、聖なるイエスの血として小さな瓶に保管した。レオ皇帝もその話を伝え聞いて教会を訪れ、それまでの不信心を改め、聖なる血の入った小瓶を宮邸に持ち帰った。それは、まもなく最高の聖遺物として人びとの信仰を集めた。

ブリシウスはその後さらに一年間、コンスタンチノープルにとどまったが、望郷の念が強くなり、皇帝に願い帰郷することになった。その際、彼は聖なる血を故郷への土産にしたいと申し出た。皇帝は手放すことを渋り、謀って三本のそっくり同じ小瓶を並べて、そのなかから本物を選び出せたのなら持っていってよいと言った。ブリシウスは途方にくれたが、皇帝の一人娘がブリシウスに好意を寄せていたため、女中に変装して彼に近づき、発泡(フリーゲ)していない瓶を選ぶように教えた。

ブリシウスはこうして首尾よく聖なる血の小瓶を手に入れ、三人のデンマーク人修道士とコンスタンチノープルを出発した。けれども四人は、皇帝が必ず聖なる血をとり返そうと追手をさしむけることを予感していたので、一計を案じ、ブリシウスは聖なる血の小瓶を足の太ももの傷口に隠した。そこで、皇帝の追手がどんなに入念に調べても、小瓶を発見することはできなかった。

四人は巡礼姿でデンマークを目指し、ケアンテン州ドラウ谷までたどりついた。ここでブリシウスは三人と別れ、一人でメル谷からタウアーン山脈を越えて北に向かった。他の三人はケアンテン州サクセンブルクの町にとどまり、そのなかの一人オズワルドは、さらにそこからオズワルドベアクへ行って住み、別の一人はガイル谷のケチャッハまで行ってそこで死に、残った一人はサクセンブルクにとどまった。そして、ブリシウスは一人でタウアーン山脈の高山を越えようとしたのだが、季節は冬に向かっていたため、途中で吹雪と雪崩に見舞われ死んでしまった。

　そのころ、山地の農家では、クリスマスになるといつも、山小屋へ乾草を取りにいく習慣があった。彼らが、人気のない山道の深い雪をかきわけて行くと、道端に三本の穂が青々とのぞいていた。農夫が驚いて雪をかきのけると、その下からブリシウスの遺体が見つかった。三本の穂はその心臓から生えていた。人びとは相談のうえ、その遺体を荷車に乗せ、二頭の牡牛に引かせて、牡牛の止まったところに埋葬することにした。そこが、今日のハイリゲンブルートのブリシウス礼拝堂である。

　ところが、埋葬後数日たつと、遺体の足が地面から跳び出しているのが見えた。人びとが怪しんで見ると、小瓶と羊皮紙が見つかった。羊皮紙には聖なる血の由来と、ここまで運んできた経過が記されていた。人びとはすぐさまそこに教会を建て、聖なる血を安置し、その地をハイリゲンブルート（聖なる血）とした。

　今日、ハイリゲンブルート教会を訪れると聖体顕示台の中央の緑色の小瓶に入った聖なる血を拝むことができる。

125　グロースクロックナー山の氷河の下

　オーストリアの最高峰グロースクロックナーの麓には今日も、氷河に覆われた不毛の地がある。そこは、かつて肥沃な牧草地が広がり、家畜が多く、裕福な農民は毎年九月八日のマリアの誕生祭に市を開いた。市には農民や商人が大勢集まるだけでなく、神父を招いてミサをも行なった。

　けれども、市を訪れる農民も商人も裕福であるがために傲慢になり、飲食と娯楽にふけり、神や貧乏人を侮りがちだった。そして、ティロルから訪れたヨハネス神父も、表面上の美辞麗句の説教と裏腹に、貧しい人びとへの思いやりに欠けていた。ミサの間中、特に態度が悪かったのは三人の農夫で、彼らは神父の説教に飽きて、教会内の座席をボーリング場に見立てると、バターをこねて球とし、えんどうのさやでボーリングのピンを作ると、説教をよそに立ったり座ったり大騒ぎしながらボーリングに興じた。神父もそれを注意しなかった。

しばらくすると、老女が教会に入ってきて、ボーリングを見ると、自分と病気の娘にそのバターの球をくれないかと頼んだ。貧しい老女は久しくバターを食べていなかったうえに、病気の娘には栄養になるからだった。しかし、三人は老女を足蹴にしたうえ、バターはコレステロールだから健康に悪いとうそぶき、球なしにボーリングはできないと、貧しい人への施しを言下に断った。すると老女は、彼らの傲慢さと不徳、冷酷非情を呪った。人びとが飢えている時に平然とバターの球でボーリングをするなどもってのほかで、天罰が下るように大声をあげた。

教会内の人びとは貧しい老婆の呪いなどには一目も置かなかったが、老婆の去った数時間後、天が黒雲に覆われ、あたりは真暗になった。市の人びとは嵐が来ることを察して露店をたたみ、帰り始めた。真先に嵐に気がついたユダヤ人商人がいち早く逃げのびた。けれども残った人びとは逃げ足が遅れ、三人の男は稲妻に打たれて死んで石になった。神父も、老女の大声を説教の邪魔と責めた罪で、隣の山中の雪の下で死体となって見つかり、その山は彼の名をとってヨハネスベアクと名づけられた。やがて、グロースクロックナーの頂上から氷河が下りはじめ、町の人びと、居酒屋、露店、教会などすべてを呑みこんだ。老女はそれらを見て勝利を叫んだが、彼女自身も氷河の最後の犠牲者となった。

今日でも、グロースクロックナーの永遠の氷河の下から、ときおり当時の市の跡が見つかるという。

126 ベアタ湖に沈んだ町

「黒壁」と呼ばれるベアタ湖南岸の切り立った崖の下の渕では、今日も静かな夕方に湖底から鐘の音が聞こえてくるといわれる。

そこにはかつて豊かな町が栄えていて、裕福な市民は金とレースで身を飾り、ベニスから、次々と馬車で高価な珍しい物を持ち帰っていた。やがて人びとは贅沢三昧の生活から傲慢で強欲、かつ不信心で冷酷になっていった。人びとは教会を金で飾ったが、豊かな生活には神も不要と思ったのか祈ることもせず、一年中華やかな宴会に明け暮れていた。

ある時、町のにぎやかな宴会を見た貧しい乞食が一きれのパンの施しを望んだが、人びとは弱い立場の乞食を足蹴にして、犬をけしかけて追い払った。傲慢な彼らは、市に利益をもたらさない人間は我慢できないというのである。

やがて、人びとは神を忘れ、祈ることはおろか復活祭の聖週にも宴会を続け、聖金曜日になった時も豚や鳥を山と料理し、ぶどう酒を湯水のごとく浪費した。聖金曜日の夜、宴がたけなわの頃、広間に一人のやせた小柄な男が現われた。人びとは、彼が背中に小さな樽を背負っていたので、外国の商人が酒を売りにきたのだろうと考えて喜んだ。樽の中身を尋ねた人もいたが、小男が答えなかったので、我々に払う金がないと思って出し惜しんでいるのだと、あざ笑った。そして、いかにも馬鹿にしたように樽の上に金貨を置いてみせた。

しかし、小男は人びとの悪い冗談に興じず、反対に神を忘れた宴会を中止するように警告した。聖金曜日は、イエス・キリストが十字架刑になった日で、全キリスト教徒にとって最も身を慎み、精進を守って敬虔な祈りを捧げるべき日だったからである。人びとはその言葉を茶化し、イエスも最後の晩さんでぶどう酒を飲んだから、我々もそれにあやかって大いに飲んでいるのだと笑った。小男はせめて凶作で苦しむ貧しい人びとのことを考えて宴を中止するように言ったが、皆はますます大笑いするばかりだった。

小男はその態度に怒り、食卓の上に上ると両手を広げて彼らを呪い、樽を割った。すると、小さな樽から水が溢れ、みるみるうちに洪水となり、人びとはいっせいに逃げ出した。しかし、水はとどまるところを知らず、市全体が水底に沈み、そこは広い湖となった。伝説では、人びとは死なずに魚となって湖を泳ぎ、救いを待っているという。そして、湖底から聞こえる鐘の音は彼らの後悔の証だという。

ところで、これとは別の伝説が同じ湖に伝わっている。ある山羊飼いの女の子が湖畔で足を浸していると、大小三匹のきれいな魚が近づいてきて、話をしたそうに口をぱくぱくあけた。女の子は人びとに三匹の魚のことを話したが、人びとが湖畔を訪れても彼らの目にはその魚は見えなかった。

ある日、三匹のうちの大きな魚が身の上話を始めた。

かつて、ここは湖ではなく、城のある丘であった。城の女主人と二人の娘は強欲で高慢で、召使いを虐待し、自分たちだけが贅沢三昧に暮らした。そのうえ彼らは不信心になり、教会に行くべきクリスマスにも教会に行かず、神に祈らず、友人と宴を催した。すると、宴たけなわの夜、貧しく凍えた乞食の親子が城を訪れ、一晩の宿か、一きれのパンを望んだ。しかし、女主人は自分たちの宴を邪魔した乞食に怒り、犬をけしかけて追い払った。乞食の親子が冷酷非情な彼らを呪うや否や、城壁にひびが入り、どこからか洪水が押しよせ、城は人びとともに地に沈み、あとには広い湖ができた。女主人と娘は魚となって湖底に住み、七百年に一度、湖面に浮かんで救いを求めることができるだけだった。

女の子は彼らが七百年も救いを待っていたことに驚き、救う方法を尋ねた。魚は、翌朝女の子が、魚の口にくわえた金の鍵を取ってくれたらよいのだと答えたが、その時は炎の「悪竜」となって現われなければならないので、容易なことではないと言い添えた。女の子はそれでもやってみると受けあい、翌朝、湖畔へ行った。まもなく、前日の魚が炎に包まれた悪竜となって現われ、口に金の鍵をくわえていた。女の子は必死で鍵を取ろうとしたが、焼けるような暑さと悪臭に押されて、どうしても鍵まで手が届かなかった。女の子は三度まで試したが、どうしても鍵を取ることができず、悪竜は魚に戻り、「また七百年」と寂しそうに言うと、湖底に姿を消したという。

127 クラーゲンフルト市の悪竜

かつて、ベアタ湖畔からドラウ川へいたる地を、カルンベルク侯爵が治めていた頃、熊や狼が村里に出没し、森や湿地にも怪物がひそみ、人びとを引き裂き、不安と恐怖に陥れていた。ある旅人が、怪物に引きずられて森の中に消え、あとには服の切れ端としゃぶりつくされた人骨が見つかり、その晩には血の凍りつくような悲鳴と地獄のような硫黄の臭いが充満していたという話も伝わっていた。

侯爵は城から、人びとの脅えるようすを眺め、なんとかして怪物を退治し、平和と安堵を取り戻したいと願っていた。怪物のために農民は畑を荒らされ家畜を殺されて、年々窮乏していることも知っていた。侯爵は、人びとが協力すれば怪物でも退治できると考え、自分が先頭に立とうとしたが、領主がいないと他国からの侵略を受ける危険が大きくなるため、怪物を退治した者には土地をやることにして、人びとを募った。侯爵領内には、人びとの集まる丘があり、そこに塔が立っていた。侯爵は塔に人びとを集め、怪物を退治した者には塔から見えるかぎりの土地をやることを約束した。

人びとは次々に名乗りをあげ怪物退治に挑戦したが、全員失敗し、命を落とす者や九死に一生を得て逃げ帰る者ばかりだった。怪物の正体が、怪物のなかでも最も恐ろしいといわれる悪竜だったからである。人びとがしだいにおじけづいて互いに顔を見合わせるようになった時、一人の体の強い貧しい男が、全員協力すればよいのだと提案した。彼は、それまでの話を聞いていて、悪竜の鱗は硬いが中はきっと柔かいに違いないと信じ、内部から倒せばよいと考えた。つまり、悪竜の一番の餌となる牡牛に、鋭く太い釣り針をつけて悪竜に食べさせ、内臓を切り裂こうというのである。

人びとはその考えに賛成し、一人は塔から悪竜を見張り、一人は牡牛を探し、一人は太く鋭い釣り針とそれをつなぐ鎖を作り、皆で牡牛を鎖に結びつけて湿地へ引いていった。鎖の一端を丈夫な大岩にしっかり結びつけると同時に、悪竜が早くも牛の匂いをかぎつけて現われ、あっというまに一呑みにした。

しかし、案の定、鋭く太い釣り針が腹に突き刺さり、悪竜は抜こうとしてもがいたが、頑丈な大岩に結びつけられた鎖はびくともせず、もがけばもがくほど内臓が切り裂かれ、悪竜は口から大量の血を吐いてどっと倒れた。そこへ人びとが襲いかかり、ついに悪竜を殺すことができた。

領地は平和を取り戻し、侯爵は約束を守り人びとに塔と土地を贈った。やがて塔の周囲に村ができ、町から市に発展し、人びとは竜退治の記念に市の紋章を竜と決め、市の中心に悪竜の像を置いた。それが現在の州都クラーゲンフルト市である。

128 ゴッガウ湖の怪物たち

グラン谷のフェルドキルヘンの町の近くにあるゴッガウ湖は小さいが、恐ろしい怪魚や悪竜、水の精が住んでいて、人びとから恐れられていた。

ある漁師が、湖で巨大な魚を釣ったが、あまりにも魚の力が強く、釣り上げることができなかった。彼は息子に家から牡牛を二頭引いてこさせ、魚を陸揚げしようとしたが、巨大な魚の強い力に引きずられて、反対に牛は湖に引き込まれてしまった。彼は牡牛を二頭も失ったことを悔やんだがあとの祭りだった。後に牛のくびきだけはみつかったが、奇妙なことにそれは隣のクライガー湖に浮いていた。二つの湖は地下でつながっているといわれている。

また、別の漁師は、湖で背びれがのこぎりのようになった巨大な魚の攻撃を受け、舟は背びれで二つに切られ沈没してしまった。そこで、潜水夫が潜ることになったが、危険を避けるため潜水服を九枚重ねて着た。彼が水に潜ると、果たして巨大な魚に襲われ、九枚の潜水服のうち八枚まで背びれのこぎりで切り裂かれ、気息奄々としてやっとのことで浮上した。以後、誰も潜水する勇気のある人はいなかった。

湖にはまた、水の精の若いニンフも住んでいて、このうえなく美しく牛乳のようになめらかな肌と魚の尾をもち、美しい歌声で若者を魅惑し、水に引き込んでしまうといわれる。

若いニンフの父親は水の精で、牡牛が好物なので、魚を餌に牡牛を捕まえて食べるといわれていた。水の精はわがままで乱暴者でもあり、気に入った娘を誘ってむりやり妻にした。娘が両親の元に帰りたがり毎日泣くので、一年後、しかたなしに縄をつけて家に帰した。さもないと娘は二度と自分のもとへ戻ってこないと考えたのである。娘が家に帰り、両親と再会を喜んだのも束の間、水の精は縄を引き、娘を連れ戻そうとした。娘が二度までそれを無視したので、三度目に水の精は縄を強く引き、むりやり娘を水の中に引き込み、娘は二度と姿を見せなかった。

また別の話では、湖底には恐ろしい悪竜も住んでいるという。二頭の牡牛と荷車いっぱいの乾草をひと呑みにするというこの悪竜は、七歳の牡鶏がごみの山の上に赤い卵を生み、三年後に生まれた怪物である。悪竜は巨大になり人間や家畜を次々に呑みこんだので、人びとはなんとかして退治できないかと苦慮していた。

多くの人びとがしりごみする中で、かねてより魔法使いと思われて敬遠されていた老人が方法を講じた。彼は薬草の力をよく知っていたので不思議なことができ、いろいろなことをよく知っていた。彼は人知れぬ土地へ姿を消し、しばらく戻ってこなかったが、やがてさまざまな根、葉、槐（えんじゅ）、苺、茸を持ち帰り、それを煎じて猛毒の薬を作り、牡牛を屠殺してその腸に毒草をつめた。

完成した囮の牡牛は、ある逞しい下男が湖に運んだ。下男が湖に着くや否や悪竜が現われ、牡牛と下男をひと呑みにしてしまった。すると猛毒がたちまち体に回り、悪竜はのたうち回って絶命した。人びとは犠牲となった勇敢な下男に感謝して、毎年彼の命日にミサを捧げたということである。

129　野の男と水の精

ミルシュタット湖の近くに一人のきこりが住んでいた。彼は親切で人なつこい男だったので、野の中で誰に会ってもあいさつして話しかけていた。そこで、彼が森で「野の男」といわれる巨人に会った時も同じようにあいさつした。

「野の男」はふつうの人間と違い、森に住み超自然の力を持っていると信じられていた。けれども、野の男も親切で善良なのできこりと親しみ、やがて、きこりが毎日牛乳に不足していることを知ると持ってきてくれるようになった。きこりは彼の親切に感謝して、何か礼をしたいと思っていると、野の男はいつか自分がきこりを必要とする時が来るから、その時は助けてくれと頼んだ。きこりは自分のような力のない者に、野の男の手助けができるとは思わなかったが承諾した。

ある日、野の男の妻が水の精にさらわれ、ミルシュタット湖に引きずり込まれた。野の男はきこりに、水の精と戦って妻を取り戻すための手助けを頼んだ。すなわち、野の男には弟がいるので二人で協力して水の精を倒そうというのだが、最初に野の男が一人で湖に潜り、水の精と戦い、彼がうなり声をあげた時、きこりに口笛を二度吹いて弟を呼んでほしいというのだ。きこりはなぜ最初から二人で戦わないのかと不思議だったが、野の男の計画に従うことにした。

野の男がミルシュタット湖に跳び込むと、まもなくものすごいうねりと水しぶきがあがり、その荒れ狂うような音で周囲の山々が震えるようだった。きこりは恐ろしさに逃げたくなったが、野の男との約束を思い出して湖畔で耐え、合図を待った。

やがて、湖からものすごいうなり声が聞こえたので、きこりは甲高く口笛を二回吹いた。すると、ほとんど同時に、野の男の弟が山から現われ湖に跳び込んだ。野の男も巨大で醜かったが、その弟はもっと醜かった。しかし二人とも逞しく、弟が飛び込んでまもなく、天地がゆらぐほどの大音響がなり響き、高波が押しよせた。そして、水が真赤に染まったが、すぐに湖面は穏やかになり、野の男の兄弟と妻の三人が湖面に浮かび上がった。兄弟は水の精を殺して妻を取り返したのだった。

のちに、きこりは友人から野の男の妻はどんなだったかと聞かれたが、きこりは覚えていなかった。醜い野の男に対して、野の女はサラ、サーリゲと呼ばれ、非常に美しく魅力的だからである（二〇三頁115話参照）。けれども、荒れ狂う湖の恐ろしさを目のあたりにして膝の震えていたきこりには、野の女を観察する余裕などなかったのである。

130 オシアッハ湖の水の娘

オーストリアのどこの湖もそうであるように、オシアッハ湖にも、かつて水の精が住んでいた。それはまだ妖精が森で円舞を舞い、山の城に小人が住み、隠された金銀宝石を守っていた時代のことである。

ある漁師の若者が、恋人と満月の晩に湖で小舟にのっていると、水の精の若い娘が小舟を揺らしてたわむれた。水の精が漁師の若者に恋して水中に誘い込むことは知られていた。この時も、水の精は恋人から若者を奪おうとしたのである。水の精は魅惑的で神秘的で非常に美しく、若者は一目で恋をした。

そして次の晩、彼は一人で湖へ行き舟を漕ぐと、すぐに水の精が小舟にのりこみ、甘い言葉と歌うような声で彼を虜にしてしまった。そして、彼は恋人も故郷もすべて忘れ、水の精のことばかり思いつめるようになった。彼は、水の精が現われる次の満月の晩を待ち焦がれ、漁に出る時も家にいる時も黙り込み、暗い表情をしていた。

一カ月後の満月の晩、若者は再び小舟で湖に出たが、水の精が小舟にのりこみ甘い言葉でささやいても、今夜の彼は魅了されなかった。故郷と恋人を捨てた後悔の念が強く、恋人が、彼女を捨てた不実な自分を思って泣いていることを知っているので、水の精の声が耳に入らなかったのだ。しかし、水の精には苦しみや悲しみの情がなく、彼の気持ちにおかまいなしに笑うのだった。彼が悩みを訴えても、水の精は冗談めかして鈴を振るような声で笑うだけだった。その態度がいかにも自分勝手だったため、若者は腹を立て、水の精への恋はすっかり消え、水の精を湖へ突き落としさっさと家へ帰ってしまった。

水の精の若い娘は若者に無視された悔しさに震えながら、湖底の水晶宮へ戻っていった。そして、若者に復讐しようとした。しかし、水の精の世界では、若い娘はみんな水の男と呼ばれる父親の水の精に従わねばならず、娘の勝手な行動は許されなかった。そこで、智恵をめぐらせた彼女は、父親の昼食のワインに強い睡眠薬をたっぷり盛り、父親が眠っている間に急いで潮の流れを調節する蛇口を全部解放した。すると、たちまち洪水が起こり、人びとは驚いて必死で家畜を引いて高みに逃げた。たった一人漁師の若者だけが逃げおくれ水に流されていった。彼の恋人は屋根の上に逃げて無事だったが、彼が水に流されていくのを見ると、彼女も跳び込み水の中でいっしょになり、ともに死んでしまった。洪水の犠牲者はこの二人だけだった。

一方、眠りから覚めた父親は、娘の勝手な行動で洪水になったことに気づき、急いで蛇口を閉め潮流を元に戻した。そこで水はただちに引いたが、父親は娘の個人的な恨みで起こした復讐の悪行を叱責し、罰として人間の娘にした。彼女は人間になっても、恋した若者がその恋人と死んでしまったので、孤独で毎日泣き暮らした。水の精だった時には悲しみがわからなかったが、人間になった今は苦しい涙ばかりであった。

父親は追放された娘のあまりにも悲しそうな嘆きの声に憐れを催したが、罰を軽くするわけにもいかず、懺悔の証として涙で漆喰をこねて煉瓦を積み教会を造ったら、湖底の水晶宮へ帰ってきてよいと言った。彼女は湖畔の高みに教会を建て始めた。果てしない長い時間が過ぎ、彼女の後悔の涙で教会が完成した時、やっと許されて、彼女は再び水の精の世界へ帰っていった。

その教会が、今日オシアッハ湖の南岸にあるタウアーン小教会である。

131 ドラウ谷の悪魔の橋

「悪魔の橋」という地名はオーストリア各地にあるが、多くは難所に架けられた橋をさす。人間技では架けるのがとても不可能にみえる場所の橋なので、悪魔の超能力を借りたというのである。また、水の流れが狭く激しく、岩が両岸から迫っている場合にも、そこを渡る時の危険と恐ろしい水流から「悪魔の橋」と名づけることもある。ケアンテン州を流れるドラウ川にもそのような場所がある。

ドラウ川の流れるドラウ谷のほぼ中央にフェルカーマークト市があり、そこでは三つの巨岩が流れを狭めている。そして、谷の反対側には聖ペーター山がそびえ、その頂上にかつて小教会堂が建っていた。三つの巨岩は元来、山の頂にあり、小教会堂の防風岩であった。ことに風雪の厳しい冬に吹きさらしになる教会を、少しでも守ろうとしたのである。

ある日、空を飛んでいた悪魔が三つの巨岩に気づき、なぜ岩がそこにあるのか理由を知ろうとした。悪魔はさっそく金持ちの商人に変装し、近くの食堂へ行き、そこにいた老人に巨岩の意味を尋ねた。そして、教会の風雪除けだと知った悪魔は、岩をどけて教会をつぶしてしまおうと考えた。悪魔にとって信心深い人びとや教会は目の上のたんこぶなのである。

その年の聖夜に、人びとが教会で深夜ミサを捧げている時、悪魔は嵐のような風を起こし、三つの巨岩を吹き飛ばしてドラウ谷へ落としただけでなく、猛吹雪で教会をすっぽり雪に埋めてしまった。悪魔は、これで教会もろとも信心深い人びとは凍死したとほくそえんで姿を消した。

クリスマスの朝、猛吹雪がやみ、聖夜の夜ふけのものすごい地響きは何だったのかとようすを見に、人びとが外へ出てきた。すると山頂の岩がすべて消え失せ、教会は雪の中に埋もれて跡形もなかった。谷の人びとがあわてて山頂に登ると、雪の下からオルガンと合唱の声が聞こえ、教会も人も無事であった。人びとは雪をかきわけ救出した。

悪魔の落とした三つの巨岩は今もドラウ川に残っており、その岩のために流れが遮られ激しい流れがごうごうと渦巻いている。雪深いオーストリアでは、ケアンテン州のみならず、吹雪と雪崩のためにアルプスの寒村が雪で埋もれる被害が毎年あとを絶たない。

132　ルンペルバッハ村の鍛冶屋の三つの願い

昔、紀元前後にクアク谷のルンペルバッハ村に一人の貧しい鍛冶屋が住んでいた。彼はまだ独身で妻を欲しがっていたが、金がないため嫁の来てがなかった。そこで彼は悪魔と契約を結び、鍛冶場の床から天井まで黄金で埋めてもらい、その代償に悪魔は十年後、彼の魂をもらうことになった。裕福になった彼は好きな女性を妻にもらい、元気に楽しく暮らした。十年間そのような楽しい生活が続いた。

ある日、ヘロデ王にナザレを追われたヨセフとマリアが赤子イエスを抱いてエジプトに逃げる時、ルンペルバッハを通り、鍛冶屋でろばに蹄鉄を打ってもらった。鍛冶屋は喜んで仕事を引き受け、報酬を望まなかったので、ヨセフは三つの願いを叶えてやると言った。すると鍛冶屋は、誰かが座ったら自分が言うまで起きられない椅子、登って実を食べたら降りられないさくらんぼうの木、入ったら出てこられない袋を願った。ヨセフとマリアはその願いをききとどけ、鍛冶屋夫婦を祝福して去っていった。

その後まもなく、悪魔との契約期限がきたので、悪魔は魂を引き取りに訪れた。鍛冶屋は少しも臆することなく、悪魔に椅子に座るように勧め、その間に地獄行きの旅行の準備をしてくると言い残して部屋を出た。そして、鍛冶屋は旅行鞄を持っていかにも出かけるようなふりをして悪魔をせきたてたが、悪魔はどうしても椅子から立ちあがれず、悲鳴を上げて助けを求めた。鍛冶屋は悠々と契約破棄を求め、悪魔は契約書を破いて火にくべた。そこで魂を取られなくてすむとわかった鍛冶屋は悪魔を椅子から開放し、悪魔は地獄へ逃げ帰った。

地獄でこの話をきいた悪魔の仲間は、自分が行こうと言い始めた。この悪魔は自分ならうまくできると信じていたので、椅子の作戦にひっかからないよう、前の悪魔の話をよく聞いていた。しかし、自信過剰だった彼は椅子以外のことは考えず、鍛冶屋の家の前にあったさくらんぼうの木を見ると食べたくなって、木に登り食べ始めた。すると、悪魔は木から降りられなくなり、必死で助けを求め、鍛冶屋に二度と来ないと約束して降ろしてもらい地獄へ逃げ帰った。

地獄ではこの話で持ち切りになり、とうとう魔王ルシファー自身が鍛冶屋の魂を連れてくると言い出した。魔王は椅子とさくらんぼうの木には目もくれず、自分は部下の悪魔より利口だとうぬぼれていたので、鍛冶屋の仕事場に入ると、袋に入ってようすを窺っていた。すると、鍛冶屋は袋の口をしっかり縛り、上から金槌でどんどん叩いたので、魔王は悲鳴をあげて助けを乞うた。けれども袋からどうしても出ることができず、鍛冶屋に頼んでやっと出してもらい、黒い鳩になって地獄へ逃げ戻った。そして、その後は鍛冶屋の魂を持っていこうとする悪魔がいなかったので、鍛冶屋は悠々と幸福な一生を終えた。

死ぬ時には記念に鍛冶道具を一式そろえてあの世に持っていったが、天国の入口では番人の聖ペテロが、彼の地上の行ないが悪かったといって入れてくれなかった。しかたなしに地獄へ行くと、魔王を始め悪魔は鍛冶屋の仕打ちに懲りていたのでこわがって入れてくれず、また天国の入口へ引き返した。そして、天国に入る機会を窺っていると、馬に乗った人が馬もろとも天国に入ったので、次の老婆が徒歩で天国に入ろうとした時、すばやく馬に化け、老婆をのせていっしょに天国へ入ってしまった。聖ペテロは、鍛冶屋を見ると顔をしかめたが、ヨセフとマリアがエジプトへ逃げる途中、ろばに蹄鉄を打ってくれた鍛冶屋だと弁護してくれたので、天国にいてよいことになった。

天国の生活はすばらしかったが、ある日地上を見下ろすと、彼の妻が別の男と再婚しようとしているのが見えたので、妬ましさに金槌を落として二人とも殺してしまった。その罰として、鍛冶屋は天国を追放され、永遠に天と地の間をさまよわねばならなくなったという。

133　鉄の動物の呪い

古来、妬み深い人びとは、他人の家畜や家族を呪い、病気や不幸、災難が見舞うよう黒魔術を行なった。大昔には、そのためのある特定の記号や道具があったという。

ケアンテン州クアク谷にも黒魔術があった。グレドニッツ村の農夫は、すばらしい馬を持っていて、馬がどんな病気になっても薬草を使ってすぐに治すことができた。村の人びとにとっては、自分たちばかり家畜の病気にてこずり、彼一人が健康な馬を持っているのを見ることに耐えられず、妬みと憎悪からひそかに黒魔術に頼り、彼と馬を不幸に陥れようとした。

ある日、農夫が村の食堂で自分の馬を自慢すると、たちまちその馬が病気になった。いつもぐったりして力がなく、どんな薬草も飼料も効かなかった。彼は町から医者を呼んだが、医者にもなすすべがなく馬は死んでしまった。一番大切な馬を失った彼の衝撃は激しく、農作業もうわのそらであった。そこで収穫は下がり、乾草は雨で腐り、残った家畜も飢えてやせ衰えていった。彼は村人が自分の馬を妬んで呪いをかけたに違いないと気がついた。

村一番の老女がそのようすを見て、彼女の若い頃同じような無気味な家畜の死が続いたことを思い出し、農夫に伝えた。死んだ家畜はどれもが他の家のより立派だったため、村人の妬みを買い、呪い殺されたというのだ。老女は、死んだ馬の馬小屋の地面を掘ると何かが見つかると助言し、最初は疑っていた農夫もやがて老女にいわれるとおりにした。すると、いくらも掘らないうちに、小さな鉄でできた牛と人間が見つかった。老女は、すぐにその鉄牛と鉄人間を取り除き、周囲の土を川に捨て、川の水を桶いっぱいに汲んで鉄牛と鉄人間の埋まっていた穴へ流し、再び穴を新しい土で埋めるように指図した。農夫はそれを聞いて、子供の頃、同じような鉄牛の話を聞き、家の暖炉の上にもいくつか置いてあったので、何も知らずにそれで遊んだことを思い出した。しかし、その鉄牛はいつのまにか消えていたのだ。何に使ったのか、子供の彼にはわからなかった。

老女は、牡牛に呪いをかけるには鉄の牡牛、牝牛には鉄の牝牛と決まっているので、鉄の牛といっしょに見つかった鉄の人間は、村人が農夫を殺そうとしていた証拠だと言った。農夫はそれを聞いて、背筋に水を浴びせられたように思ったが、老女の言うとおりにした後にはすべて好調で、家畜も死ぬことがなくなり、農夫も無事に一生を終えることができた。

134 マルガレータ・マウルタッシュのホーホスタービッツ城攻め

マルガレータ・マウルタッシュは一三一八年にケアンテンとティロルを治めていたハインリッヒ二世の娘としてティロルで生まれ、父の所領を相続した。彼女は醜いだけでなく非常に残忍な悪女の典型とされ、現在まで「悪女グレーテル」の名前で呼ばれている。

ホーホスタービッツ城は、州都クラーゲンフルトに近いグラン谷のマグダレンベアク山にあり、十三世紀にシェンク・フォン・オスタビッツによって建造された。ちなみに現在の城塞は一五四一年、クリストフ・ケーフェンフューラーによって建てられたものであり、ケアンテン州屈指の城として今日まで知られている。

マルガレータは女丈夫で、戦いを好み、部下の男をひきいて城を次々に攻め落とし、略奪と殺戮をほしいままにして人びとを苦しめた。彼女は人びとの生活のことはいっさい頭になく、権力を誇示して見せたかったのである。グラン谷のディートリッヒシュタイン城では攻撃を知って人びとが城を捨てて逃げ去った後だったので、彼女は戦う機会がなかったことに失望し、せめてもの腹いせに城に火をかけ、瓦礫の山にした。

ケアンテンの人びとは、マルガレータに対抗するため、ホーホスタービッツ城の主人ラインヘア・フォン・オスタビッツの下に集まった。

マルガレータはこれを聞いてホーホスタービッツ城を攻めようと部下をひきいて押しよせた。彼女は、この城も簡単に落とせると考えて攻め寄せたのだが、城はなかなか落ちなかった。彼女は焦燥を感じながらも攻撃の手を変えて兵糧攻めにした。そして、城の主人に優しい言葉で手紙を書き、このような立派な城と勇敢な城主や貴族たちを皆殺しにするのは忍び難いので、無条件降伏して開城するように勧めた。一方で、その焦燥を周囲の住民への殺戮、略奪、放火で晴らしていた。城主はそれを城から見ていたので、彼女の甘い手紙の裏は十分に読んでいた。

しかし、城内も兵糧攻めのために窮乏していた。実際に、馬、犬、猫まで殺して食べても毎日餓死者が続出した。この状況から、城主と貴族は相談し、籠城が長くなればなるほど自分たちは大変だが、敵にとっても同じでないかと想像した。事実そのとおりで、村を略奪、放火してしまったので糧食がなく、マルガレータも一日も早く城攻めを終えて引き上げたかったのである。そこで城主は、いちかばちかの賭を打ち、城に残っていたライ麦と牛肉を、あるかぎり城壁から故意に捨て、城内に糧食があり余っているように見せた。

マルガレータはこの計略に欺かれ、城の降伏と開城は不可能と失望して、兵を引き上げた。彼女はその際、何を思ったのか、兵士全員に命令を下し、兜に土を盛って城に向かって投げ捨てるようにさせた。その時にできた土の山を「マウルタッシュの瓦礫」と呼び、今日も城の前に残っている。

余談になるが、マルガレータはケアンテン侯国の征服に失敗し、ケアンテン侯国の統治権をハプスブルク王室に譲り渡した後、ティロル侯国のみを統治していたが、一三六三年に、ティロル侯国をもハプスブルク家のルドルフ四世に奪われティロルを去った。以後ウィーンに住んだが、醜い容貌と高慢な残忍さのために周囲すべてから見捨てられ、ティロルに戻ろうとしたがそれもできず、一三六九年十月三日にウィーン郊外の小村で失意と困窮のうちに死んだ。

彼女は最後のティロル侯であり、以後、ティロル侯国はオーストリアのハプスブルク帝国の支配下に置かれ、独立国となることはなかった。そして、マルガレータの死んだ小村は、現在ウィーン五区に当たり、彼女の名前をとって、五区の名称は「マルガレータ」とされている。彼女が本当に残忍冷酷な権高な女性だったのか、戦争のためにそうなったのか、現在では意見が分かれている。しかし、人びとの間では悪女グレーテルとして名高いのである。

135　グラン谷のトルコ坂

グラン谷の中心サンクト・バイト市の近郊にタ－ゲンブルン城の廃墟が残っている。十字軍遠征当時には、ここに騎士ハインリッヒ・フォン・タ－ゲンブルンと信心深い妻のヒルデガルドが住んでいた。夫が十字軍に加わってトルコへ出征する時、妻は貞操の証として夫に白いシャツを渡し、つねにそれを身につけているように頼んだ。夫は承諾したが、遠征中にトルコ軍の捕虜となり、奴隷として引き牛にされ、毎日炎熱の下で田畑を耕さねばならなくなった。けれども不思議なことに、妻の贈った白いシャツはどんなに汗と泥にまみれても汚れず、つねに真白であった。このことが奇跡としてトルコ王の耳に入り、王は彼を呼びよせて、白いシャツの由来を尋ねた。彼は、自分の妻が貞操であるかぎり、シャツは白いのだと説明すると、王は彼の妻の貞操を試そうと考えた。

王は使者を彼の城に送り、妻に、夫がトルコの奴隷となっていることを告げ、夫を捨てるようにありとあらゆる誘惑を行なった。王は、すべての女は夫を裏切ると簡単に考えていたので、ヒルデガルドもあっさり誘惑にのると思い、ハインリッヒを苦しめようとしたのだが、彼女は最後までその手にのらず王の使者は空しく帰っていった。

夫の受難を知ったヒルデガルドは修道士に変装し、トルコへ行って竪琴を弾き、王の注意を引きつけ、すっかり満足させた。そして、褒美として、十字軍の捕虜を一人連れていってよいという許しをもらったので、ただちに夫を見つけ出して、二人で帰途についた。けれども、彼女は変装をとかず、修道士のまま夫と同行し、ターゲンブルン城に近いライバッハの町で別れた。その時に、記念として白いシャツの切れ端を所望し、ハインリッヒもそれを与えた。

夫と別れたヒルデガルドは、変装をとき、夫に先回りして城に戻って、何食わぬ顔で夫を迎えた。一方、ハインリッヒは修道士と別れてから、城の近くの人びとから、彼の留守中男が訪ねてきていたことを聞いた。それはトルコ王の手先だったのだが、人びとには妻が誘惑に負けていたように映っていたのである。

ハインリッヒは不安になり、ヒルデガルドの貞操を疑い妻に問い糾した。するとヒルデガルドは、竪琴を持った修道士に変装し、別れの記念にもらった白いシャツの切れ端を見せたので、自分の救い主が妻だったことを知り妻に謝った。そして、トルコ王の手先が登ってきた城への坂道は、トルコ坂と呼ばれるようになった。

七　サルツブルク州

136　ウンターベアク山のカール皇帝

サルツブルク市から南へ下ってドイツと国境を接するところにウンターベアク山（標高一八五三メートル）がある。ここは古来、さまざまな神秘を秘めていて、何が起こっても不思議ではなかった。ことに知られているのが、山中奥深く皇帝が眠っているという話である。

その一人がカール皇帝で、神聖ローマ帝国のカール大帝、ハプスブルクのカール五世（一五〇〇―五八）、カール大公（一五四〇―九〇）、あるいはヨーセフ二世（一七四一―九〇）など、だれなのかはっきりしていない。もう一人が皇帝ロートバルト（赤ひげ）で、神聖ローマ帝国のフリードリッヒ・バルバロッサといわれる。どちらの皇帝も無尽蔵の宝を所有し、豪華絢爛たる山中の宮殿に住んでいるが、人間はそこへ行くことができない。皇帝の宮殿には部下の貴族、兵士のほかに巨人と小人がいて、おもに小人が人間界で跳梁し、選ばれた人を皇帝のもとへつれていくことがある。カール皇帝は、百年に一度目を覚まし、その時、行きあわせた人間がお目通りを許されるという。

ある日、ウンターベアク山麓で羊と山羊と小羊

140 小人ハーネンギッケ

を飼っている少年が、仕事の合間に笛を吹いていると、目の前に突然小人が現われ、カール皇帝に拝閲するかと尋ねた。少年が喜んで承知したので、小人は少年を案内して、やぶから岩を越え、洞窟から洞窟へ抜け、山の奥深く入り、ついに鉄の扉の前に来た。その向こうに皇帝の宮殿があると誰が想像できただろうか。少年は期待で胸をときめかせた。小人がちょっと扉に触れただけで、きしるような音を轟かせながら鉄の扉が開いた。

中は輝くばかりの広間が百以上続いていた。広間の壁は銀で、紅玉などまばゆい宝石がちりばめられていた。いたる所に護衛、騎士、従僕が立っていたが、彼らは彫像のように動かなかった。中央の部屋には黄金の玉座があり、カール皇帝が大理石の机に向かって腰かけていた。光輝く宝冠をかぶり、長く白い髭が大理石の机の上まで伸び、その目は眠っているように閉じられていた。侯爵、伯爵などの貴族、僧正などの高位聖職者、高価な甲冑に身を固めた兵士も皇帝の周囲で同じように眠っていた。

少年が恭しく膝を折ってお辞儀をすると、皇帝は頭をもたげ、目をゆっくり開いて少年を夢うつつのように見つめ、口を動かした。

「山の上を烏が飛ぶ時が訪れたか」

と皇帝は少年に問い、少年は無我夢中で、

「烏はつねに飛んでおります」

と答えた。すると皇帝は、

「まだ百年待たねばならない」

とつぶやき、再び眠りに落ちた。周囲の騎士も貴族も、皇帝が問いを発している間は頭をもたげて少年を見つめたが、やがて、また眠りに落ちた。

小人は少年に合図して皇帝の前を下がり、鉄の扉を出ると、少年の山羊と小羊のところまで道案内した。山羊と小羊は何事もなかったようにおとなしく草を食んでいた。小人は少年にどっさり謝礼を与えると、どこへともなくふっと姿を消した。

137　ウンターベアク山の白樺の枝

ウンターベアク山では、ロートバルト皇帝やカール皇帝に会って金をもらったという話が多く伝わる。

ある音楽隊がティロル州から上部オーストリア州まで行こうとウンターベアク山を通った。麓のニーダーアルム村まで来た時日が暮れたので、一人がふざけて、このまま夜中の十二時を待って、ロートバルト皇帝に音楽を捧げようと言い出した。そうすれば皇帝からいくらかの礼がもらえるのではないかと期待したのだ。一行四人の一番若い男は、眠っている皇帝の逆鱗に触れると反対したが、あとの三人はすっかりその気になっていた。

ニーダーアルムの村の鐘が十二時を告げると、四人は山中で音楽を始めた。すると、すばらしく美しい女性が近づいてきて、彼らを山中の宮殿に案内した。彼女は皇帝の娘で、四人に皇帝の前で演奏するよう要請を受けてきたのだった。宮殿内はそれはそれは豪華で、中央の黄金の玉座には真白な長い髭をはやした皇帝が黄金の冠を頭に戴き、大理石の机を前にして鎮座していた。大勢の臣下や貴族が豪華な衣装を身にまとい、さざめいていた。

王女の合図で四人が音楽を始めると、人びとは非常に喜び、彼らを取りまいた。ひとしきり演奏すると、すばらしい食卓に案内され、小人の給仕でえもいえぬごちそうに舌鼓を打った。旅の音楽師にとってこのようなごちそうははじめてだった。食後、再び演奏を求められ、そのまま夜明けまで演奏を続けた。

翌朝、宮殿の入口で別れを告げた時、接待役の小人は、演奏の礼として四人に一本ずつ白樺の枝を渡した。多額の謝礼を期待していた三人は失望してすぐ投げ捨てたが、一番若い一人は皇帝の記念にと大切に持ち帰った。帰宅後、彼は妻に山中の皇帝の宮殿のようすや不思議な一夜の演奏を語ってきかせ、土産の枝を瓶にさしておいた。すると、彼らが教会へ行っている間に、枝は金に変わっていた。そのおかげで、暮らしは豊かになり、音楽の道もどんどん上達するようになった。

それを聞いたあとの三人は悔しがり、ウンターベアク山へ駆けつけたが、山の近くまで来ると山上から大岩が落ちてきて、あっというまに三人を押しつぶし、二度と彼らの姿を見た者はいなかったという。

138　ウンターベアク山の結婚式

遠い昔、ウンターベアク山麓で、村人が結婚式の宴を張っていた。人びとの話題は、山中で眠るロートバルト皇帝に集中し、何百年も前に大勢の兵とともに山中に消えたことや、皇帝の報酬の白樺の枝が金に変わることなどで、自分たちもあやかりたいと口々に言いあった。

すると、その瞬間にどこからともなく小人が現われ、山中の案内を申し出た。人びとは神秘的なロートバルト皇帝に会ってみたい好奇心にかられ、全員そろって小人のあとについていった。

山中の宮殿は金銀、宝石で床から天井まで埋めつくされ、不思議な灯の下に輝いていた。一行は、すばらしい食卓に案内され、大喜びで山海の珍味に舌鼓を打った。そして満足し、疲れて眠ってしまった。目を覚ました時、彼らは、ほんのちょっとうたた寝をしただけだと思い、食卓に残っていた料理と酒を再び味わい始めた。給仕の小人は、彼らがもてなしを喜んでくれたので、嬉しそうにせっせと給仕を勧め、新たに料理と酒を運んできた。

そして、そろそろ帰った方がよいと誰ともなく言い始めると、小人は引き止めもせず、出口に案内した。ところが、外へ出た彼らは驚いて目を何度もこすった。留守の間に一体何が起こったのか、山は確かにあるのだが、結婚式の宴の跡は消え失せ、見知らぬ家や道ばかりだった。人びともすっかり変わり、知っている人がいないばかりか、見たこともない不思議な服装をしていた。そして、人びとも彼らを不思議そうに見ていた。狐につままれたようにそれぞれの家に戻ると家族はおらず、その代わりに全く知らない人達が住んでいた。

彼らは不安が募り、村がどうなったのか知ろうと神父のもとを訪れた。彼らの話をじっくり聞いた神父は、彼が子供の頃聞いた話を思い出し、百年前に隣り村の結婚式の宴が山麓で行なわれた時、出席者全員が消息を絶ち、八方手を尽くして探しても痕跡がなく、今日まで行方知れずだということを語ってきかせた。百年前の教会年代記にもそれが記され、彼らは、宮殿で過ごしたわずか数時間が外の世界で百年に相当したことを知って、どうすることもできなかったという。

139 ウンターベアク山とぶどう酒商人

今から百五十年以上前、ティロル州の上等なぶどう酒をサルツブルク州で売っていた商人が、ウンターベアク山に近いハラインの町から注文を受け、そこへぶどう酒を運んだ。

彼が荷馬車を、ウンターベアク山麓のニーダーアルム村まで進めた時、突然小人が現われ、何を運んでいるのか、と彼に尋ねた。そして、上等のぶどう酒だと知ると、ハラインの注文はこの次にして、自分といっしょに来るように言った。商人はハラインの注文を反故にしたくなかったので断ったが、小人はもっとよい商売になるのだと怒って脅した。商人は小人の怒りと脅しにおびえていっしょに行くことにした。けれども、自分がどうなるのか、小人の話がどこまで本当なのか、ぶどう酒をいくらで買ってくれるつもりなのか、不安でしかたがなかった。

商人が承知したので小人は馬車をあやつり、険しい山道をあたかも平胆な道のように軽々と走らせて、ウンターベアク山中に入った。そして商人がうたた寝をしている間に、岩の上にそびえるすばらしい城に着いた。いくつもの塔がそびえ、城壁は白い大理石で窓ガラスは水晶でできていた。城の周囲には堀が巡らされ、門からはね上げ橋が続いていた。商人の馬車が庭に着くと、城内の人びとは珍しそうに窓から顔を出した。小人はすぐに城の酒蔵管理人を呼び、ぶどう酒を運び入れ、商人を歓迎して城の中へ案内した。

小人はまず商人を食卓に招待し、酒と料理でもてなした後、さらに城の奥へ案内した。金の階段を登り大広間へ入ると、豪華な絵画や銅像が並んでいた。等身大の四個の銅像は金の鎖で捕虜のように手を縛られ、鎖の先はひとりの小人の像に握られていた。世界が四つに分かれて戦うのか、世界の王が小人になるのか、商人にはその意味がわからなかった。

次の部屋はさらに豪華で、高価な武器がずらりと飾られ、中央の机の前に一人の小人が立っていて、商人に袋いっぱいの金貨を支払った。袋には二一六〇ドカーテンも入っていた。小人は商人に、別のぶどう酒をも売るように勧め、生涯、商売が上首尾にいくことを約束したが、自分達山中の小人の話はしないよう堅く口止めした。商人が承諾したので、案内の小人は彼を荷馬車のもとへ連れて行った。そして彼の馬が盲だと知ると、緑の石をあてて見えるようにしてくれた。小人はその緑の石を商人に与えて、他の盲の馬も治すように言った。

商人が城を出てしばらく走ると、突然、最初に小人に出会った場所に来ていた。彼は家に帰り、生涯幸運に恵まれて商売に励み、小人との約束を守って誰にも山中の城の話をしなかった。そして、臨終ではじめて、小人の話をうちあけたという。

140 小人ハーネンギッケル

スイス生まれの名医テオフラストス・パラセルスース（四六頁20話参照）は、一五二八年にスイスのバーセルからサルツブルク市に移り住んでいたが、彼を慕って多くの患者が訪れていた。

ある裕福な夫人も彼の噂を聞いて、長年の不治の病を治してもらおうと地方の町からサルツブルク市を訪れた。しかしパラセルスースは、夫人の病は自分にも治すことはできないと、首を振ったので、彼女はわざわざサルツブルクへ来た甲斐もなく絶望して泣いていた。

　すると、夫人の泊まっているホテルの部屋にウンターベアク山の賢い小人が訪れ、もしも一年後の今日まで自分の名前を覚えていてくれるのならすぐに病を治してあげると約束した。小人の名はハーネンギッケルで、夫人はその名前を一年間忘れずにいるのは造作もないと思って承知した。小人は、もしも夫人が彼の名前を忘れたなら、彼の妻にならねばならないと念を押して姿を消した。

　その日から、夫人の容態はみるみる回復し、夫人はまもなく地方の自分の家に戻り、幸福に暮らした。ところが、小人と約束したということは忘れなかったものの、肝心の名前をすっかり忘れてしまった。夫人はなんとかして小人の名前を知ろうと手を尽くし、財産の半分を譲るという条件で人びとの応援を頼んだ。

　まもなく一年の期限が切れるころ、夫人の住んでいる町の貧しいある娘が、病気の母親のためにウンターベアク山へ薬草を採りに行った。すると、森の中の岩の上で小人が歌いながら踊っていた。娘が、不思議に思って木陰から見ていると、

　嬉しいな。もうすぐ婚礼
　あの女性(ひと)は知らない
　俺様の名前がハーネンギッケルだって

と歌っているのが聞こえた。娘は、裕福な夫人が小人の名前を探している話に思い当たり、急いで夫人のもとへ駆けつけた。

　夫人は娘が名前を知らせてくれたことを非常に喜び、約束どおり、財産の半分を譲ったので、貧しい母娘はそれから何不自由なく暮らすことができた。そして、小人のハーネンギッケルは、夫人が自分の名前を思い出したことを知ったのか、約束の日が来ても夫人のところへ現われなかった。そのため、夫人は健康で幸福な一生を送ることができ、大変長生きしたという。

141　サルツブルクのパラセルスース

名医パラセルスースは、万能薬を持っていることで知られていて、その万能薬はわずか一滴でど

んな病をも治し、百歳まで長寿を保つこともできたという。さらに錬金術にもたけていて、いくらでも金を作り、植物や動物の言葉も理解できた。妬み深い人びとは彼が悪魔と契約を結んでいると悪口を言いふらしていた。

伝説では、彼がインスブルックで勉強中、悪魔から薬をもらったといわれる。ある日、彼が森へ散策と瞑想に赴くと、木の中から助けを求める声がきこえてきた。どうやら木の中に悪魔がとじこめられているらしく、樹皮の上に三つの十字架が刻まれているので、悪魔は木の間から動くことができないのだった。彼はどんな病気も治せる万能薬と、すべてを黄金に変える薬と引きかえに悪魔を解放してやった。彼が、ナイフで樹皮をはぐと、悪魔は大きな蜘蛛となってうろの中に入っていた。蜘蛛は糸を下ろし、うろの外に出ると、たちまち山羊の足と赤いマントのやせた背の高い悪魔本来の姿に戻った。

悪魔は樅の木の間を通り、ある岩壁まで来ると、手のひと打ちで岩壁をあけ中に入り、二つの小瓶を持ってきてパラセルスースに渡した。それが万能薬と錬金術の薬だった。悪魔はこれからインスブルックへ行き、自分を木のうろにとじこめた男に報復するというので、医者はその男が気の毒になった。そこで、彼は知恵を巡らし、悪魔に先刻の蜘蛛が本当にあんただったのか、もう一度知りたいと鎌をかけた。すると、悪魔はたちまち大きな黒蜘蛛になり、木のうろに入ってみせたので、医者はすぐにうろを塞ぎ、そこに三つの十字架を描いて、悪魔を再びとじこめてしまった。

一方、彼はサルツブルクへ移り、悪魔からもらった万能薬でたちまち名医となった。そして財産と名声をほしいままにしていたが、妬み深い人びとの陰口のためにしだいに患者を失っていった。彼らはどんな万能薬も効かない死の薬、ダイヤモンドの粉薬を医者に送りつけて、彼を死に至らしめようとした。パラセルスースはそれを口に入れてしまい、死の床についた。

それは一五四一年のことで、パラセルスースはその臨終のとき、下男に言いつけて彼の研究室にある瓶に入っている黄色い薬をサルツァッハ川へ捨てさせた。下男はそれが医者の開発した万能薬だとわかっていたので、捨てるのは惜しいと思い、捨てたふりをして主人に報告した。しかし、捨てても川に異常がなかったと話したことからそがばれて、医者はもう一度、本当に川へ捨てに行かせた。下男が主人の怒りを恐れて、瓶の中身を川へ投げ捨てたとき、水が湧き返り、川はたちまち黄金で溢れた。これが、今日もサルツァッハ川で採れる砂金の由来だという。

医者は、下男のこの報告に満足した。そしてダイヤモンドの粉薬を喉から取り除く術を講じ、下男を部屋から遠ざけ、二匹の蜘蛛を呼ぶと、喉にひっかかっているダイヤモンドの粉を蜘蛛に運ばせて取り除こうとした。蜘蛛は彼の言うとおり、ダイヤモンドの粉を喉からつまみ上げて運びはじめたのだが、下男がようすを見ようと扉をあけてしまったので、その音に驚いた蜘蛛が粉を落とし、パラセルスースは死んでしまったという。

142　ファウスト博士と酒蔵管理人

有名なファウスト博士は悪魔メフィストヘレスと契約を結んだ悪い印象があるが、サルツブルクに伝わる彼のイメージは、悪戯好きで快楽的な魔法使いである。

彼は酒が好きで、毎晩町の居酒屋を飲み歩き、仲間とともに大騒ぎを起こした。酔いがまわると居酒屋の酒にけちをつけ、主人が店で最高のぶどう酒樽の口を切って持っていっても、まずい、というのだった。主人は怒って、サルツブルク大司教の酒蔵へ行けばどんな酒でもあるからお口に合うでしょう、と嫌みを言った。

ファウスト博士と仲間は、それを聞いて小躍りし、すぐに店を出ると、店の脇に置いてあったはしごに乗り、呪文を唱えて大司教の酒蔵へ向かって空を飛んでいった。サルツブルク大司教の酒蔵は庶民には一生味わえないようなすばらしいぶどう酒がぎっしりつまっているといわれていたのだ。ファウスト博士の呪文で、酒蔵の入口は自動的に開き、博士は仲間とともに喚声をあげ、ずらりと並んだぶどう酒樽の口を開けて、次々に飲み始めた。樽のぶどう酒はどれも絶品で、博士と仲間はすっかりご機嫌になってしまった。

この時、大司教の酒蔵管理人が宴会のために上等のぶどう酒を求めて、酒蔵へ下りてきた。彼は、酒蔵の中で泥酔した男たちが大騒ぎをしているのを見て、大司教に知らせようとした。博士はそうされては困るので、酒蔵管理人を拐ってそこを出ることにした。彼らとともにはしごの馬に乗せられた酒蔵管理人は、最後の審判のときが来たか、と生きた心地もしなかった。博士は彼をからかい、故意に急上昇、急降下、宙返りをして管理人を死ぬほどこわがらせて大笑いした。

夜明けまで州の隅々を飛びまわり、大森林の上を通過した時、酒蔵管理人をやっとはしごから下ろしたのだが、博士の悪意あるいたずらのため、森の一番高い樅の木の頂きに置き去りにされてしまった。残された管理人は、やっとのことで恐ろしいはしご飛びから解放されたものの地上へ下りられず、寒い冬の明け方、木の頂きで凍えながら助けを求めていた。はじめに通りがかったきこりは、お化けと間違えて逃げ去ったが、次に通りがかった農夫が大司教館に知らせたので、彼はやっと下へ降りることができた。

そして、大司教の酒蔵へ戻ったものの、二度と酒に手を出す勇気はなくなったという。

143　小人の宝

サルツブルク州ピンツガウ地方のノイキルヘン町に、昔一人の騎士が住んでいた。当時は国中が乱れて戦争が絶えず、騎士も出征しなければならなかった。彼は裕福だったので、出征中略奪されないように全財産を人知れぬ場所に隠した。しかし、彼は戦死し、彼の財産は誰にも知られないまま埋もれていた。そして、騎士自身は自分で財産を掘り出すこともできず、成仏できないまま小人となり森をさまよっていた。

この小人は悪戯好きで、鬼火となって旅人を脅し、豚となって人の後をつけまわした。ある時一人の農夫が薪を集めに森へ入り、木を切ろうとすると、どこからか、

「別の木を切れ」

という声が響いてきた。よく見ると近くの枝に小人が座っていて、彼に話しかけていた。農夫は例の悪戯かと警戒したが、小人は、自分は彼の名づけ親だと言い、名づけ子にはよい贈り物をするものだと彼を安心させた。そして、小人の指図のままに別の木を切り倒した。大木だったので切り倒すのは容易でなかったが、倒れた木の中はうろになっていて、そこに戦死した騎士の金貨が入っていた。小人が農夫に好きなだけ持っていくように言ったので、喜んだ農夫は自分の袋いっぱいに金貨をつめようとしたが、残りの幹が邪魔でうまく金貨を出せなかった。そこで小人が止めるのも聞かず金貨を地面の上に置き、残りを切り倒した。

夕方、金貨を袋につめて喜び勇んで帰宅したが、袋の中の金貨はドイツ唐檜(とうひ)の実に変わっていて、地面の下へ転がり落ちた。あっけにとられた農夫がよく見ると、その間に小人の手紙が入っていた。

土と人間がからみ合うように、人と鉱物(金貨)もからみ合って、ひとつの種を落とし、そこからドイツ唐檜が生えてくる。その木の中には小人が十字架を掲げている。その木が大木になり、小人の掲げる十字架が教会の塔より高くなったら、私は救われて昇天する。あんたが私の注意に耳を傾けて金貨を地面の上に置かなかったら、あの金貨はあんたのものになったのに。

手紙を読んだ農夫はがっくりして、その場で死んでしまったが、小人はドイツ唐檜が大木になって自分が救われる日を楽しみにしていたという。

144　ヘルブルン宮殿の由来

サルツブルク市の郊外にあるヘルブルン宮殿は、美しいだけでなく、ぜんまい仕掛けの人形舞

台や噴水で有名だが、十七世紀に宮殿が建てられる以前には、その地はゆるやかな丘陵地帯に森林が広がっているだけだった。そこには地の精の小人が住んでいて、悪意はないのだが悪戯好きで、人間をからかっては彼らが困るのを見て喜んでいた。

　ある時、一人の若い狩人が獲物を追ってその地に入ってきたので、小人は鹿や熊などに化けて狩人を振り回した。狩人が獲物に向かって槍を投げ、しとめたと思ってそこへ行くと、獲物の代わりに切り株や紅天狗茸（べにてんぐだけ）に槍がささっているのだった。そして、いつもどこからか、からかうような高笑いが聞こえてくるので、狩人はかんかんに怒り、こんなことが続くくらいなら死んだ方がましだと呪った。すると、彼の前にりんごのような赤い頬をした小人が現われて謝った。小人はすでに千年もこの地に一人で住んでいるので、退屈しのぎに楽しみを求めてここを訪れた人びとをからかうようになったのだった。

　もともと気の優しい狩人はそれを聞いてすぐに機嫌をなおし、小人と仲直りした。小人は狩人が貧しくて空腹だと知ると、たちまち彼の目の前に豚の焼き肉を出してくれた。狩人が大喜びでそれを食べているのを見ながら、小人は、彼が傍若無人な他の狩人とは違って、花をむやみに折って山野を荒らしたり、子鹿のいる母鹿を平然としとめる人でないことを知って、助けを約束した。そして、いろいろな石と薬草の力を教え、どんな病気でも治せるようにしてくれた。ただし小人がそれを教えたことを広言しないよう固く口止めした。

　この日を境に、狩人は万事好調で、獲物はいくらでも獲れ、石と薬草でどんな病気も治すことができた。ところが、彼の恋人の兄はそれを妬み、悪魔と契約を結んでいるに違いないと考えて秘密を知ろうと、妹を使って巧みに探らせた。下心があるとも知らない狩人は、恋人の甘い言葉に欺かれて、秘密を漏らしてしまった。

　すると、その瞬間に地の精の小人が現われ、人間は決して約束を守ることができないと、がっかりした。狩人がどんなに謝ってもききいれられず、彼の幸運は消え去ってしまった。小人は姿を消す前に、狩人の優しさに免じて、せめて彼の子孫の守護霊となり、その繁栄を約束した。そして、空中に幻の壮麗な宮殿を描き、彼の遠い子孫がそこに住むことを告げた。苦しい時は目を閉じてその宮殿を思い浮かべて慰めを見出すようにしたのである。

それから長い時が流れ、ヘルブルン宮殿が完成した時、その庭に昔風の狩猟服の男が現われ、城の女中にこの話をしたという。

145　ワッツマン王

伝説上の王ワッツマンは非常に残忍で、つねに配下の人びとを苦しめていた。王は庶民の生活にも無関心で、毎晩客を招いて饗宴を開き、客に領地の農民の困窮を尋ねられても、彼らは元来、怠け者の浪費家で不平屋なのだから、へとへとになるまで農作業をさせ、帰宅したら疲労ですぐに眠ってしまうくらいにしておいた方がよいのだ、と平然として言った。そして、金を持たせるとすぐに飲み代に消えてしまうので、収入はすべて税として徴収した方が利口な上に、農民は掃いて捨てるほどいるのだから、餓死する農民が出たところで、税収が減ることもないとうそぶくのだった。

非人情な王は、実際に、農民は貧しく疲労させておいた方が、自分に反旗を翻すこともなく、国は安泰とたかをくくっていた。もしも不平を言うものがいると、すぐに捕えて見せしめの拷問と死刑に処した。それだけでなく、領地の見回りにいった時、王は疲れた引き牛では仕事が遅いと機嫌を悪くし、引き牛の代わりに農民を馬鍬につけて畑を耕作させた。そして少しでも遅いと、王は獰猛な猟犬をけしかけて農民に噛みつかせた。

ちょうどこの時、引き牛にされていた一人の若い農夫の目の前に小人が現われ、自分をポケットに入れるようにささやいた。農夫が素早くそうしたので、王も猟犬も小人に気がつかなかった。

王と猟犬が去ってから、若い農夫がポケットから小人を取り出すと、小人は、「小人の王ハインツル」と名乗り、農夫たちの助けを約束した。若い農夫は仲間を集め、残忍なワッツマン王を倒す方法を、ハインツル王から教えてもらった。ハインツル王は地の精なので、土や石を自在に扱えるため、翌日、農民たちはワッツマン王に小石をなるべくたくさん投げればよいというのだ。農民たちは、そのようなことをしたら、ワッツマン王からどんな恐ろしい報復が来るかと脅えたが、ハインツル王は、あとのことは自分の部下がすると彼らを安心させた。

翌朝、半信半疑の農夫たちはそれでも両手いっぱいに小石を持って、領地の見回りに現われたワッツマン王に、いっせいに投げつけた。すると、小石は、農夫たちの手を離れるや否やみるみる巨大な岩塊となり、ワッツマン王とその猟犬の上に降り注ぎ、王はその下敷になって猟犬もろとも死んだ。

その時の岩塊が山となり、現在のワッツマン山（標高二七一三メートル）だとされている。ワッツマン山は、現在ではドイツ領ベアヒテスガーテンにあり、山麓のケーニッヒ湖（王の湖）はワッツマン王にちなんでつけられた。

一方、残忍なワッツマンの圧政を逃れた農民たちは、地の精、小人の王ハインツルとその部下に感謝し、小石という小石にはすべて地の精の部下が一人ずつ宿っていて、自分たちを守り助けてくれるのだ、と子々孫々まで語り伝えたという。

146　カプルン町の水の精

サルツブルク州から隣州のグロースクロックナー山（二一四頁124話参照）へ向かう道筋にカプルン町があり、グロースクロックナー山からの雪解け水が荒々しい流れと滝を形成しているのが見える。そこには、白髪で緑の目をした水の精が住んでいて、洪水を起こし、人でも家畜でも無残に引き裂いたという。

カプルンの町に、父と娘がひっそりと住んでいた。母は何年も前に死んでいたが、隣人は、母親の死は父親に責任があると言いふらしていた。父の兄の家畜商人が、父を騙して家も土地も奪ってしまい、それを苦に母が死んだというのである。そこで、父も娘も人を避け、手許に残されたわずかな山の斜面の荒れ地を耕し、牝牛と山羊を一匹ずつ飼ってくらしていた。娘は山の中で茸と苺を摘んで食糧の足しにしていた。孤独な娘は川岸に座って流れと話し、寂しさを慰めていた。悪意ある水の精はそれを聞いて、娘をもっと苦しめてみようと思い、水しぶきをあげて娘の座っている岩の上に姿を現わした。そして、さも優しそうに娘に語りかけ、孤独から救ってやると約束し、すばらしい夫がすぐに現われるからと慰め、その代償として生まれてくる七番目の子供を要求した。そして、七番目の子が生まれて七日目にここへつれてこなかったなら、水の精は嵐と洪水を起こして彼女の家族も財産もすべて奪うというのだ。

娘は当惑したが、自分に七人も子供ができるとは想像し難く、水の精が幸福を保証する魔法の紅玉の指輪を見せると、娘はそれがほしくなり、水の精と契約を結んでしまった。すると、その日からすべてがうまくいき、裏切り者の兄の正体がわかって、父は土地と家を取り戻し、母親は倒れた大木の下敷になって死んだのだと証言する行商人が現われ、父親は青天白日の身となった。そして、村一番の金持ちで若い美青年が彼女に求婚した。

娘は結婚後、次々に子供を生み、夫婦は幸福な家庭を築いた。五番目の子供が生まれた時、彼女は水の精との約束が心配になったが、六番目の子供が生まれたあと、不安が現実になった。彼女は七番目の子が生まれないように祈ったが、その甲斐なく彼女の腹にはまもなく七番目の子供が宿った。彼女は子供をいけにえにすることが辛く、水の精に懇願したが、水の精は契約を盾にとって意地悪く突き放すだけだった。

出産が近づくと彼女は内心の苦悶にさいなまれたが、夫に打ち明けることもできなかった。やがて、嵐の日に七番目の子が生まれた。金髪と黒い瞳のそれは美しい女の子だった。彼女は難を逃れて山の中へ行こうと思ったが、山の中にも水は流れているので、水の精につかまることは確実だった。

その時、彼女は山中の岩穴に住む隠者を思い出し、助けを求めた。隠者は彼女に、約束の日には赤子とともに家にいるように指示し、隠者自らが水の精に立ち向かうことになった。赤子が生まれて七日目の朝、隠者は川岸の岩へ行き、洪水を起こそうとした水の精に呪文を唱え、手振りだけで水を押し戻した。水の精は隠者に抵抗したがそれも空しく、川床へ戻っていった。隠者がそれを彼女に伝えたので、一家は再び幸福になった。

七番目の娘は他の六人の兄弟とともに成長したが、外面の美しさとは裏腹に心が冷たく、人間にも動植物にも愛情を示すことがなかった。何に対しても無関心、無感動なのだ。母親は心配して再び隠者に相談した。隠者は、娘と一家の幸福のために彼女自身が苦しまねばならぬと言い、彼女はそれを承知した。その同じ日、彼女は重い病気になり、夫と他の大人の子供は必死で看病したが七番目の娘だけは知らん顔だった。けれども、毎日、母親の苦しみを目の当たりにしているうちに、娘の目から涙が流れ、それとともに心が開くようになった。そして、一所懸命母親の看病を始めると、母親はどんどん快方に向かっていった。

母親が全快した時、娘はすっかり心の優しい娘になり、つねに人びとを助けるようになった。やがて、母と娘は「カプルンの良い女性たち」と有名になり、死後も非常時には現われて人びとを救ったという。

147　消えた祝福

サルツブルク州のムーアビンケルの村にも古くは銀山があり、豊富な埋蔵量があったので、鉱夫たちは裕福な生活ができた。しかし、それ以前は常に生活に追われて苦労していた。

伝説では、貧しい銀鉱山師親子の困窮に同情した「銀の小人」が彼らに銀の鉱床を見せ、百人を扶養できる銀が今後百年間はあることを約束した。しかし、それにはおごり高ぶらず、実直な生活を送るという条件がついていた。貧しい鉱夫の親子は銀に心を奪われ、小人の警告を聞き流していた。小人は信頼できないような顔のまま姿を消した。

鉱夫たちは銀の鉱脈は無尽蔵と考え、まもなく遊びと酒に銀を浪費するようになった。彼らは銀の皿を作り、それをフリスビーにして山の小人を標的に投げて遊んだ。小人がどんなに注意しても馬鹿にしてきかなかった。同僚の鉱夫たちも高慢になり、付近の農家に押しかけては食客となって食い荒らし、貯蔵食糧まで食いつくしたうえ、その娘に言いよった。娘とその母親の農婦はあまりの厚顔無恥にすっかり腹をたてたが、鉱夫たちはそれを冗談にみなして、さらにはやしたてた。農婦は、彼らが以後、一切の贅沢ができないように呪ったが、鉱夫たちは取るに足らぬと馬鹿にして笑った。

その翌日、農婦は鍛冶屋へ行き、尖ったくちばしを持つ鶏を造らせた。完成した鉄の鶏に、農婦は熱いピッチ（松やにのようなもの）を何度も注ぎ、さらに硫黄を塗ると、それを誰にも知られないある場所に隠した。すると、その瞬間に鉱山の中の銀が瓦礫に変わってしまった。同時に地底から無気味なうなりが響き、坑道が大きく揺れた。鉱夫たちは不安と恐怖に脅え、命からがら逃げ出したが、ムーアビンケルの銀鉱山はその時で終わってしまい、どんなに掘ってもひとかけらの銀も見つからなくなった。

鉱夫たちの耳にはどこからともなく、娘と農婦に対して金の力を乱用し、庇護のない弱い二人を苦しめて貧困に陥れた罰だという銀の小人の声が響いてきた。そして、その付近には、錆びないようにピッチと硫黄で防腐された鉄の鶏が埋まっているはずであり、それが錆びて朽ちた時、再び銀が現われるというのだが、それははるか未来のことなので、この地にとどまるのは無用と彼らを追いたてた。鉱夫たちは恐れをなして、次々とこの地を立ち去り、風のように散っていったが、今日に至るまで、銀鉱脈は現われていない。

148 ガスタイナー谷のワイトモーザー城

スキーで有名なガスタイナー谷の中央にあるバート・ホーフガスタインの町はずれに、今日も残るワイトモーザー城がある。現在ではレストランになっているが、かつては谷で最も裕福な鉱山師の城であった。

彼はもともと貧しい農夫だったのだが、農業より金銀に憧れ、人から金を借りて鉱床を求めて掘り、ついに金銀鉱を掘りあてたのだった。彼は生涯そのまま幸福に暮らし、鉱山は息子のクリストフ・ワイトモーザーに譲り渡した。クリストフはさらに大きな金鉱を掘りあて、ワイトモーザー城を建て、一人娘は伯爵のもとに嫁入りしたほどだった。おそらく彼とその妻と三人の息子にも、自分たちは伯爵と同等だというおごりが芽生えたのだろう。

ことに高慢だったのはクリストフの妻で、彼女は自分たちの富を自慢し、貧しい人びとに施しをするどころか、逆に追いたてるのだった。そして、彼女自身はまるで貴族のように贅沢な衣服と高価な宝石で飾りたて、これ見よがしに谷の村々を馬で巡るのだった。

ある時、乗馬中の彼女に貧しい乞食が物乞いをしたが、彼女は邪険に追い払った。乞食が怒って彼女とその一家を呪うと、金も地位もない乞食に何ができる、と馬鹿にして、乞食の目の前で自分の指からダイヤモンドの指輪を引き抜き、誇らしげに見せびらかし、川へ投げ捨てて、この指輪を誰かが見つけないかぎりワイトモーザー城は栄える、と言い捨てて去っていった。

彼女は川底に沈んだ指輪が拾い上げられて人目につくようになるとは考えてもいなかった。谷を流れるガスタイナー川は小さい川だが水量が豊富で流れも速く、また白く濁っているからだった。ところがその日、クリストフがワイトモーザー城で祝宴を開いた。そのために料理番がガスタイナー川で獲れた大きな魚を調理したところ、魚の腹からダイヤモンドの指輪が現われたので、料理番は主人夫妻のところへ持っていった。それを見た妻はすぐに悪い予感がしたが黙っていた。

しかし、その日を境にワイトモーザー城の祝福は消え、鉱床は失せ、坑道が落ち、水が坑道に入り、全財産を失い閉山となった。ワイトモーザー城も廃墟となり、子孫もいない。

けれども伝承は語る。ワイトモーザー城の反対側にあるガムスカーコーゲル山（標高二六〇〇メートル）の山腹と洞窟で、狩人がよくアルプスかもしかを見かける。狩人が銃を向けると人の姿に変わるのだが、それが安堵を得られないクリストフ・ワイトモーザーの魂とされている。もしも、もう一度失った金鉱を見つけることができると、魂は安堵を得て昇天できるといわれている。

149　呪われたローファーの乙女

サルツブルク市からドイツ国境に向かう途中にある小さなローファーの町の郊外には、石のごつごつした山の斜面に洞窟があり、ローファー穴と呼ばれていた。そこには呪いをかけられた乙女が住んでいて、宝を守りながら救いを待っているといわれていた。穴を入ったところには深く広い池があり、罪に穢れた人びとには渡ることができなかった。穢れのない子供にだけ池を渡り娘を救うことができるのだった。

ある貧しい夫婦が、二人の子供を養うのにも苦労し、子供は毎日家から家へ物乞いをして廻っていた。ある日、二人の子供は父親につれられてローファー穴まで来たが、父親は中に入れず、穢れのない二人の子供を中へ入れた。ローファーの乙女は優しく、宝を持っているので、食糧を分けてくれると思ったのである。

二人の子供は、やすやすと深い池を渡り、穴の中を歩いて行くと、まもなく明るい空の下の緑の牧草の中にすばらしい家を見つけた。家の中から優しい乙女が現われ、子供たちの頼みをきいて、まず二人を家に招いて十分に食べさせてくれた。そして、一晩泊まるように勧め、夜の間に何を見てもこわがらないように言った。そうすれば子供たちに乙女を救うことができるかもしれないというのだ。

深夜、眠っていた子供たちは、火のごうごうと燃えさかる音と苦しみうめく乙女の声で目を覚ました。見ると乙女のベッドが火炎に包まれて乙女は苦しそうにベッドを反転していた。子供たちは火を消そうとしたが消えず、恐ろしさに泣き出して自分たちのベッドにもぐりこんでしまった。

けれども朝になると何事もなかったように乙女は起きて二人に朝食を与え、ベッドも彼女も全く傷ついていなかった。子供たちは悪夢を見ていたのかといぶかった。朝食後、乙女は、子供の両親のために小麦と金貨を袋いっぱいにつめて与え、三週間したらまたここへ来るようにいった。そして、罪のない無邪気な子供だけが自分を炎の苦しみから救えるのだと言って、金貨は貧しい人にも分けてよいが、穴の脇にいる乞食は悪魔なので何も与えるなと注意した。

二人は喜び勇んで家に帰り、両親に金貨と小麦を見せ、乙女の救いの話と注意を伝えた。一家はそれから不自由なく過ごし、貧しい人びとにも次々に金貨を分けた。乙女の注意した悪魔の乞食には耳を貸さず、脅しや泣き言をならべて自分の窮状を訴えられても、金貨を与えなかった。けれども、三週間が過ぎようとする頃、あまりにもしつこい乞食の要求に負けて金貨を与えてしまった。

三週間たって父子がローファーの穴に行くと、穴の入口はふさがり、深い池の向こうで乙女が絶望しながら、悪魔の頼みに負けて金貨を与えることは罪と穢れなのだと言い、自分が救われる希望はなくなった、と姿を消した。父子は、乙女の約束を破ったことを後悔したが、すでにすべてが遅かった。ローファーの乙女は今でも救いを待っているといわれる。

150　ゲアロス岩壁の竜女

サルツブルク州ピンツガウ地方にはかつて裕福な伯爵夫婦が住んでいて、夫婦ともに親切で優しく、領地の人びとをよく助けていた。そこで、人びとからも慕われて領地はよく治まっていた。

しかし、一人娘は美貌とは裏腹に残酷無慈悲な性格で、幼い頃から小鳥を捕えて苦しめたり、母親の椅子に魚を投げ込んだり、周囲のすべてに心ない仕打ちをしていた。母親がどんなに注意しても娘は笑うばかりで、罰を与えても少しも改めず、やがて娘の悪い評判は領地のすみずみまで広がっていった。

彼女は自分が女主人となった時、両親のような生ぬるいやり方で人びとをつけあがらせるのではなく、厳しく税を取りたてて、自分に逆らう者には容赦なく厳罰を与えると、つねに口にしていた。そして、成長するにつれて高慢な無慈悲さは募り、馬子の警戒するような視線に腹をたてては鞭でなぐり、お針娘の作った服が気に入らないといっては針で突き刺し、農家の子供が汚くて目障りだといっては突きとばした。

伯爵夫婦は娘の行為にどんなに心を痛めても、娘は逆にそれを笑い、父親の伯爵が出征すると、母親に向かって父親は戦死して二度と戻ってこないとささやき続け、善良な母親を病から死に追いやってしまった。娘は、いよいよ自分の思うままになる時節が到来したと喜び、反対に領地の農民は恐ろしい時代になると脅えた。

ところが、伯爵の領地の山には年とった超自然的な「山女」が住んでいて、山野の自然を支配していた。山女は、娘の実の母親に対する残忍な行為に腹を立て、母親の死と同時に娘の前に姿を現わした。娘は、弱々しい外見の年とった山女を侮り、すぐさま土牢に入れてパンと水だけの生活をさせて、自分の前に現われたという図々しさを思い知らせてやると息巻いた。しかし、山女が手を挙げると､彼女に今､自分が言った以上の罰が下った。娘の体はたちまちざらざらした鱗で覆われ醜い竜女と化し、土牢と同じ真暗なゲアロス峡谷の岩穴の奥底にとじこめられた。ゲアロス峡谷はティロルとサルツブルクの州境にある山岳地帯である。山女の呪いは、百年に一日だけ陽の当たる場所に出て、そこで会った若者が彼女の醜い竜の姿と悪臭に脅えず彼女にキスをしないかぎり、永遠に続くのだった。

竜女は陽の全く射さない岩穴で百年間涙にくれ、やっと百年過ぎた時、明るい陽光の下へ一日だけ出てくることができたが、終日そこにいても誰一人として通らなかった。竜女はしかたなしに次の百年を待った。

次の百年が過ぎた時、竜女は再び真暗な岩穴から陽の射す場所に出て、若者を待っていると、鷹の巣を探して道に迷った若者がその近くを通りがかった。竜女は大喜びで若者に事情を話し、若者も同情して彼女を救おうと、竜女のところまで登ってきた。しかし竜女のあまりの悪臭に吐き気を催し、谷底に落ちて死んでしまった。竜女は悲しみながら再び真暗な岩穴へ戻っていった。

それ以来、誰も竜女を救おうとした人は現われず、竜女は今もゲアロス岩壁の奥底に住んでいるという。

151 ドアフハイム城の犬

サルツブルク州のほぼ中央にあるツェラー湖の近くにドアフハイム城があり、そこにはかつて、「犬(フント)」という名前の貴族が住んでいた。城の初代の主人はイーセンバート、その妻はイルメントリットといい、主人は善良であったが、妻は高慢冷酷であった。しかし、当時の貴族は主君に従って出征することが多かったので、主人は留守がちで妻の不愉快な性格に気がつかなかった。

ある夏の日に懐妊中の妻が庭を散歩していると、双子を生んだばかりの貧しい母親が、子を育てる経済力がなく、裕福な城主の妻に一人を託そうとして彼女の許を訪れた。その母親は彼女の高慢冷酷さを知っていたのだが、子を持った母親の情はあるに違いないと期待して、双子の一人を養育してほしいと頼んだ。しかし、妻はこの母親をあざ笑い、子供を引きとってもよいが、家の犬に投げ与えて、犬小屋に寝かしてやると高言したため、母親は怒りに満ちて彼女を呪った。まもなく臨月になる城主の妻は十二人の子供を産み、それが彼女の災いのもとになる、というのだ。そして母親は自分の二人の子を彼女に渡さずに帰っていった。

城主の妻は貧しい女の呪いなど下らない戯言だと笑ったが、それからいくらもたたないうちに彼女は本当に十二人の男の子を生んでしまった。赤子はどれも丈夫で美貌の持ち主だったが、妻は貧しい母親の呪いが成就したことが不快で、自分の災いとなる前に捨てて殺そうと考えた。そして、小間使いを呼び、一人だけ残してあとの十一人を大きな籠に入れて、誰にも見つからない場所に捨ててくるよう命令した。そして万一、城主の帰還に出会ったら、犬の子を捨てるのだと言うように言いふくめた。小間使いは十一人も赤子を捨てる罪深さにおののいたが、女主人に逆らうことはできなかった。

さいわい小間使いが城を出ると、戦争から戻ってきた城主に会い、城主は小間使いが持っている大きな籠を不審に思い、中に何が入っているのか、と尋ねた。小間使いが震えながら犬だと答えたが、城主は籠の蓋をあけて、十一人の赤子を見つけた。小間使いから事情を聞いた城主は、妻の高慢冷酷さに怒り、彼女を罰することを考えた。城主は、小間使いから赤子を受けとり、あるきちんとした家庭にあずけて養育させた。そして十二年、子供が成長するまで妻に猶予を与えて待とうとした。

それから十二年後、城主は盛大な宴を催し、妻もきらびやかに着飾って出席した。その席で城主は、自分の実の子を殺すような母親はどうすべきか、と妻に尋ねた。妻はそ知らぬ顔で、魔女同様に火刑に処すべきだ、と答えた。城主はそれを聞いて、十二年前、十一人の実子を捨てて殺そうとした妻の罪を糾弾した。城主の合図で、入口の扉が開くと、成長した彼女の十一人の子供が入ってきた。それを見た妻は、自分の罪があばかれたことを知って、絶叫し逃げようとした。

その時、虚空から土気色の馬に乗った骸骨、すなわち死神が現われ、妻の体をつかんで地獄へ連れ去った。城主自らの手で火刑に処す前に、妻は地獄の業火で永遠に苦しむことになったのである。

城主の十二人の息子は立派に成長し、母親から犬と偽って捨てられようとしたため、「犬(フント)」という姓名を名のった。フント一族は一時繁栄したが、現在ではその家系は絶えたといわれる。

152 モースハム城の兄弟の争い

サルツブルク州ルンガウ地方は周囲をタウアーン山脈の高山に囲まれ、現在まで自然とともに生きている人びとが多い。モースハム城はそのような小村のはずれにあり、風光明媚だが、やや暗い感じのする中世の城である。

モースハム城にはかつて、非常に仲の良い兄弟が住んでいた。彼らは一心同体で、何をするのもいっしょであり、考え方も生き方も全く同じだった。彼らは当時の風習として騎士の訓練を受け、同じように腕を磨いた。

この二人の兄弟に最初の亀裂が入ったのは、ある騎士の馬上試合であった。二人はよく戦ったのだが、兄は馬がつまずいたため敗北し、弟が勝利を得て、金の指輪をかちとった。弟は兄をなだめたが、兄は自分の方がよく戦ったのに勝利を弟に奪われたのだと怒った。兄弟は双方とも頑固で、自分の意見に固執し、それを取り消すことができなかった。そこで、その日を境に、城では兄弟の争いが絶えずくり返され、両親も神父も二人の調停にはさじを投げてしまった。

二人はついに同じ城に住むことを拒絶し、兄は山の上、弟は谷にそれぞれ城を作り、なるべく顔を合わせないように一切の交際を避けて暮らした。

そのまま何年も過ぎ去り、ある時、吟遊詩人が友情、忠誠、愛情などを歌って兄弟の城を訪れた。すると、兄弟の心に再び昔の仲良かった時代が思い出され、仲直りしようと互いの城から身を乗り出して顔を合わせた。しかし、その時、弟の指の輝く金の指輪が兄の目に入り、反対に昔の怒りをかきたてることになってしまった。そして、二人の間に再び戦いが始まり、以前より激しく火花を散らして争い、それを止めることのできる者はいなかった。そして、ついに二人は互いに相手の剣の刃に倒れ、同時に命を失った。

この最期の争いを目の当たりにした人びとは恐れおののいて城をあとに逃げ出し、以後、誰一人そこに住む者はいなくなった。それは十三世紀末のことで、その一族は絶え、次に全く血のつながりのない別の貴族が入るまで数百年間、城は廃墟となっていた。

土地の人びとは、兄弟は死後も幽霊となって戦い続けているといい、夜ごとに廃墟の城の糸紡ぎ部屋から武器のぶつかる音が聞こえるそうである。そして、争いの場に居合わせた者は悪の道に落ち、不幸な最期を遂げるという。しかしある時、兄に亡父の遺産を欺し取られた弟が、一晩廃墟の城で夜を明かそうとした。すると深夜十二時に、死のような光が城の一室に射し込み、二人の男が怒りにまかせて剣を取って戦いながら現われた。それは彼とその兄の顔にそっくりで、一人の指には金の指輪が輝いていた。彼は驚いて城を跳び出し、村人からおぞましい兄弟の争いの歴史を聞いた。彼はその執念に恐ろしくなり、故郷に戻ると兄と和解したという。

153 騎士タンホイザーと化物の塔

ルンガウ地方の小さな町マリア・プファーの墓地には、兜で顔を隠し、盾を構えて、鋭いけづめの猛禽を足下に倒している騎士を刻んだ墓石がある。騎士コンラッド・タンホイザーである。

彼は生前、人から非難を浴び、苦しい過去を経験し、裁判にかけられ、無実であるにもかかわらず死刑を宣告された。彼は、自分の無罪を主張して神の審判を求めた。その当時は深夜十二時に、魔王ルシファーが部下とともに住むバビロンの塔へ行き、午前一時までに塔を馬で駆け抜けることができた場合には、無罪とされていた。バビロンの塔では、終日ルシファーと部下の怪物が恐ろしいうなり声をあげ、そこにくる人間を八つ裂きにするのだが、深夜十二時から一時までの一時間は、すべてが眠りにつくのだった。塔の周囲は人が歩いて十二時間、塔を横切るには三時間かかる広さだった。魔王の部下とは、猛獣、猛禽、犯罪者の霊魂、竜、やもり、大蛇などであった。塔の中央にはルシファーが陣どり、部下に命令を下し、十二夜の夜などはそこから野猟となって出かけるのだった。

騎士タンホイザーは、深夜十二時にそこへ着くと、風のような速さで塔の横断にかかった。塔の中は怪物でいっぱいだったが、眠りに落ちているので身動きひとつしなかった。彼は快調に馬を進めたが、出口がはるか向こうに見えた時、時刻が一時になった。彼はその時あと二分で外へ出られる地点まで来ていた。彼は馬に拍車をかけ、全速力で駆け抜けようとした。

塔の中では、竜、大蛇、霊魂、猛禽などが次々に目を覚まし、タンホイザーに襲いかかってきた。彼は必死でそれをかわしながら出口まであとわずか、というところまでたどりついた。その時、一羽の猛禽が彼の馬にけづめを突きたて、馬はその痛さに後足で立ち上がり、彼をふり落とそうとあばれた。騎士は、全力で猛禽をはたき落とし、ひとっ跳びに塔の外へ出ることができた。

騎士と馬の生命は助かり、神はこの勇敢な騎士を救ったのである。

154 氷河に消えた村

巨岩の塊を思わせるホーホケーニッヒ山（標高二九三八メートル）の中腹は、現在は氷河と万年雪に覆われた不毛の地となっているが、かつては豊かな牧草地であった。牧草は青々と膝に届くほど丈高く茂り、数多くの牝牛が放牧され、溢れるほどの乳を出したので、農夫たちは良質のチーズやバターをいくらでも作ることができた。そして大量に売りさばいたので、どの農家でも大金を手にすることができた。

すると、金の使い方を誤って贅沢と傲りに耽るようになり、牛の首に純銀の鐘をつけ、角を純金で飾り、自らも最上の高価なぶどう酒をサルツブルク市内の大司教酒蔵から取りよせ、狩猟で得た珍味をならべては宴を張り、音楽と踊りの快楽に明け暮れた。乳搾りの若い女性は滑らかなきめの細かい白い肌と手をほしがり、毎日牛乳風呂に入り、神の与える祝福と恩恵を湯水のように浪費した。農夫は家の垣根をチーズの塊で造り、すきまをバターで塗り固めた。若者はボーリングの球をバターで作った。ついには、己れの見栄と虚栄心から、門前に金貨をばらまく者も現われた。

しかしある時、一人の旅行者が疲労と空腹で村にたどりつき、一夜の宿と食事を求めた時、彼が自分たちにはなんの利益ももたらさないことを理由に無情に追い返した。旅行者は怒りに満ちて去っていった。

すると、旅人が去ってまもなく空が不気味な黒雲で覆われ、あたりが真暗になったと思うと、未曾有の大雷雨が見舞った。雷雨はアルム（牧草地）の山小屋も家畜も酪農製品もすべて押し流し、村に洪水となって押しよせた。そして、村の壊滅後は豪雪となり、豊かなアルムは永遠の万年雪に覆われた不毛の地となった。人びとは今日もそこを「溢れるほど降り注がれた牧草地」と呼んでいる。

155　乞食となって訪れたペアヒタ婆

サルツブルク州では全域で、「善良なペアヒタ婆」（二〇九頁120話参照）が信仰を集めている。彼女は人びとが良い心を持って暮らしているかぎり、人びとに祝福を授けてくれる。

ある午後、農夫が家に帰る途中、道端で一人の老女が重そうな籠を前にすすり泣いているのを見かけた。気のいい農夫は、気の毒に思って老婆に声をかけて、籠を持ってやった。他の人びとは老女が力のないことに考え及ばず、籠はたいして重くないと、老女を見捨てて通り過ぎたのだった。けれども、農夫は老婆の大籠を背中に負うと、老婆の足に合わせてゆっくり歩いていった。

　二人が近くのアルテンマークトの町に着くと、人びとは老婆と農夫の奇妙な組合せや、農夫の背負っているぼろぼろの籠を見て笑った。農夫はそれにもかまわず、そのまま老婆を自分の家につれていき、妻を呼んだ。彼の妻は貧しい乞食の老女にびっくりしたが、優しい女性だったので、夫の言葉どおり、老婆を一晩泊めた。そして、老女を暖炉の前に座らせ、牛乳とヌードルを与え、食後は小部屋に案内して寝かせた。

　翌朝、農夫は老女を探したが、老女はどこにもいなかった。籠だけが残っていたので、おそらく早朝に出かけてまた戻ってくるつもりなのだろうと考えてそのままにしておいた。しかし、何週間たっても老女は戻らず、心配になった夫婦がせめて彼女の住所と名前を知ろうと籠をあけると、中から銀貨が転がり出た。夫婦が驚いて籠をのぞくと中は銀貨の山であった。夫婦は老女がペアヒタ婆で、夫婦の親切に礼をしたのだとわかり、非常に喜んだ。そして、それから二人は何不自由なく幸福に暮らしたという。

156　異教の霊への施し

サルツブルク市の南にあるハライン町の近郊に、かつて裕福な農夫が住んでいた。彼の牝牛は他の農家の二倍の乳を出し、鶏は倍以上の卵を生み、凶作の時も彼の穀物畑は豊かに実った。人びとはそれを妬み、彼が悪魔と契約しているのだと噂しあった。

　彼のもとで働く下働きの娘は噂を信じて、その秘密をさぐろうと夜ごとに彼の部屋の鍵穴からのぞいていた。農夫はつねに娘に対して親切に面倒をみたのだが、娘はそれを忘れて口うるさい人の噂を信じたのである。

　すると、「ヨハネの夜」と呼ばれる夏至の晩に農夫はいつもとは違う行動を起こした。ヨハネの夜は一年で最も不思議な晩で、ありとあらゆる精霊や妖精が跳梁するといわれる。けれども冬の十二夜と異なり、霊が人間に害を与えることはない。その意味でもヨハネの夜は十二夜の対極に置かれる。

ところで農夫はヨハネの晩に、泉の水を瓶に満たし、パンと塩を袋につめると、人知れず山の方角へ歩いていった。山では夏至の火を焚いて厄払いをしていたが、彼はそこには行かず、暗い山道を歩き、山の奥深く入っていった。下働きの娘は、彼が何をするのか見届けようとあとをつけていった。

山のある地点まで来ると農夫は立ち止まり、「もしも、お前がまだ助けを必要とするなら出ておいで。私はお前との約束は必ず守るから」と三回繰り返して呼びかけた。すると、どこからともなく青い光が射し、大昔の服装の男が現われた。それはケルト・ゲルマンの時代の霊魂に違いなかった。娘は、この山は異教徒の霊がさまようという話を祖母から聞いたことを思い出した。農夫は異教徒の霊に水とパンと塩を与え、霊の飢えと渇きを癒した。彼の豊かな収穫は、異教徒の霊の返礼だったのだ。霊はこの地で死んだ異教徒の安堵なくさまよう魂であり、一年に一度、夏至の夜のみ人間の姿に戻るのだった。この時に農夫のパンと水と塩の饗応がなければ、霊は塩に毒を入れ、家畜と人間を病気で殺すことになるのだった。

娘はこれらの霊の話を目のあたりにし、安易に人の悪口を信じた自分を恥じた。農夫は霊が消えるとまた家に戻っていったが、娘の体はそこに呪縛されたように動かなくなり、気を失ってしまった。翌朝ようやく意識を取り戻した娘は、体も動かせるようになっていたので急いで帰宅した。すると、人びとが農夫を魔法使いとして捕え、凶作は彼が魔法を使っておこしたものと決めて彼を火刑にしようとしていた。彼さえいなくなれば豊作になると人は信じたのである。

娘は、昨夜の農夫の行動を人びとに伝え、農夫を殺すと、この地方一帯に恐ろしい病気が広まると警告したが、人びとは彼女を気違い扱いにして誰も耳を貸そうとしなかった。ところがその時、娘は上着のポケットがひどく重いことに気がつき、不思議に思って手を入れた。すると、そこには大昔、ケルト・ゲルマンの時代に女性が身につけていた黄金の装身具があった。人びとはそれを見て、娘の話が真実であることを悟り、農夫を解放した。

そして、それからは誰も農夫を妬む者がいなくなり、農夫は生涯裕福に暮らしたという。

157 夢のお告げ

昔、山道の脇に非常に貧しい農夫の一家が住んでいた。彼は何をやってもうまくいかず、どんなに一所懸命働いても乾草は雨で腐り、穀物は立ち枯れ、落雷で家が焼け落ち、家畜が病気になり、赤貧洗うがごとくの生活であった。

彼はあまりの悪運に自宅を「麻痺農家(レムホーフ)」と名づけていた。彼には自分の一家ばかりなぜこんなに悪運に見舞われるのか、何かの呪いか恨みを買っているのか、どんなに考えても思いあたらなかった。他の農家は、彼ほど必死で働かなくてもまずまずの収穫をあげ、災厄にも見舞われないので、なぜ自分だけ災厄が次々にふりかかるのかわからなかった。

彼はやけを起こして、呪われたこの地を去ろうとしたが、年とった彼の母親は、あきらめないで時節を待つようにいさめた。母親は、幸運とは幸運を信じる人のところにのみ来るというのだ。

その晩、床についた彼は苦悶と混乱に満ちた悪夢にうなされたが、夢の最後で光を見出し、光の中から、

「ツィラー橋へ行け」

という声を聞いた。翌朝、目を覚ました彼は、あまりにも声がはっきりしていたので、運試しにツィラー橋へ行ってみることにした。

橋に着くと、彼は橋のたもとの石に座って、行き交う人びとを眺めた。貧しい人も金持ちも商人も農夫も子供も、あらゆる人びとが橋を渡り彼の前を通り過ぎたが、誰一人彼に気をとめる人も、彼の気を引く人もいなかった。日が落ちようとする頃、彼は他愛ない夢の言葉を子供のように信じ

た自分に腹を立て、貴重な一日をつぶしたことを後悔した。あてのない期待に時間を過ごすより、たとえわずかでも収入につながる仕事をすべきだからである。

彼が後悔にくれながら石から立ち上がった時、一人の乞食が、彼に何をしているのかと尋ねた。そこはその乞食がいつも物乞いをする場所だというのだ。彼が自分の苦境と昨夜の夢を話すと、乞食は夢を信じるほど他愛ないことはない、と言いながら、自分も昨夜は「麻痺農家」へ行ってかまどの後ろの壁板の中から金貨の壷を見つけた夢を見たと話した。農夫はそれを聞いてびっくりし、急いで家へ帰り、かまどの後ろの壁板をはがしてみた。すると、乞食の夢のとおり、縁まで金貨でいっぱいになった大きな壷を見つけた。それは農夫の一家を養うだけでなく、朽ちはてた家を修理し、畑を買い戻すにも十分な金貨であった。

農夫一家はそれから裕福に暮らし、あの夢を教えてくれた乞食にも返礼として金貨を分けようと探したのだが、不思議なことに乞食の行く方は全くわからなかったという。

158　牛洗いと瓶運び

かつては、国中、信心深い人が多かったが、中途半端な知識を持つ人びとはなんでもわかっているふりをしたがるので、信心がかえってはた迷惑なできごとを引き起こした。

ある人は、教会で黒は悪魔の色と教えられたため、ある村を通りがかった時、そこに全身真黒な牛を見つけて、悲しげに首をふり、悪魔の牛だと騒ぎ出した。それを聞いていた村人が、あれは町から来た賢い人なのだから、その人の言葉に間違いはないと、村中にふれまわったため大騒ぎとなった。牛の持ち主と村長はそれまで悪魔の牛に気がつかなかったことを後悔しながら、なんとかしなければならないと相談した。

そのうちに、村人の一人が黒牛を洗ったら白くなるだろうと提案し、持ち主は黒牛をドナウ川へつれて行き、全身をごしごし洗ってみた。しかし、元来黒牛なのだから白くなるはずもなかった。そこでまた別の村人が洗剤を使えばよいと言い始めた。村長は貧しい村で高価な洗剤を買うのは予算の負担になると渋ったが、悪魔の牛を放っておくわけにもいかず、ついに大量の洗剤を購入した。持ち主は衆人監視の中で、牛をドナウ川へ引いていき、黒牛の全身が真白に見えるまで洗剤の泡をたてて牛を洗った。しかし、黒牛は一向に黒牛のままであった。心配した村長が次々に洗剤を買って牛を洗わせたので、ドナウ川は洗剤で真白になってしまった。

一方その翌朝、サルツブルク州から約三百キロ離れた首都ウィーンでは、人びとがドナウ川の水が真っ白になっていることに気づいた。川の水が突然白くなるというのは尋常ではないので、何が起こったのかと人びとが集まってきた。そのうちに一人が、神様が川の水を白い牛乳に変えてウィーンの市民に贈ってくれたに違いないと言い始めた。ウィーンの人びとには、ウィーンこそ神から特別の祝福を与えられた最上の場所という矜持があった。だからこそ神はウィーン市民のために川の水までおいしい牛乳に変えてくれたと信じたのである。そこで、人びとは神に感謝しながら川の水を瓶に入れて家に持ち帰り、大切に保管した。

ところが、そこへ偶然、サルツブルク州の黒牛を洗った村の農夫が通りがかり、人びとの話を聞いて仰天した。ウィーン市民が川の「牛乳」を見せて自慢すると、彼は自分の村で、黒牛を洗剤で洗った結果ドナウ川が真白になったことを話した。市民が顔色を変えて「牛乳」を飲んでみると、それは苦い洗剤の味だったので、誰も皆幻滅して瓶の中身を川に捨てた。

一方、サルツブルクの黒牛は相変わらず黒いままで、何も悪いことは起こらず、高い洗剤を使っただけ損をしたことになった。

八　ティロル州

159　巨人の女王、ヒット夫人

ティロル州にはかつて巨人族が多く住み、その民話も多いが、最も有名なものは、巨人の女王ヒット夫人である。

彼女はインスブルックに近い山の奥深くにすばらしい宮殿を持っていた。そこは険しい岩肌の間から樹木と花が顔をのぞかせ、清浄な水の湧き出でる泉があり、色さまざまな小鳥が歌を奏でていた。ヒット夫人は大金持ちだったので、金を湯水のように使って贅沢をしても、その財産が減ることはなかった。

臣下は女王に、貧しい人びとは凶作の時には食べるものもなくて苦しんでいるのだから、女王がそれをよそ目に、自分だけ贅沢をするのは正しくないと忠告していた。しかし、彼女は自分は自分、ひとはひと、と貧しい人びとの苦しみには無関心だった。

ある日、ヒット夫人の幼い息子が泥沼にはまってしまった。彼は樅の木を引き抜いて木馬を作ろうとしたのだが、誤ってぬかるみに落ちてしまったのだった。そして、やっとのことで抜け出したのだが、全身泥まみれになってしまった。彼は情

161 救われた牡牛の

けなさに大声で泣きながら家に戻った。ヒット夫人は息子を溺愛していたので、泥まみれで泣いている息子をなだめてあやすことに必死だった。すぐに新しいきれいな服に着替えさせ、顔と手足の泥をふいてやった。ところが、甘やかされていた幼い息子は、ブラシで泥を払い、タオルで肌をふくのは、自分の柔かい肌に痛いと駄々をこねた。甘い母親は、息子のわがままをそのまま受け入れ、息子の気に入るような柔かいものとして、白パンを使うことにした。

女王の下男はそれを聞いて、パンは神の賜物なので、そのような目的に使うのを拒んだが、女王は下男を叱りつけ、神よりも息子の方が大切なのだと言いはった。なんという盲愛なのか、パンが食べたくとも食べられない貧しい人びとは、彼女の周囲にも大勢いるのに、女王はその人びとを笑い、息子のために上質の白パンを惜しげもなく使い、平然と泥をふいたのである。そして、息子も柔かいパンは気持がよいと大喜びした。女王も息子の嬉しそうな顔に満足だった。

ところが、その数時間後、どす黒い雷雲が広がり、前代未聞の雷雨となった。谷の人びとは、激しい落雷と豪雨に世界が沈没するかと心配した。そして、雷雨が過ぎ去った時、消えたのはヒット夫人の宮殿であった。彼女の宮殿は廃墟となり、小鳥も花も泉もない不毛の地となった。そして、ヒット夫人と息子は岩となって、最後の審判の日まで、そこにいなければならないのだった。

ティロルの人びとは、その岩を子供に示して、神の賜物のパンを粗末にするとああなるのでパンが余った時には貧しい人に施すように、と言うのである。

160　万聖節の食卓

かつてアッシュバッハの町に、まじめでよく働く農民夫婦が住んでいた。家も裕福で、下男下女にも目が行き届き、昔からの伝統や習慣もよく守った。毎年十一月一日の万聖節（ハロウィーン）には、脂肪を使って作ったおいしい料理をたっぷり食卓に供し、使用人は好きなだけ食べることが許された。そして、残りは地獄で苦しむ気の毒な魂のために食卓に残しておき、一晩中その周囲にろうそくの灯をつけていた。十一月一日の万聖節の深夜十二時と一時には、地獄の釜の蓋があき、業火に苦しむ魂が地上に戻ってくるので、そのために食事を用意するならわしだったからである。

農婦が下男たちにそう説明しても、進歩的を自認する彼らには子供じみた迷信にしか聞こえず、食卓の残りは気の毒な魂のためではなく、ねずみの餌だと笑うのである。下男たちは、万聖節の晩に残された食物が、翌十一月二日の万霊節の朝にはすべてなくなっていることを知っていたからである。善良な農婦は彼らの話には全く取りあわなかった。

そこで、下男たちの中でも勇敢な若者が、実際には何が起こるのか、食堂に隠れて確かめることにした。しかし、彼は昼間の仕事の疲れで眠りこけ、悪夢にうなされて目を覚ました時には食卓にパンくずひとつ残っていなかった。

翌年の万聖節に、農婦が再び同じ食卓を調えた時、飢えと寒さに凍えた旅人が訪れ、一夜の宿を所望した。農婦は喜んで食事を与えたが、下男は悪戯半分に、台所の暖炉わきの腰かけは一晩中暖かいので、そこで休むように勧めた。旅人に夜、何が起こるのか探らせようとしたのだった。下男は旅人の空腹を承知のうえで、食卓の食糧は気の毒な魂のものだから手をつけるなと釘をさした。

旅人は疲れのためすぐ眠りに落ちたが、二時間もすると空腹のため目を覚ました。下男から脅すように食卓に手を触れるなと言われたが、おいしそうな食事を前に空腹をかかえていることは辛かった。彼は自分も哀れな飢えた魂の一人ではないかと考え、「神の祝福を」と、霊魂のために短い祈りを捧げると食卓の上のものをまたたく間に平げてしまった。

その時、突然台所の入口が開き、透明な影のような人びとがぞろぞろと入ってきた。地獄で苦しむ霊魂が人の姿となって訪れたのである。旅人はあわてて暖炉の陰に隠れ、霊魂の人びとのようすを窺った。霊魂は、からの食卓を見て騒ぎ、雷光や雷鳴のような轟きで家ががたがたゆれた。旅人は最期の瞬間が来たとふるえあがったが、霊魂は旅人の前に来ると、食事の前に自分たちのために捧げてくれた祈りに対して礼を言った。地獄で苦しむ霊魂には、食事よりも神の祝福が必要なのだった。そして、その祝福は旅人の上にももたらされるのだが、もしも祈らなかった場合には、霊魂に引き裂かれてしまうところだったのだ。

翌朝、霊の祝福を受けた旅人は農婦が驚くほど元気で、幸福と期待に満ちており、農婦に礼を言うとその家をあとにした。

161　救われた牡牛の霊

ティロル州の家畜番には荒くれ男が多かった。それもそのはず、ティロルの険しい山の上に放牧してある家畜を狼などの動物から守らねばならず、また高みに登ってしまった家畜を力づくで下へ降ろし、家畜が谷底へ落ちないよう気をつける必要があったからである。最も強いワッテン谷の若者は素手で鷲を捕えたという。彼は、脅えは失敗のもとで大胆さがよい結果をもたらすと、つねに言っていた。

ある日、彼は牧草地(アルム)の一番高い所へ登り、すべての家畜が無事でおとなしく草を食んでいるのを見届けて満足していたが、その時、見知らぬ真紅の牡牛が群れに角をたてて突入してくるのに気がついた。彼は家畜が牡牛によって傷つけられ、散り散りになってしまうのが心配で、素早く牡牛に突進した。彼は牡牛を群れから引き放そうと全力で抑えこみ、牡牛もそれに抵抗して猛然と彼を押し返した。しかし、ついに彼の力が牡牛に勝ち、巨大な牡牛は谷底へ転落していった。

彼ははあはあと肩で息をしながら、よく自分が助かったと思った瞬間、谷底から、死んだはずの牡牛が人間の亡霊となって浮かんできた。それを見て、豪胆な彼も息が止まるほど驚いた。しかし、亡霊は「ありがとう」と彼に感謝し、その訳を説明した。

　霊はかつて貧しい農民で、何をやってもうまくいかず、すべてが好都合でみるみる裕福になってゆく隣人を妬んでいた。彼と隣人は同じ娘に求婚し、娘は裕福な隣人と結婚した。そのことも彼の恨みを助長させ、しだいに悪い考えを起こし、農作業も畑仕事も怠るようになっていった。そこでさらに生活は苦しくなり、勤勉な隣人との貧富の差は激しくなった。彼は隣人を呪ったが、なんのききめもなく、ついに怒りにまかせて隣人の一番見事な牡牛を谷底へつき落としたのだった。すると、たちまちその罰を蒙り、彼は牡牛となり、誰かが彼を同じように谷底に突き落とすまでその姿でさまよい、魂の安堵を得ることは許されなかった。今、家畜番の若者が牡牛になっていた彼を谷底へ突き落としてくれたので、人間の姿に戻り、人間の声で話すことができるのだと言い、姿を消したという。

162　呪われた牧牛娘

アルプスの牧草地(アルム)には山小屋があり、今でも夏季には農家の人びとが寝泊まりしながら、牝牛の乳を絞り、チーズやバターを作る。それを牧牛者(セン)、または牧牛娘(センナリン)と呼んでいる。

　ある冬の晩、一人の牧牛者が牧草地(アルム)から村里へ帰ろうとしていた。冬のアルムは人気もなく、どの山小屋もぴったり閉ざされ、雪と氷で覆われていた。すると、ある山小屋から光が漏れていたので、そこで運良く一晩泊めてもらえるかと期待して扉を叩いてみた。案の定、中から「お入り」という小さな声が聞こえた。彼は今ごろアルム小屋で誰が何をしているのか不思議だったが、見知らぬおとなしそうな娘が迎えてくれた。彼は山で遅くなったわけを弁解しながら、娘に一晩の宿と食事を頼んだが、内心でこの娘は誰だろうといぶかった。彼はこの付近の娘は全員知っているので、冬のさなかに、親切できれいな娘が山小屋に一人でいるのが腑に落ちなかったのだ。

娘は親切に彼を迎え入れたが、無口で寂しそうだった。彼は元来、気さくな若者なので、冬の山小屋のチーズ作りの話などで娘の気持ちをほぐそうとした。

ある怠け者の牧牛者（セン）が、九月のアルプス下ろしで家畜を谷に下ろすことも忘れて冬を迎えてしまった。そこで、アルムに「黒い冬牛」と呼ばれる幽霊の牛が彷徨し、いく冬もその牡牛に追われて、身を守らねばならなくなった。ところが、ある夏の終わりに、別の牧牛者のはぐれた赤牛が小屋に戻らず、黒牛と争い始めた。赤牛の所有者はそれに気づき、黒牛に追われている牧牛者にそれを伝え、赤牛を助けてくれるように頼んだ。牧牛者はその機会をつかんで黒牛を倒したので、幽霊の黒い冬牛は消え、彼も救われたのだった。

娘はその話を興味深くきいていたが、彼におかゆを勧めながら、自分を助けてくれるか尋ねた。若者は、おかゆを食べながら、孤独を慰めてほしいのかと考えて娘に求婚してみた。しかし、娘はがっかりしたように首を振って、彼が食事と宿の提供に対して一言の礼も言わないことを、とがめるようにつぶやいた。

彼があわてて謝り、「神の祝福を」と娘に礼を言うと、娘はその言葉こそ自分の救いなのだと大喜びした。娘は死後、呪いをかけられたまま、アルムの山小屋で冬の間一人ですごさねばならなかったのだが、若者からの食事への感謝の言葉で昇天できたのだった。するとたちまち、娘もおかゆも山小屋もすっと消えてしまった。

アルム小屋には、この娘のように不慮の事故などで死んだ人びとが成仏できずに亡霊として小屋に留まり、救いを待っていることが多いという。

163　ワッテン谷のカースマンドル

ある秋の夜に三人の農夫が山へ薪を取りにいって遅くなり、居酒屋で強いりんどうのジンを飲んで体を暖めようとした。三人が居酒屋の窓から山小屋を見ると、誰もいないはずの山小屋に灯が見えたので、悪魔の使者、地獄の小人、カースマンドルが来たと騒ぎ始めた。居酒屋の主人は、カースマンドルは目と耳がよいので、聞こえたら大変な報復を受けると注意した。

ある夏に、山小屋の最上の牝牛の顔が膨れ上がり、目がかにのように飛び出したことがあった。これは、その前夜、山小屋の牧牛者（セン）がカースマンドルの悪口を言ったため、怒ったカースマンドルが牝牛の首をしめて殺そうとしたためだった。そして彼自身も岩穴に落ちて死にそうになったというのだ。

居酒屋の主婦も、カースマンドルというアルムの霊は、牧牛者の姿で彼の生前の罪をあがなわねばならないのだと語った。主婦の話では、ワッテン谷のカースマンドルは、隣人の牧草地を三分の一横領した罰で、死後、安堵することなくアルムをさまよっているのだということだった。三人は酒で気が強くなっていたのか、主婦の話にも脅えず、逆にふざけて、カースマンドルを呼びよせようとした。

すると、灰色の小人が居酒屋の入口に現われ、怒りに燃える目でにらみ、脅かすように両手をあげた。三人はぎょっとしたが、それ以上何も起こらなかった。しかし、三人がその晩、居酒屋に泊り、しきわらの上に身を横たえるや否や、カースマンドルが目に見えない姿となって三人の上でダンスを始め、ものすごい音をたて、物を投げ、三人を踏みつけた。牛乳缶、バター桶、籠、乾草用フォークが宙に舞い、三人はカースマンドルの怒りから逃れるだけで精一杯だった。

翌朝、居酒屋の主人が部屋をのぞいた時、三人は全身、青あざとひっかき傷や裂き傷で腫れあがり、うんうんうなっていた。主人が三人の手当てをしたので、三人とも命は助かったが、カースマンドルの恐ろしさが骨身に染み渡り、二度とカースマンドルをからかわなかったという。

164　カースマンドルのお礼

ワッテン谷から登る山々の頂は、荒々しい岩肌が露出しているが、その下には豊かな牧草地(アルム)が広がっている。ここには冬の間、アルムの霊、カースマンドルが跳梁し、春まで山小屋で騒々しい物音をたてている。霊は晩秋に現われてクリスマスには一時静かになるが、一月六日以降また騒ぎ、春に最初の黒つぐみが歌い始めるとひっそりとなり、秋までその音を聞かない。

かつて、谷のローテン地区の農夫がクリスマスに祝宴を張り、小作人や下男下女にぶどう酒と料理をふるまった。下男たちは、宴席につきながら、カースマンドルも山小屋でクリスマスを祝うのかと言いあった。それを聞いた農家の主人は、今これから山小屋まで行ってカースマンドルのようすを窺って来る者がいたら、彼の最上の牝牛を贈ると約束した。ただし、山小屋まで本当に行ったという証拠に、空き牛乳缶を持ってこいという条件がついた。夏の放牧中に乳搾りで使用する大きな牛乳缶は冬の間、山小屋に保管されているからだった。

一同は、牝牛はほしいが、カースマンドルが恐ろしいうえ、山小屋まで歩きにくい険しい暗い夜道を登る辛さもあるので、誰も皆しりごみした。その中で、貧しい下働きの娘は病気の母親には牛乳が必要だったので、勇気を出して山小屋へ向かった。

娘が二時間かけて山小屋まで登ると、山小屋はあかあかと灯がともり、カースマンドルの小人が晴れ着で料理をしていた。彼は娘の来ることを知っていて、親切に迎え、すぐに持っていかれるように牛乳缶を洗っておいてくれた。しかし、貧しい下働きにこのようなことをさせる農家の主人に腹をたてていた。そして、娘にはできたばかりの黒いおかゆをすすめた。娘がその妙なおかゆにためらいを示すと、カースマンドルは十字を胸に切ればおいしく食べられる、と言った。娘が言われたとおりにすると、黒いおかゆはたちまちおいしいあげパンに変わって、二人は楽しく食べた。

娘がカースマンドルに別れを告げて農家の祝宴に戻ると、主人は驚いたが、自分の牝牛を手放すのが惜しくて、娘には冗談で言っただけなので初めから約束を守るつもりはなかった、と笑った。娘は主人の仕打ちに腹を立てたが、どうすることもできなかった。

すると翌朝、農夫の最上の牝牛が死んだ。娘が農夫に約束の実行を迫ると、主人はカースマンドルの報復とは考えずに、偶然の死だと強引に決めて牝牛を与えなかった。すると、その次の朝、また一頭牝牛が死んだ。主人は恐ろしくなり、約束どおり、娘に良い牝牛を一頭与えたので、牛はそれ以後、死ぬことはなくなった。

カースマンドルは牧牛者（セン）の姿の小人であり、牧牛者のおもな仕事はチーズ（カース）作りなので、チーズの男（カースマンドル）と呼ばれるのである。

165 ヒンタートゥックス地方のアルムの小人

ティロル州には、カースマンドルと並んで生前の悪行の罰として、首なし人間、泥人間、怪物、猛獣となって彷徨する霊が多いという。

ヒンタートゥックス地方牧草地（アルム）では馬の化け物が暴れ回り、狩人がそのひづめで押しつぶされることが多かった。ある勇敢な牧牛者の若者が、聖別した弾で化け物馬を射ち殺そうとしたのだが、うまくいかなかった。馬の背後に姿の見えない山の小人がいて、彼にパンとぶどう酒をねだった。若者がパンとかもしかの肉とりんどうのジンを与えると小人は喜び、化け物馬退治には聖別した弾も役に立たず、引き裂くもの、噛みつくもの、光るものを使えと教えた。すなわち猟銃、猟犬、剣だというのである。さもないと化け物馬は若者をめちゃめちゃにつぶしてしまうというのだ。

若者は家に戻って、猟銃、猟犬、剣を取って、もう一度化け物馬に立ち向かったのだが、小人が馬の背に乗り、馬は鼻から火を吹き、激しくいななき、二本足で立ち上がって若者をからかった。小人はもう一度、裂くもの、噛みつくもの、光るものとくりかえしたが、若者の猟銃、猟犬、剣は全く役に立たず、馬は小人とともに反対側の山頂付近の氷河の壁の中に消えていった。それ以後、この馬を退治しようとする勇者は現われなかった。

166 ファルケンシュタイン城の霊

ファルケンシュタイン城はかつて東ティロルのマトライにある美しい城だった。城の女主人は美しいだけでなく、非常に裕福だった。彼女と盲目の妹は父から莫大な遺産を受け継ぎ、その額は十人家族が生涯贅沢をしても十分暮らせるだけのものがあった。

盲目の妹は姉を信頼し、父の遺産を姉と半分ずつ分けた時に、自分の相続分を全額姉に渡し管理を委せた。盲目なのでその方が好都合だというのである。姉は親切な甘い言葉を口にしながら、妹の財産を自分のために使おうとした。妹が目の見えないのをいいことに、箱を二つ作らせ、ひとつには金貨を満たして自分のものとし、もうひとつはひどいあげ底にして上の部分だけを金貨で覆い、妹にそれをさわらせて、自分が父の金貨を均等に分けたように信じこませた。

盲目の妹が姉のためにひどい目に遭ったということは伝わっていないが、姉は金の亡者となり、毎日金貨を指の間に滑らせては幸福を味わっていた。金貨を愛し金貨のことのみ考え、人を愛したことはなかった。

彼女は莫大な財産をそのままにして死んだので、遺産相続者がなく、金貨に未練を残したまま、死後、その霊は安堵することなくさまようことになった。そして、妹の財産の横領を悔いてすすり泣き、廃墟となった城に姿を現わした。人びとは彼女の霊を恐れて城に近づかなかった。

ある夏の晩、一人の羊飼いの若者の枕許に青白い光がさし、霊が現われた。そして、ビルゲン谷のろば橋へ行き、騎手の訪れを待ち、騎手に彼女がいつ昇天できるのか尋ねてほしいと頼んだ。羊飼いは目ざめると、彼女の頼みを入れてすぐにろば橋へ行った。しかし、騎手はなかなか現われず、羊をそのままにしてきたことを後悔した。

やっとのことで、黒い騎手が橋を渡ってきたので、羊飼いは城の女性の霊がいつ昇天できるのか、と問うた。しかし騎手は首を振って、次の騎手を待つように言った。しかたがないので、羊飼いが待っていると、茶色の馬に乗った騎手が現われた。しかし、その騎手の答えも同じで、次に来る白馬の騎手を待つように言った。まもなく現われた白馬の騎手は全身白装束で、羊飼いに向かって、彼女の救いは、今か、最後の審判の日しかないと告げた。

羊飼いは城に戻り、霊にそれを伝えた。霊は自分が救われるか、運を試そうとして、妹から横領した金貨を羊飼いに見せ、報酬としていくらほしいか尋ねた。羊飼いは全部もらったら欲深だろうと遠慮して、銅貨一枚でよいと慎しく言った。ところが、霊は腹立たしげに羊飼いに銅貨を投げ、もしも彼が全部もらってくれたら、今この場で昇天できたのにと悲しげに言って消えてしまった。羊飼いは自分の愚かな遠慮を後悔して、もう一度、ろば橋まで行き騎手を待ち続け、とうとうそこで年老いて死んでしまったという。

167　金を守る七人の男

ラッテンブルク市の近郊にそびえる「長者の頂」には昔から七人の男が、隠された金を守っているといわれていた。この七人は生前、山の掟を破ったので、罰として死後、冬の酷寒と雪嵐の中に立って宝を守らねばならなくなったのである。その罰とは、山の掟では、山の小人の所有する金と宝石を盗んだことで、人間は小人のものに触れることは許されなかったのである。

「長者の頂」の麓には豊かな牧草地が広がっていた。そこは冬でも青々と牧草が茂っていたので牝牛はそれを食べて肥え太り、年中溢れるほど乳を出した。そこで、そこの牧牛者の若者は金はなくても、現在の生活に満足していた。

ある年の聖夜の夜更けに牧牛者が山小屋に泊まっていると、吹雪をついて扉を叩く者がいた。彼は一年のこんな時期に山小屋を訪れるのは化け物か犯罪者か、と用心したが、入ってきたのは覆面の男だった。顔が見えないのが不気味だったが、化け物でも犯罪者でもなく、酷寒にふるえていた男だったので彼は招き入れた。男は彼に一晩中どんどん薪をくべて汗が出るほどにしてほしいと頼んだので、彼は今の暖かさでも十分と思いながら言うとおりにした。そして、男が何をするつもりなのか、長椅子の下に隠れて見ていた。

深夜十二時に入口の扉があくと、七人の真青な顔をして凍りついた男が入ってきた。長者の頂で宝と金を守る七人の男だと若者は察した。七人はしばらく暖炉で暖まると、凍りついた体がとけて普通の人間に戻り、小屋を出ていった。

彼は七人が寒さから救われたらしいとほっとして、長椅子の下から這い出した。すると、机の上の彼の帽子の中に礼の金貨がつまっていた。彼はその話を誰にもせず、口うるさい噂や妬みを避けるため質素な生活を続け、やがて、その金で薬草の売買を始めた。それが見事に当たり、彼は大金持ちとなり、結婚して家も買った。

数年後、彼が妻にその話をすると、妻は七人の男を助けると、彼の死後、その一人と交替して金と宝を守らねばならなくなる、と脅えた。妻が心配のあまり隠者に相談すると、彼の成功は七人の男の返礼なので、心配はいらないが、貧しい人に帽子一杯の金貨を恵むとさらによいと教えた。

そして、彼はさらに仕事が成功し、死後、彼の墓には長者の頂にしか咲かない花が七つ、輪のようになって咲いたという。

168　ヘッティングの魔女の音楽師

オーストリアには路上音楽師が多く、それで生活費を稼ぐ人も多かった。十九世紀のオーストリアの作家グリルパルツァーの『ウィーンの辻音楽師』（路上でバイオリンを弾いて生活を稼ぎながら、貧しくても幸福に暮らした男の一生を語った話）に描かれるように、生活は貧しかったが、なんとか生きていくことはできた。それでも不況や凶作の年には見入りが少なく、好況や豊作の年には人びとの気前が好いというのは理の当然で、生活はつねに不安定だった。

現在インスブルック市のはずれにあるヘッティングは、かつて狩猟館（狩猟中に泊まる貴族の別荘）のある豊かな牧草地であった。そこの音楽師は天才的なバイオリン弾きで、居酒屋で毎晩遅くまで弾いていたが、稼ぎは少なく生活に追われていた。

ある晩遅く、疲れ果てて家路に向かう彼に夜道で貴婦人の一行が声をかけ、自分たちの宴で弾いてくれるよう頼んだ。彼は疲れていたが、いくらかでも収入のたしになるのならと誘いに応じた。貴婦人の城は遠く、そこから十二キロ離れたツィアルの町にあった。音楽師は貴婦人たちを全く知らなかったが、上品な外見にそぐわず、態度は奔放で、野性的であった。しかし彼は一介の音楽師にすぎないので、批判を控えた。

貴婦人は見知らぬすばらしい城に彼を案内した。彼はその土地をよく知っていたが、城は全く見覚えがなかった。城の内部もすばらしかった。何百というろうそくが水晶の壁に反射してきらめく中で、着飾った人びとがさざめき、ワルツに興じていた。そこで、音楽師はバイオリンを弾き始めた。彼のバイオリンがこれほど上手に響いたこともなかった。人びとはバイオリンにあわせて、軽やかに楽しそうに踊り、そしてありあまるご馳走に舌鼓を打った。

彼はそのようすを眺めながら、何年か前に死んだ母親の言葉を思い出した。美しい仮面の下には醜い真実があり、美辞麗句と追従の下に悪意と下心があり、美しい輝きの陰に地獄の炎があるというのだった。彼は背筋に冷たいものを感じて帰ろうとした。しかし、貴婦人は宴が終わるまで、と引き止めた。

彼は再び母を思い出し、正しい宴や舞踏会には、最後に宗教音楽を弾くはずだと気がついた。この人びとが本当に正しい人びとなのか、彼の気の迷いで不道徳に見えるのか知ろうとして、子供時代に母の歌ってくれた讃美歌を弾いた。

最初の音が響くや否や、人びとは醜い怪物に変わり、地獄の炎が床から燃え上がり、城は崩れて地底へ沈んでいった。音楽師が我に帰った時はすでに夜明けで、彼はごつごつした岩の上に横たわっていた。空腹を感じた彼が、昨晩の城のご馳走を鞄から出すと、それはがまやみみずに変わっていた。彼はがっかりして、近くの小川で顔と手を洗い、とぼとぼと家に向かった。

169　ランデック市のシュタウセ魔女

ランデック市近郊の村にシュタウセという名前の魔女が住んでいた。ある時彼女は農婦に化けて他の農家の良い子牛を殺し、牝牛の乳を奪い、バター作りを失敗させた。他の農婦たちは用心して魔女除けとして、真赤に焼けた金串をバター桶のわきに用意した。魔女がそれに気づいて、素知らぬ顔で金串の用途を尋ねると、魔女除けだと農婦ははっきり言った。あわてた魔女は農婦のバター作りのじゃまをしないで逃げ帰った。もしも、農婦が金串をバター桶に突込んだなら、魔女はたちどころに死んでいただろう。

真夏には魔女のシュタウセは黒雲を呼び、ほうきに乗って雲の中を飛び回った。料理中に塩が不足すると、十キロ離れたハル町の塩坑まで空を飛んでいくこともあった。

魔女の夫は実直な靴屋で、妻が魔女であることを知らなかった。魔女は夫の不在の時を選んで魔女行為を行なっていたからである。ある朝、夫が遠くの町まで靴の修理に出かけることを知っていたので、彼女は魔女の舞踏会に行こうと思った。夫は空模様を窺い、黒雲が広がっているので雹が降ると予想し、遠出をやめて家で穀物と乾草を取り入れることにした。あわてた魔女は、穀物と乾草は自分がサイロに運ぶといって、夫を送り出した。魔女はこれで安心と思ったのだが、夫が修理を頼まれた家は、実は谷のちょうど反対側で、遠いとはいえ自分の家がよく見え、靴の修理をしながら、妻のしていることが全部わかってしまった。

妻の魔女は夫の不在に安心して黒雲の間を飛んで穀物と乾草をサイロに納め、夕方夫が戻ってきた時には素知らぬ顔をしていた。しかし夫はただちに妻を告訴し、ランデック市の裁判官は魔女を捕えて銅の鍋に入れて焼き殺そうとした。魔女は鉄など他の金属は溶かして引きちぎってしまうのだが、銅だけは歯がたたないからである。魔女は逃げようとほうきに乗ったが、風がないので空中に舞い上がれず、牢に入れられた。こんどは人びとは魔女を生き埋めにしようとしたが、魔女は土に触れると力を取り戻し逃げてしまうので、火刑に処した。けれども、炎に包まれても、魔女は今日は暖かい、と言うだけで平然としており、黒い鳥が飛んできて羽で火を消すので殺すことができなかった。そこで、人びとは火刑の薪を聖別してから点火し、やっと魔女を殺すことができた。

けれども、シュタウセの魔女の話は伝説となり、今日でもランデック市とその近郊では、足の速い人を「シュタウセの鞍に乗ってきた」という。

170　呪いをかけられた画家

現在イタリア領の南ティロル地方は、北ティロルともいわれるオーストリア領ティロル州と一体感のつながりがあり、南ティロルの人びとはもちろん、オーストリア人にも、南ティロルはオーストリア国内という考えがある。そこで南北ティロルの往来は数百年前から今日にまで及んでいる。

かつて、南ティロルから二人の画家が北ティロルに足繁く通い、絵を売りさばいていた。一人は才能もあり、人びとの求める絵を描いたので成功したが、もう一人は才能もなく、人びとの好みも知らず、全く売れなかった。そのうちに才能のある画家は突然姿を消してしまい、無能な画家のみ残り、しかもなぜかすばらしい絵を描いて成功し、大金持ちとなった。

数年後、行方不明の画家の母親が南ティロルから、南北ティロルの境にあるブレンナー峠を訪れた。母親はそこで息子の帰りを待ったのである。人びとは画家はもう死んだと彼女に忠告したが、彼女は頑として首を振り、息子は必ずここへ戻ってくる、と言い張って、雨の日も風の日も待ち続けた。

すると、翌年の春に、豪華な馬車がそこを通ったので、中には金持ちになった画家の同僚が乗っていた。母親は息子の行方をきいた。画家はうろたえて逃げようとしたので、母親が問いつめると、あえぎながら事実を話し始めた。

彼は、もう一人の画家の才能と成功を妬み、自分の絵が全く売れないのは不公平だと思って彼を殺そうとした。しかし、魔女に会ってある媚薬を手に入れ、彼に飲ませたので、彼は意志も考えも失い、画家の奴隷となった。画家は自分の家に彼を閉じこめて絵を描かせ、それを自分の名前で売って大金持ちとなった。けれども、毎月新月の晩にその媚薬を飲ませなければ効果がなくなり、元に戻ってしまうのだった。しかも、画家は先月の新月の晩に媚薬の瓶をこわしてしまい、新たな媚薬を手に入れることができなかった。彼がすばらしい画家として勝手にふるまえる時間は残されていないので、焦っていたのだ。

画家は話し終わると馬車から落ちて死んだ。魔女との約束では、媚薬を失い相手が元に戻った時、画家の魂をもらうという条件だったのだ。画家の魂は魔女に引き裂かれて地獄に落ちた。

画家の話を聞いた母親はある期待と予感を持ってブレンナー峠の橋に立っていた。すると、いくらもしないうちに、一人の貧しい服装の男が杖を頼りによろよろと橋へ向かって歩いてきた。彼はそれまで意志も考えも奪われていたのだが、この時、内なる声が彼をブレンナー峠の橋へ行かせたのだった。そこで、訳がわからないまま、引きつけられるようにそこへ向かったのである。彼の母親は、姿が変わっても一目で息子とわかり、息子もまたその瞬間、生気を取り戻し、母と息子はいっしょに南ティロルへ戻っていった。

171　粉屋とろば

かつて、インスブルックに近いナウダースの村に粉屋が住んでいた。彼はつねに、「小麦粉には水分がないが、粉屋には潤いが必要」といって、居酒屋で酒を飲んでいた。仕事は忘れずに、自分のろばに小麦粉を積んで町で売りさばくのだが、往復の途中で居酒屋に立ち寄ると、ろばを外につないだまま一杯ひっかけるのだった。そして、ろばに水を与えることを忘れがちだった。

ある日、いつものように粉屋が居酒屋で酒を飲み、ろばは外につながれたまま暑さでのどがからからになっていた。そこへ二人のカプツィナー派修道士が通りがかった。一人は若く、一人は老人で、二人はラッテンベアク市の教会をめざしていたのだが、そこからはまだ遠かった。二人が居酒屋の前のろばを見つけると、年とった修道士はろばを借りて足の疲れを休めたいと言った。けれども、ろばの主人が貸してくれるかどうかわからないので、若い修道士が一計を案じた。そして、年とった修道士は、ろばを借りてラッテンベアク市へ向かい、若い修道士がろばの頭装具をかぶってそこに残った。

しばらくして、粉屋の主人がかなり酔って居酒屋から出てきた時、ろばが修道士に変わっているのを見つけてびっくりし、魔女にでも化かされているのかと目をこすった。修道士は粉屋を見ると、自分はやっと救われたと、被っていた頭装具をはずして跳び上がってみせた。そして、大胆にも粉屋に、自分はあまりにも酒飲みだったので、その罰としてろばにされていたのだと、まことしやかに語った。そして、粉屋のもとに売られて荷運びに従事しなければならなかったのだが、やっと贖罪の期間が終わったので、修道士に戻った、と言ってきかせた。修道士は粉屋に、あまり飲みすぎるとあんたもろばになるよ、と釘をさして行ってしまった。

この話は粉屋を脅えさせた。彼は修道士の話をうのみにしてしまい、毎日鏡を見ては頭がろばになっていないか確かめ、このままでは自分がろばになるという不安からすっかり酒をやめてしまった。しかし、そのおかげで、それまで酒代になっていた金をそのまま貯金することができて、生活が楽になった。

ところで、彼は小麦粉の荷を引く新しいろばが必要だったので、有名な南ティロルのビンシュガウ地区の家畜市に行った。すると、そこで彼はかつての自分のろばを見つけたではないか。彼はびっくりして、そのろばに、お前がまた修道士になったら困るからお前はもう買わない、と言った。そして、あの修道士はまた酒を飲みすぎてろばになったのかと聞いたが、ろばはめえめえ鳴くだけだった。彼は「本当の」ろばを探したのだが、ほかに適当なろばがいなかったので、結局、またそのろばを買って家に戻った。

それ以後、ろばが修道士になることもなく酒をやめた粉屋がろばになることもなく、一生、パンと牛乳で満足して暮らしたという。

172　ソンベンドヨッホ山の妖精

ラッテンベアク市近郊のソンベンドヨッホ山（標高一九八六メートル）には、かつて若く美しい妖精が住んでいた。妖精は山に住む野生の動物を守り、向こう見ずな狩人に罰を与えるのだった。

ある時メーレンシュタインの町の騎士がアルプスかもしかを追ってその森へ入り、妖精に見つかってしまった。妖精は怒りに満ちて騎士の前に現われ、彼女の森の野生動物を倒そうとしたことを叱責した。妖精はそれまでの狩人たちの恥知らずな図々しい弁解に腹を立てていたので、この騎士にも相当の罰を与えようと思っていたのだった。

しかし、騎士は純粋でひたむきな魂の持ち主だったので、自分の所業を素直に謝り、妖精の森だと知らなかったことを告げた。そして、二度とこの森で動物を獲らないことを約束した。妖精が怒りを鎮め、彼を信用して好意を示したので、妖精の美しさと気高さに魅せられていた騎士は結婚を申し込んだ。妖精も、彼の純情と誠意に心を動かされたが、妖精と人間は結婚できないので、愛し合うだけにしたいと言い、騎士を自分の城に案内した。

妖精が腕を少し動かしただけで、山肌に扉が現われ、中には輝くばかりの宮殿が見えた。不思議な光が宮殿とその周囲の庭を照らし、庭には見たこともない美しい花が咲き乱れ、泉からは清流が流れていた。宮殿は大理石と水晶で造られ、内部は金銀宝石で飾られていた。妖精は彼を城に招き入れ、いつでも好きな時にここを訪ねてよいが、他の女性を愛さないこと、城の話を他人にしないこと、森の動物を二度と狩り立てないことを約束させた。そして、彼に自分の指輪を与え、その指輪で山肌を叩けば扉があいて中に入れると教えた。

その日を境に騎士は毎日妖精の城を訪れ、他の騎士と狩りに行くこともやめ、他の女性に目を向けることもなくなった。友人は彼の変化を見ていろいろ臆測したが、彼は沈黙を守った。

ある日、騎士の主人の城で盛大な宴が開かれ、彼は断わりきれずに宴に出席した。しかし、彼の心は妖精のもとへ飛んでいた。宴には美しい貴婦人も令嬢も出席していたが、妖精の美しさには足下にも及ばなかった。すると、突然一人の令嬢が騎士の指輪を見つけてその美しさに魅せられ、彼の心を得ようとしきりに笑いかけ話しかけた。騎士は彼女に何の関心も払わなかったが、令嬢は男については自信があり、彼がどんなに女性に冷淡でも、必ず自分のものにしてみせようと思った。彼女は騎士にしつこく言い寄り、指輪をねだり泣いて懇願した。騎士はあまりにもしつこい要求につい指輪を渡してしまい、令嬢は勝利と得意の絶頂で指輪を手に去っていった。

その瞬間、騎士は我に帰って後悔したが、妖精の森に行っても指輪がないので山肌が開かず、途方に暮れていた。そこへ、白い鹿が横切ったので、以前の狩猟の情熱がよみがえり、即座に射倒してしまった。すると、目の前に妖精が現われ、指輪を他の女に与えたこと、白い鹿を射倒したことを責め、彼がどんなに謝っても許さず、土砂崩れを起こした。彼は罰としてその下敷になったのだが命だけは助かり、自分の弱さと良心の呵責に苦しめられながらその土地を去り、やがて十字軍の遠征に加わり、二度と帰ってこなかったという。

173 野の女の帯

ティロル州にもいたる所にサラと呼ばれる「野の女」が住んでいた。外見は若く美しい人間の女性でありながら、心持ちも生活も人間とは全く異なるのが野の女だった。

セアファウス村の乾草小屋にはティロル州で一番美しい野の女が住んでいるといわれるので、村の農夫はそこを訪ねて野の女と交際し、帰宅すると自分の妻にそれを打ち明けた。妻は野の女の正体がわからないので、夫がそこへ行くのを嫌がった。確かに家の暮らし向きは、以前よりよくなったのだが、それが野の女のもたらした幸運なのかわからなかった。農夫は相変らず夜になると野の女のもとへ行き、日中の仕事の時に居眠りをすることが多いので、妻はついに夫のあとをつけて、夫が野の女と何をしているのか確かめることにした。

妻は、乾草小屋の壁板の隙間から中をのぞこうとしたが失敗し、しかたなしに小屋の外に座っていると、隙間から美しい金髪がはみ出しているのに気がついた。彼女は野の女の髪だと気づき、隙間から中へ押しやった。自分でもなぜこんなことをするのかわからなかったのだが、その髪は燃えるように熱かった。そして、そこにはいない方がよいと思ってすぐに帰宅した。

小屋の中の夫は、野の女が小屋の外の妻に気づいて、いつもと少し違うことなど目に入らなかった。彼は野の女が贈ってくれた富をどのように使おうか考えていたのである。彼は別れ際に妻への土産を所望し、野の女は宝石をちりばめた自分の帯を渡し、妻に手渡すまで決して彼の手から離さないように注意した。

農夫は礼を言って帰途についたが、途中の森で、木立ちの間から射す月光が、地面の上の何かに反射してきらきら輝いているのを見つけた。よく見るとそれは彼の妻の首飾りだった。彼はなぜこんなところにあるのか不思議に思いながら、それを拾おうとして、手に持っていた野の女の帯をうっかり木の枝にかけて手から離してしまった。そして、首飾りを拾った瞬間、すさまじい金切り声と爆発音が広がった。彼は妻の身の上に大変なことが起こったと直感して震えあがった。木の枝にかけた帯は巨大な蛇となり、悪意を持って彼をにらんでいた。

飛ぶように家に帰ると、妻は無事であった。彼は妻に首飾りを渡し、森のできごとを語り、二度と野の女を訪ねないことを約束した。野の女はその後まもなく姿を消し、農夫も妻も人間とは違う野の女がいなくなったことを喜んだのだった。

174 イムストの森の危険を知らせる犬

遠い昔、インスブルックから遠くないイムスト市郊外の森で、ある農夫が犬をつれて薪を集めている時に、泥棒に襲われて殺された。

農夫は成仏したが、犬は亡霊となって危険の起こる前に現われ、人びとに知らせるようになった。農夫が大木の下敷になったり、子供が溺れたり、農家が放火されたりした時、必ず犬が現われるので、人びとは不幸をもたらす不吉な犬と思っていた。しかし、やがて人びとは犬が警告のために現われていることを知り、犬に感謝するようになった。そして、事故の起きたところに犬への礼として肉を置いておくと、翌朝にはなくなっていた。亡霊の犬が本当に食べるのか、森の狐が横取りするのか、誰にもわからなかった。

ある日、農家の下働きの娘が森を通って家に帰ろうとしていた。彼女の女主人は冷酷で、下男下女を苦しめていた。その時も買物を言いつけられた娘は、買物をすませ重すぎる籠をやっとのことで運んでいたのだ。娘が籠を下ろして休んだ時、突然、犬が目の前に現われた。青白い光に包まれ、足は地についていないようだった。娘は危険が迫っていることを察知して全速力で家に帰った。しかし、買物の領収書を忘れたので、女主人は娘にもう一度森の道を通って領収書を取りにいかせた。娘は森で、危険を知らせる犬が現われたことを女主人に告げたが、女主人は怒って娘を追いたてた。

娘は女主人の冷酷さ残酷さを知っているので、仕方なしに森の道を通って仕事を果たした。女主人は彼女が無事に戻ってきたのでがっかりし、回り道をしたに違いないときめつけた。娘が否定すると、女主人は急に態度を変えて親切そうな顔をしたので、娘は何か下心があるのではないかと不審に思った。

翌日の昼に女主人は娘に瓶を渡し、曾祖母からゆずられた奇跡の水なのだから、犬の亡霊の出た場所へまいてきてほしいと頼んだ。犬の亡霊は危険を知らせるのだから、そこにこの水をまいておけば危険を回避できるというのである。娘が瓶を持って森へ行くと、瓶はどんどん重くなり、ほとんど運ぶことができないほどになった。

すると、再び犬の亡霊が彼女の前に立っていた。彼女は恐ろしくなり、瓶を遠くへ投げ捨てた。その瞬間、瓶は石に当たって割れ、硫黄とピッチが溢れて燃え上がり、周囲の木立ちに燃え移った。同時に地の底から、

「犠牲者は逃(のが)れた」

という恐ろしい声が響いた。娘は自分の女主人が悪い魔女で、彼女を殺そうとしていたことを知った。娘は村にとって返し、人びとにそのことを知らせたので、男たちがすぐに女主人の家へ向かった。しかし、家の中には誰もいず、ただ硫黄とピッチの臭いが漂っているだけだった。女主人は娘を殺すことに失敗し、自らが地獄へ引かれていったのだった。

175　人魚の鎌

ティロル州にかつて存在した珍しいものが人魚である。海がないのになぜ人魚が、と不思議だが、口承によれば地下の水脈や地底湖を伝ってティロルの山岳地帯まで来て、住みついたという。そこで人魚は海のあるイタリアにちなんで「ベネディガーの女」（二〇四頁116話参照）とも呼ばれた。人魚は高い山の洞窟に住み、臆病でほとんど人に姿を見せなかったが、親切で優しく、ことに草刈り鎌を農夫に売り与えていた。

人魚の鎌はどうやって、どこで作られるのか全く不明だったが、洞窟の前の岩の上にいつも置いてあり、欲しい人は銅貨一枚そこに置いて鎌を持ってくるのだった。鎌の切れ味は比類なく上等で丈夫で、しかも病気や貧しい人のためには自分で働くという不思議な鎌だった。

ある貧しい母親がたった一枚しかない銅貨で鎌を買おうとした時、人魚は彼女の貧しさを知っていて代金を受け取ろうとしなかった。良心的な母親は払わないと気がすまないので銅貨を置いてきた。その日から、鎌は母親が手にしただけで自分からどんどん草を刈るので、仕事は思うようにはかどった。

母親が病気で動けなくなった時には、まだ働けない幼い二人の子供に代わって、鎌は自分で畑や牧草地へ飛んでいき、乾草を刈って牛にやり、小麦を刈って納屋に納め、少しも困らないようにした。さらに薬を買う金のない母親のために、薬草を刈り、母親はそれを煎じて飲み、健康を取り戻した。元気になった母親が人魚の洞窟へ礼に行くと、人魚はきちんと代金を払った母親が礼を言う必要はないとにっこりした。

この話は人びとの間に広まり、不幸続きだった農夫が運を試してみようと人魚の洞窟へ行った。しかし、洞窟の前の岩に鎌がないので、

「ちゃんと払うから鎌をくれ」

と叫んだ。すると、どこからかくすくす笑う声がしたと同時に、首筋に何かひっかかったので、蜂

が刺したのかと思うと、人魚の鎌だった。彼は銅貨を岩の上に置いて家に戻った。それから、彼の仕事はすべて上首尾で、貧困を抜け出すことができたのだが、海に憧れてイタリアに行ったきり戻ってこない息子が気がかりでならなかった。彼は人魚なら海に詳しいのではないかと思い、再び人魚の洞窟を訪れた。

農夫から話を聞いた人魚は、明日もう一度来るようにいったので、彼は言われたとおり、翌日出直した。すると、洞窟の前に髪も服もぐっしょり濡れた若者が倒れていた。農夫はそれが息子とわかって抱き起こすと、すぐに息を吹き返した。息子は、昨晩、航海中に嵐に遭い、船が沈没して海に投げ出され、意識を失った瞬間、人魚の洞窟の岩の上に倒れていたのである。父子は人魚が彼を助けてここまで運んできてくれたことを知って、人魚に厚く礼を言い、家に戻った。それから親子は幸福に暮らしたという。

ところが、それからしばらくして、ある厚かましい村の若者が、人魚の善良さと優しさにつけこんで、鎌を盗み、銀貨の代わりに石を置いて、自分ではうまくやったと得意になって戻っていった。ところが、彼が森を出ないうちに、恐ろしい猛禽に襲われ、鎌のような鋭い口ばしで心臓を刺されて死んでしまった。そして、それ以来、人魚もいなくなってしまった。

176　ツィアラー湖の人魚と竜

ソンベンドヨッホ山の高みに小さなツィアラー湖があり、山の目のように丸いきれいな湖には鱒の泳ぐ姿も見られる。湖の周囲はソンベンドヨッホの山頂まで岩の割れ目や洞窟が続いていて、そこに人魚が住んでいた。人魚は洞窟の奥底の地底湖の宝を守っているといわれ、そこに行き着く道は石が雹のように降ったり、見えない手で振り回されたりする難所だった。

かつて、ある狩人の若者が、ツィアラー湖畔で人魚が魚に餌をやっている姿を見かけ、純白の着物を着た輝くばかりの美しさに見とれていると、洞窟から見るも恐ろしい巨大な竜が現われて、人魚を呑み込もうとした。竜は背に羽があり、全身緑色の鱗で覆われて、見るから獰猛であったが、狩人の若者は、素早く聖別した弾で竜を射ち殺した。

　人魚は、自分を救ってくれた狩人に礼として、地底湖に案内して宝を与え、そのまま姿を消した。地底湖は宝の輝きでまばゆいほどだったという。

　ツィアラー湖は不思議な力を持ち、底知れない深さがあり、地下の水脈はインスブルックに近いイン谷まで続いているとされる。また、湖の魚は贖罪の人びとの変わり果てた姿であり、救いを待ってざんげをしているという。そして、最後の魚の罪ほろぼしが済んだ時、湖は消えて、湖底に隠されている宝が現われるのだといわれている。

177　シュバッツ村の鳥捕り

シュバッツ村のある貧しい家の少年は大変な小鳥好きで、毎日、囮（おとり）と罠を使って小鳥を捕えようと山へ出かけていた。実際に彼は上手な鳥捕りで、それまでに何百という小鳥を捕えていた。

　ある晩秋の日曜日の朝、よく晴れたので彼は隣の山へ行き、囮の小鳥と罠をしかけて、野の小鳥を捕えようとした。夢中になるあまり、時間がどんどん過ぎてしまい、十時のミサの鐘にも気がつかなかった。突然、彼の罠にすばらしいうそが止まった。鳥の胸毛は朝日のように真紅で、その美しさはまだ見たこともなかった。少年はすっかり嬉しくなり、慎重にうそが罠にかかるのを待っていた。

　うそが罠にかかると同時に、教会の十時のミサの鐘の音が少年の耳に入り、少年は我に帰って、ミサに出席しようと全速力で谷へ下り始めた。彼はミサに遅刻したという後悔より、すばらしいうそを捕えた喜びで有頂天だったのだが、うそを入れた籠はどんどん重くなり、持っていられなくなった。少年は息切れがして籠をおろして休んだが、籠を見ると、うそは真赤で巨大に膨れ上がり、籠の針金はそのために外側にゆがんでいた。少年は驚いて籠をあけ、うそを放すと、うそは硫黄の臭いを残し、炎を上げながら飛び去った。少年は悪魔がうそに化けて自分に近づいたことを知って驚愕し、以来、囮と罠で小鳥を捕えることをやめてしまった。

178　ラウリーン王物語

南ティロルで最も有名な話のひとつは小人の王ラウリーンである。

王は南ティロルの中心地ボーツェン近郊の山頂と地底にすばらしい庭と宮殿をもっていた。標高三千メートルのドロミートベアク山頂の露出した岩肌が夕映えで真紅に燃える時、ラウリーン王のばら園が見えると人びとは言う。山頂には小さな凍った湖があり、そこがばら園の入口といわれている。

王のばら園は最高の美しさで知られていたが、他人に踏み荒らされることを嫌った王は、ばら園の周囲に黄金の糸を張り巡らし、無断の侵入者が見つかると、ただちに死刑にしていた。英雄ディートリッヒ・フォン・ベルンはそれを聞き、三人の仲間とともに、王の乱暴を懲らしめようとばら園を訪れた。彼の妹、美しいキューンヒルドがラウリーン王に誘拐され、地下の王の宮殿に閉じこめられていたため、妹を解放する目的もあった。

ディートリッヒとその仲間たち、彼の兵法の師はスイスのベルンの北方に住んでいたので、そこから馬でドロミートベアク山頂へ向かった。山頂はぞっとするような岩肌が露出する荒涼とした世界だったが、隠し庭園のようにその一角に美しいばら園があった。ディートリッヒたちがばら園に入るとまもなく、ラウリーン王が部下とともに現われ、戦いとなった。

ラウリーン王は金のかぶとに輝くざくろ石をつけ、宝石の輝く甲冑に象牙と金の盾を持ち、金の鞘にはダイヤモンドの剣が入っていた。さらに王は十二人力の指輪と不思議な力帯と隠れ帽子（かぶると姿の見えなくなる帽子）を持っていたので、侵入者をたやすく倒せると考えていた。けれども、ディートリッヒは師の助言で、指輪、力帯、隠れ帽子を次々に奪ったので、王は敗北し、ディートリッヒに妹を返すことを約束した。

王はディートリッヒを地下の宮殿の妹のもとに案内し、彼女は兄との再会を非常に喜んだ。そして、兄に狡猾なラウリーンに注意するように忠告してから宴を開いた。すると、果たして狡猾なラウリーンは酒に眠り薬を入れておいたため、ディートリッヒとその仲間は皆眠りこけ、捕虜として閉じこめられてしまった。キューンヒルドは兄たちを助けようと、王の昼寝のすきに牢を開け、残っていた六つの力の指輪と隠れ帽子を全部盗み出し、ともに地下の宮殿から地上への通路を逃げていった。

この間にラウリーンが目を覚まして、彼らを追いかけたが、指輪も帯も隠れ帽子もなく、歯が立たなかった。ラウリーンは六人の巨人を呼んでディートリッヒたちを攻めたが、ディートリッヒはあっさりと六人の巨人を倒してしまった。ラウリーンはやっと敗北を認めてディートリッヒと仲直りし、キューンヒルデは王の地下の宮殿の倉を開いて、莫大な宝を兄に贈った。

一方、ラウリーンは中世まで南ティロルのティロル城に幽閉されていたが、ある日忽然と姿を消したという。

179 セアレス王物語

インスブルックの南西にあるシュトゥバイ谷には巨大な岩塊の露出したセアレス山（標高二七一八メートル）がそびえている。

ここにはかつて、誇り高く荒々しい山の王セアレスが住み、谷の人びとを残酷な仕打ちで苦しめていた。彼の妻と顧問官たちも王同様に残酷で、さまざまな苦しめる方法を王に耳打ちしていた。

王の最高の娯楽は狩猟で、毎日馬を駆り猟犬をつれて森を巡り、鹿にでも出会うとすぐさまそれを追いつめ、鹿を脅えさせて殺した。王はそのとき自分が生殺与奪の権を握っていることを存分に味わうことができるので、狩猟は、残忍な王の性格にも適していた。

ある時、野生動物が王の追手を逃れようと家畜の群れの中に逃げたとき、王の猟犬が群れに飛び込み家畜を殺してしまった。腹を立てた家畜番の若者が、自分の銃で王の猟犬を殺したので、王は他の猟犬に家畜番を引き裂かせて殺した。王や臣下はそれを見て高笑いし、自分の邪魔をする者への見せしめとした。

その時、王の傍若無人で人を人とも思わない仕打ちに天が怒ったのか、みるみる黒雲が一面に広がり、未曽有の雷雨が襲った。王と妻、顧問官は身を隠す場所もないままに雷雨に打たれて倒れた。

一晩中荒れ狂った雷雨が翌朝晴れあがった時、王とその一行の姿はどこにもなかった。そこには荒々しい岩山がそびえ、森も牧草地も消えて不毛の荒野となっていた。王とその一行は罰として石になり、岩山の三つの峰は王と王妃と顧問官で、その周囲の岩塊が臣下と猟犬なのである。風の強い晩には、猟犬の遠吠えが谷にまで聞こえ、雷雨の時には、石になった王たちが雷に打たれるごとにぶるぶる震えるという。

180　聖レオンハードの石画

十世紀末、人びとは紀元千年にこの世が終わり、最後の審判の日が来ると信じて脅えたが、実際には何事も起こらず、一〇〇四年には、人びとはすでにそのことを忘れて欲や贅沢や快楽にふけるようになった。

バーベンベアク王朝の聖ハインリッヒ一世（九七三―一〇二四）も信心深かったが、一〇〇二年に即位すると一〇〇四年には開戦していた。遠征中、皇帝はある日、イン谷のクンドル町で聖レオンハードの石画を見つけた。聖レオンハードは当時は囚人解放の守護、現在は家畜守護の聖人として尊崇を集めている。石画は雨ざらしだったので、皇帝は驚き、戦争後にそこに礼拝堂を建てることを誓って戦場へと赴いた。

聖レオンハードの石画は、その少し前にイン川の流れの真中に浮いていたので、人びとが岸に安置したのである。すると、人びとの病気が治り、死の危険から救われるようになったので、毎日そこへ多くの人が祈りに訪れていた。

ところで聖ハインリッヒ一世は勝利につぐ勝利で、自分の即位に反対するアルドウィン伯を倒して故郷に凱戦した。けれども、その直後にポーランドとドイツで反旗が翻ったので、また出征せねばならず、聖レオンハードの石画を納める礼拝堂を建てるひまがなかった。

ポーランドとドイツの反旗を鎮めた皇帝がイン谷のクンドル町まで戻ってきた時、イン川の岸で皇帝の馬が突然止まったまま、一歩も進もうとしなくなった。皇帝は不審に思って、馬をなだめて先へ進もうとしたが、馬は一向に言うことをきかなかった。その時皇帝は、そこがクンドル町の聖レオンハードの石画の前であることに気がつき、あわてて馬から降りて聖人に謝罪した。自分より馬の方が聖人を覚えていたことが恥ずかしかったのである。

皇帝はただちに礼拝堂を建設し、一〇二〇年に完成し、ローマ教皇ベネディクト八世の手によって、聖レオンハードの石画が安置された。現在、クンドル町にある聖レオンハード巡礼教会がそれである。

181　マクシミリアン皇帝と山の小人

神聖ローマ帝国のマクシミリアン皇帝（一四五九―一五一九）は、ティロル州を非常に好んだ皇帝で、州の各地を周っていた。彼は玉座に座って命令を下すだけの皇帝ではなく、最後の騎士と呼ばれるように野山で狩猟を楽しみ、大胆な登山をも好んでいた。

ヘヒテンベアク山では、狩猟中に突然岩塊が落ちてきて、皇帝は危うくその下敷になるところだったが、皇帝と狩人がすばやく岩をよけたので、怪我ひとつ負わなかった。このような危険に遭っても、皇帝の山への情熱はさめることがなかった。

アーヘン谷のアルプスかもしか猟では、山中の岩の割れ目を、槍を使って見事に跳び越えている。ひとつ間違えば割れ目に落ちるのに、皇帝は少しも恐れることなく槍を岩の上に突き立て、それを支えにして高跳びをしたのである。

しかし、最も危険だったのが、ツィアル市近郊のマルティンスバンド絶壁の登山中のことであった。険しい岩肌をザイルを使って登る途中、ザイルが切れて、皇帝は狭い岩場にわずかに足をかけたまま、完全に進退きわまってしまった。はるか下には臣下が大勢集まり、不安そうに皇帝を見上げているが、そこまで下りる上策はなかった。大胆な狩人も岩場を登ろうとしたが、足の踏み場も登る道もなかった。皇帝はすでに死を覚悟して、下にその意志を伝えたが、下では臣下が皇帝を死なせまいと神に祈り、ツィアル市の神父が皇帝を救うお練りまで行なった。

皇帝は三日間、この状態で過ごし、三日目の朝、皇帝の耳にかすかな声が聞こえてきた。一人の若い農夫が皇帝のすぐそばに現われ、皇帝の先に立って岩場の道を指し示すと、目の前に自然に歩きやすい道が開け、皇帝は何の危険もなく下に降りられた。若い農夫はそのまま姿を消し、どこの誰かもわからず、二度と姿を見せなかった。山の小人が若者の姿になって皇帝を救ったのだといわれている。

皇帝は、山の小人への礼もこめて、三日間危険にさらされたマルティンスバンドの岩場に十字架を建てた。現在はそこまで、岩場に登りやすい道が敷かれ、誰でも訪れることができる。

182　インスブルックの黄金の屋根

オーストリア皇帝とティロル侯を兼任していたフリードリッヒ三世（一四一五―九三）は、支配の初期の頃、彼の敵対者から、権力も政治力もないと揶揄されて、「空（から）の鞄のフリードル」とあだ名をつけられていた。

彼は敵対者とランデック市の近郊で戦って敗北

し、吟遊詩人に変装してインスブルックまで戻ろうとしたことがあった。皇帝は疲れ果てて、途中の農家に休ませてもらい、善良な農夫は彼に食事を供した。すると皇帝は食事の礼に、国を追われた貧しい侯爵の運命を歌った。すべてを失って敵のもとから逃れることがどんなに辛く悲しいか、切々と歌い上げたので、農夫は、皇帝自らが吟遊詩人に変装していることを悟った。

ティロルの人びとは保守的で、皇帝やティロル侯に忠実な愛情を抱いていたので、皇帝が戻るとランデック市とその近郊の人びとが続々とフリードリッヒ三世のもとに馳せ参じた。皇帝もティロルの人びとの忠誠心に励まされて、元気を回復した。

この後、フリードリッヒ三世は南ティロルへこっそり逃れようと試み、南ティロルへ続くエッツ谷で羊飼いに変装して、敵の目をくらませた。そこではローフナーホーフという農家にかくまってもらい、そこから南ティロルのメラン市まで道案内を頼んだ。そして、ヘンデルミュラーという忠実な男が敵のスパイの目を逃れて、安全な場所へ皇帝を導いたのである。この時、もしも皇帝が、ヘンデルミュラーの言うとおりに、ごみの山に隠れなかったなら、皇帝は敵の手に落ちていたといわれる。

後に、フリードリッヒ三世は敵を倒してティロルに戻り、オーストリアとティロルを治めたが、敵の目を逃れる不安な生活と人びとの忠義を決して忘れず、ヘンデルミュラーを貴族に叙し、水車（ミュラー）をその紋章とさせた。彼がティロルのヘンデル伯爵家の祖先といわれる。

そして、フリードリッヒ三世は「空（から）の鞄」と貧乏を揶揄された報復に、自分の鞄には金がつまっていることを示そうと、インスブルックの彼の城の出窓を金の板で葺いた。現在のインスブルックの象徴、黄金の屋根がそれである。

九　フォアラールベアク州

183　夜の住人、ヴォータス

フォアラールベアク州はオーストリアの最西端にあり、スイス、イタリアと国境を接しているため、その影響が大きく、言い伝えにもオーストリアの他の八州とは異なる独特のものが多い。「ヴォータス」もそのひとつで、ゲルマン人がかつて信じていた主神ヴォータンの変型である。他の州では「野猟」（二一一頁121話参照）の主宰者として冬の夜に跳梁し、人びとに害を与える魑魅魍魎である。フォアラールベアク州でも同様なのだが、趣きを異にしている。

冬の夜、十二夜を中心に森など人気のないところを歩いていると、突然向こうから光が射し、にぎやかな楽しい音楽が聞こえてくる。これが夜の住人といわれるヴォータスの一行で、ある二人の女の子は、この一行とすれ違った時に顔を伏せなかったため、すっかり顔がはれ上がり、ずきずき痛んだという。

また、ラーバサイバッハ村のある見捨てられた小屋では、冬の夜になると、誰もいないはずなのに、小屋から光が射して、ヴォータスが集って騒々しく宴を開いていた。ある若者が窓からよう

189 風の花

すを窺うと、夜の住人たちは普通の人と同じように踊りに興じていたが、小鳥のような軽快さと、足が床についていないことが、人間と違っていた。

しばらく中をのぞいてから、若者は家路についたが、不思議なことにどんなに歩いても家に帰れず、知った道なのにつまずいてばかりだった。視野が妙に狭く、不思議に思いながら、うろうろ歩き、やっとのことで家に帰りついた。そして、鏡を見ると、片目がつぶれていた。ヴォータスを見たので目の光が奪われているのである。彼はなんとかして目を治そうと医者を訪ね、薬を求めたが、何の効き目もなかった。

すると、村の老女が、「一年後の同じ夜に同じ場所へ行くと、ヴォータスから奪われた光を取り戻せる」と話してくれた。そこで、若者は言われたとおりにすると、ヴォータスが同じ小屋で宴を催しており、彼が窓からそこをのぞいた時に、彼の目に刺さっていた斧が抜け落ちて、視力を取り戻すことができた。

また、シュレッケン村では、同様の話が、膝と頭の痛みに変わっている。この場合には、ある男が夜道でヴォータスの行進に会い、その後一年、頭と膝の痛みに苦しめられたが、一年後に同じ場所を訪れ、ヴォータスから、頭と膝に打ちこまれた斧を抜いてもらっている。

184 黒いプードル

ヒッティスアウ村郊外のラッペンフルー（菜の花の野原の意）の下方には、荒々しく険しい切り立った岩壁があり、地下の洞窟へと続いていた。洞窟は深く、いつも中から冷たい風が吹いていた。村の古老の言い伝えでは、かつて、ナポレオン軍の侵入に際して逃げた農家の一家が、地下抵抗運動の拠点に使ったという。またかつて、金持ちのある農家が、泥棒から財産を守るために、全財産の金貨をバター桶に入れて洞窟に隠した。彼は生前、二度とそれを使うことはなかったので、金貨はそのままになっていた。

このバター桶は、黒いプードルが守っているため、誰も持ち出すことはできなかった。プードルは巨大な黒犬のような化け物で、正体は成仏できない人の霊ともいわれる。

数十年後、ある二人の男が魔法の呪文を学び、黒いプードルの攻撃をかわす法を身につけた。そして、二人が洞窟に下りてゆくと、黒いプードルが歯をむき出して、二人に襲いかかったが、呪文のおかげで害を蒙らず、洞窟の外まで宝を持ち出すことができた。しかし、無言を守るという戒めを忘れて、一人が相手の名前を呼んだため、その瞬間に宝は消え、二度と手に入れることができなかった。

この洞窟は「金の穴」と呼ばれているが、現在では不毛の地のため、訪れる人はほとんどいない。また、別の話では、大きながまが宝を守っているという。

185 黒犬

ラーゲンエック村の若者たちはお互いの縄張り争いが激しく、特に、別の村の娘に求婚する時は熾烈になった。ラーゲンエック村と隣のドーレン村の若者たちの競争も激しく、二つの村を結ぶ道の途中には川が流れ、橋がかかっていた。ラーゲンエック村のある若者が、ドーレン村の娘に恋し、娘にはすでに婚約者があったにもかかわらず、自分の幸運を試そうと、ドーレン村へ出かけた。しかし、橋の上には、ライバルの男が、大きな黒犬をつれて待ち伏せていたので、若者と黒犬は格闘し、両方とも川へ落ちてしまった。若者の死体は後日みつかったが、黒犬はとうとう見つからなかった。

他の人びとが、この橋を渡ろうとすると、再び大きな黒犬が現われて人びとを脅かした。人びとが黒犬を避けて通ろうとすると、犬はどんどん大きくなり、目は炎のようにぎらぎら光り始めた。

そして、犬をつないである鎖は、焼けるように真赤だった。そのため、だれも皆この橋を渡ることを避けるようになった。

186 沼女

フィルツベアク村郊外の高みに「高地の沼（ホーホシュトラース）」と呼ばれるところがあり、静かで寂しい道のない沼沢地となっている。ここには古来、沼女が住んでいて、人々を道に迷わせた。沼女は、あまり姿を見せずに人びとを迷わせるのだが、その姿は普通の女性で、洗濯物を持っている。あるいは、美しい絹の着物を着て、より糸で作った帽子を被っている時もある。

沼女のために道がわからなくなり、同じ所をぐるぐる回っていたという話は非常に多い。

ある農夫が朝早く家を出て、歩いて二時間かかる遠くの村の市場へ行こうとした。沼地にさしかかると、嵐もなかったのに樅の木がたくさん倒れて、道をふさいでいた。しかたがないので、道路をふさいでいる倒木を一本ずつ傍らへどけていると、一時間以上もかかってしまった。しかも、村へ行く道もわからなくなり、一日中沼沢地をさまよい、疲れはててしまった。日暮になってようやく自分の家に帰り着き、家族にこの話をすると、沼女のしわざとわかった。しかも、彼の家のわきには、沼地で朝、彼が傍らにどけておいたはずの樅の木が重ねて置いてあった。悪意ある沼女のしわざだという。

また、ある親子が沼地を歩いている時、母親は突然、道からはずれ、自分の家に向かって歩いているつもりで、どうしても反対方向へ向かってしまうのだった。息子には、母親の行動が沼女のしわざとわかり、母の反対を押し切って、家への正しい方向に向かい、やっと家に帰ることができた。家に着いたと同時に、母は正気に戻り、沼女にたぶらかされて道を失っていたことを知った。

また、泥炭採掘者が夕方帰宅する途中で、洗濯物を持った女に出会うや否や道がわからなくなり、家に帰るまでに一時間以上もかかっている。

また、近くの牧草地には美しい絹の服を着た小人の女が住み、神出鬼没で突然現われたと思うとすぐに消えた。時々、彼女は綱を張って洗濯物を干していたが、見たこともないほど真白く清潔だったという。

187　宝を守るがま

廃墟となっているノイエンブルク城には、宝が隠されていて、巨大ながまがそれを守っていると信じられていた。がまなら恐れることはないと馬鹿にしていた人びとは、がまのぎらぎらと燃えるような目やものすごい悪臭に降参し、宝に近づくことはできないと悟るのだった。

ある貧しい老女が夫に死に別れ、息子も遠い土地へ去ってしまい、一人寂しく暮していた。彼女はがまの守る宝を手に入れようなどとはまったく考えなかったが、たきぎを捜しているうちに、知らずにノイエンブルク城の廃墟の近くに来てしまった。しかし、その日に限って、たきぎが一本も見つからず、さんざん探し回り、やっと廃墟の城で濡れたかんなくずをいくらか拾って、家に帰った。

すると、翌朝、かんなくずは黄金に変わっていた。親切ながまが、貧しい老女に同情して、宝の一部を贈ったのだった。老女は非常に喜び、町の金細工師に売ろうと家を出た。途中で、川の渡し守にこの話をすると、渡し守は親切にも、老女を町の金細工師のところまで連れていってくれた。老女は黄金のかんなくずを莫大な金銭と替えることができて、それから何不自由なく暮すことができた。

渡し守は自分も幸運を試したくて、廃墟を訪れてみたが、宝もなく、一面にひどい悪臭がたちこめているので、廃墟の中に入る勇気を、奪い起すことはできなかった。彼は未練を残しながらそこを去ったが、その後、何度もそこへ行っては宝を手に入れる方法を考えていた。廃墟では、彼はつねに二対の燃えるような目に見つめられているような嫌な感じがして不気味であったし、一度は道端に大きながまがじっと座っているのを見たこともあった。しかし、宝を手に入れる方法はどうしても見つからず、ついにあきらめてしまった。

多くの人びとは渡し守と同じように、自分の幸運を試したが、宝を手に入れた者はいなかった。ただ一人、ある貧しい下男が廃墟で怪我をしたがまを助けてやった時、彼の鞄には、昔の金貨がぎっしり詰まっていたという。自分を助けてくれたがまの返礼だった。

188　宝を守る竜

現在、ソンダーダッハ山の麓に広がる平地は十九世紀半ばまでは小さな湖だった。湖は小さいが底には竜が住んでいて深さは底知れず、牧人たちは深さを測ろうと、糸に石をつけておもりとし、湖に下ろした。すると、湖底から、

「深さを測ろうものなら、お前たちにからんでやる」

という恐ろしい竜の声が響いた。人びとはそれに怖気づき、以後誰も湖の深さを測る者はいなかった。

湖底に住む竜への恐れは大きくて、竜の尾の一振りで湖の岸はひび割れ、洪水が村に押しよせると信じられていた、事実、一八七五年には、地主が湖を埋めて干拓し、耕地を広げようとした時、竜が怒って山頂から地鳴りを起こして脅かした。そして、ついに一八八四年一月七日には泥炭土が山津波となり、ソンダーダッハ山頂からものすごい勢いで村に押しよせ、十三の水車と農家が土砂に埋れた。しかし、不思議なことに、その農家の住人は、夜中に不思議な警告の声を聞いて、安全な場所に逃れていたので、全員無事だった。

別の話では、竜は決して悪竜ではなく、善良な人びとには好意を寄せているという。湖をいつも訪れる半盲の少女の優しい歌声に聞きほれて、時々水面に顔を出すこともあった。

また、退役したばかりの貧しい老兵が湖を通りがかった時、竜が水面に現われた。老兵は竜に脅えず、竜は彼に宝を授けて生活を楽にしてやっ

た。老兵は、戦場であまりにも悪逆非道を目のあたりにしていたので、竜を見ても少しも恐ろしいと思わなかったのである。

しかし、この話をきいた欲張りな村人は集まって、竜の宝を手に入れる計画をたてた。老兵はこれを止めたが、村人は老兵を出し抜いて、陰で話を進め、前述のように湖の深さを測るという名目で石のおもりをつけた糸をたらしたのである。しかし、竜の脅しに遭ってびっくりして逃げ帰ってしまった。そして竜の怒りで山津波が起こり、村は埋まったのである。

189 風の花嫁

ある夏の暑い日に、シュレッカー村の牧草地で若い農夫が乾草を刈っている時、突然、黒雲が近づいてきた。農夫は雷雨が来ると案じて、乾草を急いで荷車に積み始めた。ところが、雨は降らずに強い風が吹きつけ、つむじ風となって、きれいに積み上げた乾草をさらって空に巻き上げた。農夫は、せっかく刈った乾草を奪われて怒って黒雲を見上げた。

すると、黒雲の中には女性の姿が浮かんでいた。農夫は、すぐに「風の花嫁」と呼ばれる魔女だと察し、

「そこに隠れているのは誰だ」

とどなった。しかし、黒雲の中の女性の影は何も返事をしないので、農夫の若者は黒雲に向ってナイフを投げつけた。すると、黒雲の中から、

「ぎゃっ」

という悲鳴があがったが、それ以上何も起こらず、黒雲も去っていった。若者は雷雨に遭わずにほっとしたものの、乾草を取られて残念だったうえに、投げつけたナイフがいくら探してもみつからないことが不思議でならなかった。

翌年の春に、農夫は村の若者の習慣に従い、農作業が始まるまでの期間、アルサス地方で石工、煉瓦工、商人などとして働くために村を出た。彼は他の村の若者とともに出発し、途中の居酒屋で一休みした。すると、店の窓には見覚えのあるナ

イフが下がっているのではないか。それは、前年の夏に、彼が黒雲の中の風の花嫁に向かって投げた自分のナイフだった。

彼はなぜここに自分のナイフがあるのか不審に思って見ていたが、何かしら嫌な予感に襲われた。そこで店の主人が現われ、ナイフに見覚えがあるのか、と若者に尋ねた。賢い若者は用心深く、見覚えはないが、ナイフの紋章が珍しいので見ているのだ、と答えた。店の主人はその答えに納得して、そこにナイフを置いてある理由を話した。

主人の娘は、非常にきれいな優しい女性だったので、彼の掌中の玉だったのだが、この土地があまりにも寂しく娯楽もなく若者もいなかったので、いつのまにか風の花嫁となって、つむじ風とともに国中を巡るようになってしまった。しかし去年の夏、背中にナイフを刺されて重傷を負って戻り、あらゆる手当ての甲斐もなく死んだ。そこで、主人は娘を殺したそのナイフの持ち主を、娘の殺人者としてつかまえよう、とナイフを店の窓に下げたのだった。ナイフに見覚えのある人間が通りかかるまで、ナイフはそこに下げておくつもりだったのだ。

若者はその話に背筋に水を浴びせられたようにぞっとして、何も言わずに店を出て、二度とそこを訪れなかった。

風の花嫁は、嵐とつむじ風の古い表現で、野猟の一種とも考えられている。そして、魔物に対してナイフを投げて魔力を打ち破る方法は広く行なわれ、病気の治療にもナイフのまじないを行なった。

190　ドアンビアン町の紡ぎ女

ドアンビアンの町では、かつて冬の長い夜を一室に集まって糸紡ぎと歓談で過ごしていた。現在では、糸紡ぎこそなくなったが、農作業の終わった冬の間は、「夜の歓談(ナハト・シュトゥバット)」と称して人びとは一室に集まり、話やトランプに興じている。

けれどもかつては、冬の糸紡ぎは重要な仕事であり、老若男女が集まって、来る冬も来る冬も毎晩糸を紡いでいた。その中の一人の老婆は、他の人びとと同様に仕事に精を出していたが、他の人びとと違って話に加わらず、いつも無言で孤独であった。彼女の席は部屋の隅だったため、老女に気をとめる人は少なかった。

そこに集まる人びとの中に、一人の若者がいて、他の人びとの笑いや冗談をよそに、隅で黙々と糸車を回す老婆にひどく引かれた。彼も陽気な若者だったのだが、なぜか孤独な老婆の存在が気にかかり、友人たちのおしゃべりを聞くよりも、老婆の方へ目が行ってしまうのだった。

しかし、何も変わったことの起こらないまま、三年が過ぎ去った。ある凍えるような寒い冬の晩、人びとは糸紡ぎの部屋に集まり、いつものように、にぎやかに話しながら糸を紡いでいた。若者は、老婆を見ているうちに、老婆が他の人びとと違って、左ききであることに気がついた。だからこそ、他の人と違って見えたのだった。彼は立って老婆のもとへ行き、

「お婆さん、いつも左回しなのですか」

と尋ねた。

すると、無言の老婆の顔に喜びの色が現われ、若者にいっしょに来るように合図した。若者が、老婆とともに凍りつくような戸外に出ると、老婆は彼をそのまま、ある牧草地までつれて行った。老婆は、自分が左ききであることに気がつく人が現われるまで、無言で糸を紡がねばならなかったのだが、今、若者が尋ねてくれたので、彼女の霊は救われたのだった。老婆は翌朝、彼が今立っている場所を掘ると宝が見つかることを告げて、すっと消えた。老婆は何年も前に死んだまま、成仏できずにこの世に届まっていた亡霊だったのである。

老婆に言われたとおり、翌朝、若者がそこを掘ると、金貨のぎっしりつまった壷が現われ、彼は村一番の大金持ちとなった。彼の親切と勤勉に対する老婆の霊の返礼だったのである。

191　アンデルスブーホ村の宝

アンデルスブーホ村の古い村道を登った丘は、広い湿地帯でホアダート荒野（ムーア）と呼ばれていた。そこにはよく化け物が現われ、青い光がゆらめき、落ち着くことなくあちこちにちらちらと燃えさまよった。そして、近くのブーヘン森（ワルト）からは騒ぎやうめき声が聞こえるのだった。

古くからその湿地帯には宝が埋まっているといわれていた。宝は日曜日に生まれた子供が、満月の晩の真夜中十二時に掘らないかぎり、手に入れることはできなかった。しかも、宝が完全に手に入るまで、決して一言も口をきいてはいけないのだった。

アンデルスブーホ村のある二人の男が、二人とも日曜日の生まれだったので、宝を手に入れようと勇気をふるい起こした。二人は満月の晩十二時に、青い光のゆらめく場所へ行き、そこを掘り始めるとすぐに宝の箱が見つかったので、地上に持ち上げた。しかし、一人が思わず、「万歳」と叫んでしまったため、宝の箱は地中深く消え、あとには獰猛なライオンの頭を型どった大きな輪が二つしか残らなかった。二人は、それをアンデルスブーホ村の神父に贈ったので、神父はそれを教会の入口扉の引き手として使った。

ライオンの頭のついた輪は今日でも教会の入口にあり、魔女と悪い霊を追い払う力がある、といわれている。そして、商人が、公平誠実な取引きを誓う時にも、その引き手に手をかけるようになった。

192　モンタフォン村の悪魔の橋

モンタフォンの村に、ある貧しい大工が住んでいた。彼は妻と五人の子供をかかえていたので、彼らを扶養するためにどうしても金は必要だった。しかし、大工の賃金は安く、どんなに精一杯働いていても、稼ぎが生活に追いつかなかった。そこで、彼の家はいつも生活と食糧不足に悩まされていた。
ある日、ひどい大洪水が起こり、村の中を流れる川の橋が流されてしまった。村の人びとは、なるべく早く新しい橋を架けたがったので、村長と村議会の代表が大工の家を訪れ、三日間で新しい橋をかけたなら、謝礼として一〇〇ターラーやると話をもちかけた。大工は金はのどから手が出るほどほしかったが、三日間で橋を架けるのは、彼の技量ではどうしても不可能なので、一日考えさせてくれ、と頼んだ。

彼は一日中、部屋に閉じこもり、三日間で橋を完成させるすべを工夫したが、どんなに頭をひねっても良い知恵は浮かばなかった。彼はとうとう腹を立て、悪魔の力を借りないかぎりできない、とどなって、ベッドに入ってしまった。彼はそれでも悔しくてならなかった。せっかく、家族を十分養える金にありつけそうだったのに、ふいになってしまったからである。

彼がぷんぷん怒りながらベッドに入ったのはちょうど真夜中で、その時、扉を叩く音が聞えると同時に、緑のとんがり帽子を被った男が入ってきて、親しげにあいさつした。大工は男に事情を説明すると、男は自信たっぷりにうなずき、三日間で彼のために橋を架けることを約束した。そして、交換条件として、最初に橋を渡った生き物の魂をもらいたいと付け加えた。

大工は、それを聞いて、自分が悪魔と話をしているのだとわかってしまった。確かに悪魔なら三日間で橋を架けることなど造作もないが、悪魔に自分の家族や村人を取られることはどうしても嫌だった。しかし、家族のために、一〇〇ターラーの金はどうしても必要だった。彼は、とつおいつ迷いながら悪魔と契約を結んだ。

そして、翌日から悪魔は仕事を始め、本当に三日間で橋を完成させてしまった。それは実に強く頑丈な橋だった。橋の中央には悪魔が立っていて、大工の家をにらみながら、彼の餌食（えじき）となる魂が来るのを待っていた。ところが、いくら待っても誰も橋を渡らず、大工も来なかった。

この三日間に、大工は良い考えを思いつき、神父に頼んで、自分がよいと言うまで誰も橋を渡らないようにしておいてもらったのだ。そして、しびれをきらした悪魔が自分の家に来るまで待っていた。悪魔が大工の家の扉を叩き、催促の口笛を吹くと、大工がゆうゆうと現われた。彼の回りには、元気のよい子山羊が一匹、ぴょんぴょんはねていて、楽しそうにめえめえ鳴いていた。大工は子山羊とともに橋のたもとまで来ると、子山羊を橋に追いたて、悪魔に向って涼しい顔で、約束の魂をどうぞお取りください、と言った。

悪魔はあきれた顔をしていたが、確かに子山羊は、橋を渡っていく最初の生き物なので、その魂を捕えようと、必死になって追いかけた。子山羊はすばしこく逃げてはねまわり、悪魔はようやく尻尾をつかんだが、子山羊にいやというほど蹴とばされてしまった。その時、子山羊の尻尾が切れ、悪魔は尻尾だけ持って地獄へ帰っていった。そして、大工は三日で仕事を仕上げた褒美として一〇〇ターラーもらうことができた。

193 ベーツァウ村のヨーラー丘

ベーツァウ村のはずれの丘はヨーラー丘と呼ばれ、かつては豊かな牧草地と一軒の裕福な農家があり、毎年豊作に恵まれていた。農家は財産が増えるにつれて欲が募り、貧しい人びとに施しをすることも忘れていった。

ある日、農家に見知らぬ乞食が訪れ、施しを求めた。しかし、強欲とともに冷淡になっていた農家の主人は、施しを与えるどころか犬をけしかけて乞食を追い払った。乞食は、主人がすべてを失うことを呪って去っていった。主人はなんの力もない乞食の呪いなど頭から馬鹿にして笑い、気にもとめなかった。ところが、乞食が去っていくらもたたないうちに、空に黒雲が広がり雷鳴がとどろいた。主人がぎょっとする間もなく、大洪水が押しよせ、肥沃な畑も牧草地も土砂に埋まってしまった。そして、畑と牧草地を覆った水面の中央には巨大な水竜が現われ、その背中には先刻の乞食が乗っていて、水竜を操っていた。水竜は、主人に荒々しい息を吹きかけ、尻尾を叩いて岩壁を割り、岩塊を転がしては農家に投げつけ、さらに木の幹を倒して農家を倒壊させ水没させてしまった。主人は畑や牧草だけではなく、家畜、家、財産すべてを失った。

けれども、水竜と乞食は、農家を崩壊させるとすぐ川に消え、村の他の人びとや家に損害を与えることはしなかった。そして、不毛の地となったヨーラー丘には、かつては豊かな地だったという伝承のみ残っている。

ところで、この水竜は決して悪竜ではなく、別の民話では、ベーツァウ村が夏の渇水の時、乞食になってある農家を訪れ施しを求めている。農婦が渇水を訴え、水のかわりに牛乳を与えると、乞食は水を約束して消え去った。乞食はかつて湖だった場所へ行き、そこから水が湧くようにして、村人に水を与えて渇水から救った。水竜は村を流れるグレーベン川に住む黄色い動物と信じられている。

194　ダミュールス村の黄金時代

フォアラールベアク州は、州全体が高地で寒冷であるうえに、険しいアルプス山脈の岩肌が露出し、人びとは古来、厳しい自然条件と戦わねばならなかった。肥沃な畑や牧草地は少なく、不毛の地が多いので、「不幸の地」と呼ばれる場所も多かった。ダミュールスの村はそのような場所のひとつであった。

しかし、村の伝説では昔はそうではなかった、と伝えている、その当時は、気候も温暖で土地も肥沃で、乾草も穀物もあふれるほど、思うままに実り、高いトリステン山の頂きまで豊かなぶどう畑が広がり、どの穀物の茎にも三本から四本の穂が生え、人びとは飢饉を全く知らなかった。その頃の名残りとして、トリステン山頂には壊れた脱穀機や廃屋の食堂が朽ちはてるまま風にさらされている。そして、周囲はすべて不毛の地となっている。

人びとは、豊作が続くので、贅沢三昧にふけり、食物のありがたさも忘れて、穀物をきちんと刈り取って納屋に入れることもせず、家畜のしきわらに実のついたままの穂を使い、女中は燃え方がよいといって穂をかまどの火つけに使い、ぶどう畑の手入れも怠るようになった。

　ある日、村に子供を二人つれた貧しい母親が訪れた。母子は、ダミュールスが豊かな地だと聞いていたので、施しを求めて訪れたのだった。しかし、おごりにふけっていた村人は、パン一枚を与えることさえ拒んだ。乞食に与えるくらいなら、穂でほうきを作った方がましだというのである。母親は神から与えられた穀物をそのように扱う村人に怒って去っていった。

　その年の夏、雷雨が襲ってきたが、例年とは異なって何週間も雨が続き、畑も牧草地も水没し、いつになっても暖かい風が吹かず、冷夏となった。穀物はごくわずかしか実らず、ぶどう畑は枯れはて、家畜も乳を出さなくなった。そして、それ以来、ダミュールスの村がかつての黄金時代を取り戻すことはなくなってしまった。そして、現在の飢饉と寒冷の見舞う不毛の地となったという。

195　フラスタンツ市の石になった三姉妹

　フラスタンツ市の西側のフェルドキルヘ市とリヒテンシュタイン公国との境の地は、絵のように美しい景色だが、その中に人間の形によく似た三つのごつごつした岩塊が露出している。「三姉妹」と名づけられるこの岩は、かつてフラスタンツ市に住んでいた娘たちのことだという。

　この地は、古来、ウェルシュー（イタリア・トスカーナ地方）あるいはベネディガー（二〇四頁116話参照）と呼ばれる人びとが訪れていた。イタリア、フランスなど外国から来るベネディガーは不思議な力を持った人びとで、金銀、宝石の鉱脈を知り、空を飛ぶことや、その場にいなくても人びとの行動や考えを見透す超能力があると信じられていた。

市の郊外のサミナ谷には金鉱があり、ベネディガーが大きな壷いっぱいの金をかかえて空中を飛んでいくのを見たという人もいる。彼らは壷をサミナ谷の川の流れに浸すと、砂金が壷に集まるので、それをかかえて、イタリアまで空を飛んで帰るのである。ある時、谷で牧人がベネディガーに会い、砂金を見せられたので、牧人は彼を恐ろしい魔法使いと思って、十字を切るとあわてて逃げていったという話もある。

フラスタンツ市には、軽薄で物欲の強い三姉妹が住んでいた。彼女たちは、ベネディガーや金鉱のことは知らなかったが、金銭になるものがほしかったので、復活祭の聖金曜日の朝にサミナ谷へいちごを摘みに行った。聖金曜日は、イエス・キリストの処刑された日で、キリスト教で最も大切な日であった。そこで、だれもが精進を守り、朝には教会を訪れた。しかし、不信心な三姉妹は、謹厳な教会よりも贅沢な食物と衣服を好んだ。聖金曜日は皆が教会へ行き、いちごを摘みに谷へ行く人はいないのだから、ミサの後で人びとにいちごを売れば、高い値がつくと簡単に考えたのである。そして、その金で服や装飾品を買うつもりであった。

ところが、いちごを摘み始めてまもなく、森の中でベネディガーに出会った。ベネディガーは聖金曜日に森に来ている三姉妹に怒り、金鉱を盗もうとしているに違いないと疑ってかかった。三人は、さすがに具合が悪くて、いちごを探しに来た、と言えなかったのである。

ベネディガーは彼らの不信心、軽薄、高慢を怒り、三人を石に変えてしまった。石の下には金鉱が隠されているが、人間には見つけることはできず、三姉妹も罰として草も木もはえない荒涼とした岩として、永遠にそこに立っていなければならなくなった。

ベネディガーはそれ以来、そこには現われなくなったが、三姉妹の岩は現在もそこに残っている。

196　銀の魚

スイス、ドイツ、オーストリア三国の国境にあるボーデン湖は、現在ではブレゲンツ音楽祭などで有名な観光の湖になっているが、その昔は漁師の住んでいる静かな湖であった。

ある壮年の漁師は、一人暮らしで毎日ボーデン湖の漁で生計を立てていたが、現在の生活に不満を抱きつづけていた。確かに生活は安定していたが、大金持ちになるほどの金は稼げず、湖には嵐も来ないので危険もなかった。要するに、毎日同じ場所で同じ仕事の繰り返しなので飽きていたのだ。彼は冒険とロマンを求めてうずうずしていた。広い世界を見て廻り、さまざまなことをしてみたかったのだ。

ある日彼は、湖で大きな銀の魚を捕えた。鱗が銀色に輝いていたが、それだけでなく体全体が銀でできているのだ。彼はそれを市場に持っていって高く売り、その金で世界を見て廻ろうと思った。しかし、魚が人間の声で、放してくれたらどんな礼でもする、と哀願したので、彼は騎士になって大活躍したい、と頼んだ。魚は自分の銀の鱗を一枚与え、幸運を約束して湖に沈んでいった。

漁師の手には銀の鱗が一枚残され、彼はいつのまにか銀色に輝く騎士の甲冑に身を固めていた。彼が銀の鱗を持っているかぎり、騎士の身分と幸運は続くというのだ。彼は大喜びで、漁舟と網を捨て、馬に乗って出発した。彼は城から城へと、町から町へと遍歴を続け、あらゆる騎士の試合に勝利を修め、騎士の名誉を獲得した。彼は全く訓練も受けていないのに、たやすく見事に戦い、人びとの賞賛を浴び、あらゆる門戸が開かれた。生活は贅沢になり、貴族と交際し、ある伯爵令嬢から求婚も受けていた。

けれども、すべてが思いどおりの生活なのに、彼はやはり満たされなかった。騎士としての武力も自分の力で築きあげたものではなく、貴族の贅沢な生活も生来のものではなかった。そのため、彼はつねに空しさを感じ、一人の友人も見つけることができなかった。さらに自分の求婚した伯爵令嬢が、彼の素姓を知ろうとしきりに尋ねたことも彼には厄介だった。貧しい漁師だったことを知られたくないためだった。しかし、いつまでもごまかしを続けることができず、伯爵令嬢に真実を告げてしまった。案の定、令嬢は腹を立てて、彼を詐欺師呼ばわりし、婚約を破棄した。

彼も令嬢に腹を立て、周囲のすべてに腹を立て、銀の鱗を呪いながら去っていった。彼は自分のことで頭がいっぱいであり、貧しい老婆が施しを求めても、追いはぎに身ぐるみはがされた旅人が傷ついて苦しんでいても、無関心に通り過ぎた。そして、いつのまにかボーデン湖岸の自分のかつての漁場に戻っていた。

そこへ、銀の魚が現われたので、彼はあらいざらい不満をぶちまけ、銀の鱗のために自分は不幸になったのだ、と魚を責めた。銀の魚は怒り、彼の自己中心とわがままの罰として、小さな銀の魚に変えてしまった。自分から望んだ騎士の名誉にも、贅沢な貴族の生活にも、不平をこぼし、騎士の義務であるはずの弱者を助けることもせず、自分の思いどおりに事が運ばない生活を不運として嘆いてばかりいるという罪だった。彼は今、小魚に変えられた自分を嘆き、人間に戻りたいと願ったが、それには人間の誠意ある同情が得られないかぎり不可能だった。彼はびくびくしながら湖の底の隅に隠れ、自分の身を嘆いていた。

ある日、空腹に耐えかねた彼は釣針の先の餌を食べてしまい、釣り上げられた。それは漁師とその娘だったが、心優しい娘はこんな小さな魚を食べるのはかわいそうだと心から同情して、湖に放してやろうとした。その瞬間に彼は人間に戻ることができ、漁師と娘にすべてを話した。その後、彼がどのような生活を送り、何を考えていたのか、知られていない。

197　一打ちで十匹

昔、ある町に一人の靴屋が住んでいて、なんとか生計をたてて暮していた。ある日、仕事場の窓際に置いてあったりんごに蝿がうるさくたかっていた。腹を立てた靴屋は、やすりを磨くための革ベルトで思いきりりんごをはたいた。すると、一打ちで十匹の蝿が死んでしまった。それを見た靴屋は自分の腕前に我ながら感心し、おとなしく靴屋をしていることが馬鹿らしくなってしまった。彼はすぐに町の金細工師を訪れ、彼の帽子に金文字で「一打ちで十匹」と刻んでもらった。そして、それを被ると町から町へと遍歴の旅を始めた。

ある日、彼は帽子を被ったまま、気持ちのよい野原にごろりと横になって昼寝をしていた。その近くには伯爵の城があり、伯爵の部屋の窓から、彼の姿がよく見えた。伯爵は彼の帽子がきらきらと陽に輝いているのを見て、家来にようすを見に行かせた。家来は戻ってきて、昼寝をしている男の帽子に「一打ちで十匹」という金文字をが刻まれ陽に輝いていたことを報告した。ちょうどその頃、伯爵の領地を一角獣が荒し回っていて、領民の家畜を殺して食べてしまうので、誰も皆、困りぬいていた。多くの人びとが一角獣を倒そうと試みたが、誰も成功しなかったのだ。伯爵は、「一打ちで十匹」倒せるほどの強い男なら、必ず一角獣を倒してくれるだろうと期待して、彼を呼んだ。

彼は伯爵から一角獣退治の話を持ちかけられるとすぐに承知して、剣を持つと一角獣のいる森へ向かった。そして、一角獣が襲いかかってくると、素早く木の幹の後ろに隠れたので、勢いあまった一角獣は木の幹に衝突し、角が幹に突き刺さったまま、動きが取れなくなってしまった。それを見て、彼は落ちついて一角獣にとどめを刺すことができた。

彼は一角獣の首を持って伯爵の城に戻り、十分な報酬をもらうと、戦利品として一角獣の首を持って故郷に戻り、かわいい娘を見つけて結婚し、幸福な一生を送った。

198　赤い泉の鉱泉の由来

ワルサー谷に住む羊飼いの若者は、荒涼とした不毛の地の貧しい生活に、つねに不満を持ち、神の不公平を呪っていた。ここを捨てて南の国へ行けば、豊かな土地で裕福な生活ができるのだと思い、村を捨てて南へ行く計画を立てていた。けれども、もしも両親に知られると反対されることはわかっていたので、黙って出発できる機会を待っていた。

彼は、羊を放牧しながら、岩と岩の間からわずかに生えているひょろひょろした茎や葉を捜して食べている羊たちを見ると、それだけでいらいらしてくるのだった。そして、これ以上こんな土地に我慢ができなくなり、今日をかぎりに出て行こうと決心した。

ちょうどその時、黒雲が空に広がり、みるみる雷雨となった。彼が羊を集めて家に帰ろうとする暇もなく、彼自身、岩陰で雨宿りをするよりほかにしかたがなかった。根が素直な彼は、自分が親に黙って村を捨てようと考えたために天が罰を下したと思って後悔したのだ。そのうちに雨はますます激しくなり、岩は滑りやすくなり、彼は足を滑らせて岩の割れ目に落ち、足を傷め動けなくなってしまった。彼は必死で天の母なる聖母に祈り、自分の母にも助けを叫んだ。同じ頃、家でも母が息子の無事を祈っていた。

しばらくすると雨が上がったが、彼は足の怪我のためにそこを動くことができなくなっていた。どうしたらそこから抜け出して家に帰れるのか、必死になればなるほど絶望が大きくなった。

その時、遠くから光が射し、聖母自身が姿を現わし、彼と母親の祈りを聞き届けたことを語った。そして、この地は貧しいだけではなく、人に知られぬ宝、すなわち鉱泉を蔵しているので、そこに行きさえすれば彼の足もすぐに治ることを告げ、聖母の指し示した鉱泉は彼の目の届くところにあったが、そこまで歩いていくことは、今の彼にはできなかった。聖母の姿が消えた後、助けを求めるようにあたりを見回すと、立派な一頭の牡鹿が現われ、恐れるようすもなく彼に近づいてきた。彼はしっかりした牡鹿の首につかまり、半分は牡鹿に引いてもらい、半分は自分で歩いて鉱泉までたどりつくことができた。

鉱泉は酸化鉄を含んだ赤い色をしていた。彼が、鉱泉に足を浸すと、足の怪我はたちまち治り、元のとおり歩けるようになった。

彼は聖母に感謝し、羊を集めて家路につき、会う人ごとに赤い鉱泉と聖母の奇跡を語った。

鉱泉はたちまち有名になり、多くの人びとが怪我の治療に訪れ「赤い泉の鉱泉（ローテンブルン）」と呼ばれるようになった。そして、彼もそこの生活に満足し、南に行こうという考えを持つことはなくなった。

199　ルッグブルク城の娘

騎士の娘の中で最も美しいと評判だったのはルッグブルク城の娘だった。彼女はつねに周囲からその美しさを賞賛されていたので、苦労も知らず思いのままに過ごしていた。

ある日、彼女は森で一人の貧しい老女に会い、施しを求められたが、彼女には貧困、苦労、飢え、恐れ、心配ということがわからず、施しを与えなかった。反対に、貧困や飢えという苦労はどんなものなのかと老女に尋ねて、体験してみたいというのだった。老女は、彼女が甘やかされて育ったので、世間知らずになっているだけで、根は善良であることを見抜き、毛糸玉をひとつ渡して、それが転がる先にあるものが、苦労だと教えた。

娘は、好奇心から老婆の言われるとおりに毛糸玉を転がし、森の奥深くに入ってしまった。毛糸玉がすっかりほぐれると、中にはくるみの実がひとつ入っているだけだったので、彼女は何のことかわからず腹を立てた。しかし、森の奥深く入り、道もわからず、日が暮れて暗くなり、初めて彼女は心配、恐れ、飢えを知った。

その時、遠くにぽつんと灯が見えたので、そこへ行くと、先刻の老婆の家だった。貧しい老女の小屋も、きのうまでの彼女は軽蔑したに違いないが、今では有難い救いの場所だった。老婆は、息子が人間嫌いなので、暴力をふるうかもしれないから気をつけるように言って、彼女に食事を与えた。粗末な食事も空腹の彼女にとってはすばらしいごちそうだった。

しばらくすると、老婆の息子が戻り、彼女の姿を見て驚いた。傷つけようとするよりも彼女の上品な美しさに魅せられて、彼女をつかまえようとしたのだが、その荒々しい態度に娘は驚いて逃げ出した。あとには、息子の手に彼女の巻き毛だけが残されていた。冬の間、息子は彼女のことを考え、もう一度会いたいと願った、そして春になると、彼は娘を探して町から町へと訪ね歩いた。そうして、一年が過ぎ、冬の嵐の晩に息子はある修道院にたどりつき、一晩の宿を頼んだ。

扉をあけた若い修道女が、彼の探していた娘だった。二人は顔を合わせ、互いに一目で相手を認めた。しかし、修道女はあの日の恐ろしさからすぐに扉を閉めてしまった。息子は彼女が貧しい人びとを助ける修道女になっていたことを知って、彼女と交際し結婚することはできないことを知った。

翌朝、修道院の前に雪で凍死した息子が横たわっていた。

200 ダラース市の「兄弟の家」

タンネンベアク市の騎士は、自分の子が死産だったため、大変悲しみ、せめてキリスト教徒として洗礼を受けさせてから教会墓地に葬ってやりたいと考えた。そして下男に言いつけて、ダラース市の教会まで死んだ赤子を連れていかせた。けれども、下男は、遠いダラース市まで寒い道を歩いていくのを嫌がり、死んだ赤子に受洗させる必要もないと、途中のやぶの中に子供を埋めて素知らぬ顔で家に戻った。そして、騎士には、ダラースの神父が赤子を生きているものとして受洗させてから、教会墓地に葬ったとうそをついた。

数年後、騎士の妻は再び懐妊したが、再び死産であった。騎士は、今度は下男にまかせず、自分で死んだ子供を抱いてダラースの教会へ向った。すると、途中のやぶの土の下から、

「父さん、僕も連れて行って」

という声が聞こえてきた。騎士は驚いて土を掘ると、数年前に死んだ赤子がその当時のまま腐乱せずに横たわっていた。騎士は下男の嘘を知ったが、二人の赤子を抱いてダラースの教会へ行き、神父に頼んで二人に洗礼を受けさせた。神父は赤子を生きたものとして受洗させてから、教会墓地に葬った。

騎士は、死んだ二人の赤子のために、そこに「兄弟の家」という小礼拝堂を建てた。

201 フェルドキルヘ町の巨人の女

オーストリアには巨人の話が多く、フォアラールベアク州も例外ではない。何百年も前には、巨人が大勢住んでいたと人びとは信じている。

フェルドキルヘの町では、ある時、町の郊外の道に巨人の女が座りこみ、通行人を手のひらにつまみあげては、通行税と称してボタンをひとつずつ取っていた。巨人の女は乱暴ではないのだが、誰もその手のひらにつまみ上げられると、その大きさに腰を抜かして、言われるままにボタンをひとつ差し出すのだった。

はじめはボタン一個ぐらい、と笑っていた人びとも、道を通るごとに一つずつボタンを取り上げられるので、しだいに困るようになった。しかし、巨人の女はいっこうに道を動こうとせず、人びとは彼女を説得することもできず、追い払う智恵もうかばずに手をこまぬいていた。そして、町からボタンというボタンはすべてなくなり、町のボタン屋がどんなに精を出して働いてボタンを作っても、通行税としてすぐ巨人の女に取り上げられてしまうので、悲鳴をあげていた。

ある時、町の事情を知らない旅人がその道を通り、例によって巨人の女の手のひらにつまみ上げられ、ボタンを要求された。旅人はボタンを持っていなかったので、はさみを出して、巨人の女の

服についているボタンを切り取って、自分の通行税として差し出した。

巨人の女は、

「あとひとつで数がそろうところだったのに」

と地だんだを踏み、旅人を地面に下ろした。そして、みるみる小さくなり、ねずみの穴に消えてしまった。旅人はこの話をフェルドキルへの町の人びとに話し、人びとは、ボタンの通行税から逃れることができてほっとしたものの、巨人の女がなぜそんなことをしたのか、誰にもわからなかった。

のちに、巨人の女は集めたボタンを種まきのように山や畑にまいていった。そして、このボタンを拾った人は幸運に恵まれるという。

202 白い女と金のかたつむり

グーテンブルク城塞には何百年も前から、「白い女」と呼ばれる幽霊が住んでいて、宝を守っていた。宝というのは黄金のかたつむりで、城塞には無数のかたつむりが住み、その殻が純金なのだった。人はかたつむりを捕えようとしたが、手に取ると純金が石にかわってしまい、取ろうとした本人の手についたままはがすことができなくなるのだった。そこで、誰一人黄金のかたつむりに手を出す人はいなかった。

白い女は、外見は若く美しく男を魅惑するのだが、決して近づくことができなかった。ある時、白い女が森で狩人をおびきよせているのを老人が見つけた。狩人には白い女の外見の美しさしか目に入らないのだが、老人は鏡に映った彼女の体内と足の下に、おぞましい虫がたくさんうごめいているのを見た。老人が狩人を救おうと声をかけると、白い女はぱっと姿を消してしまい、狩人は自分が救われたことも知らずに、邪魔をした老人を怒った。

またある時、少年が城塞の近くでいちごを摘んでいると、白い女が近づき、自分を助けてくれるか、と尋ねた。少年が承知すると、白い女は、自分を見ないで、自分の周囲を三回まわってほしいと頼んだ。少年は一回目と二回目は白い女を見ずに廻ったが、三回目に、つい白い女の方へ目が行ってしまった。すると、白い女は二匹の毒蛇になってしゅうしゅうと音をたてていた。少年がびっくりして叫び声をあげた瞬間、毒蛇は消え、あとには白い女の、

「まだあと百年、宝を守らなければ」

というかすかな声がきこえただけだった。

「白い女」は、ゲルマンの民話によく見られる幽霊だが、その正体はわかっていない。

203 山女にさらわれた夫

かつて、アールベアク山には信心深い隠者が住んでいて、薬草のききめや妖怪変化のことなどを熟知していた。人びとは智恵を借りに行くこともあったが、彼は悪魔と契約しているから何でも知っているのだと避ける人も多かった。けれども、せっぱつまった時には誰もが助けを求め、そのたびに隠者は適切な手段を取り、隣人の子を救ったり、高利貸しから解放してやった。

ある夏に、アールベアク山の農夫が乾草刈りに出たまま行方がわからなくなり、そのまま半年過ぎてクリスマスを迎えてしまった。残された妻は夫の行方を心配して、隠者のもとを訪ねることにした。

隠者はいつものようにすべてを知り抜いていた。彼女の夫がアールベアク山を支配する山女にさらわれて、山の中にとじこめられていることを伝え、夫を救い出す方法を教えた。山には、古来、山自身の生命を司どる霊があり、山の中に住んでいる。山の霊は悪ではないが、人間とは全く異なった考えを持ち、さらにその世界で数時間過ごしただけで、地上では数百年たってしまうのである。夫を救うには妻がそこへ行く以外になく、隠者は、岩の割れ目から続いている山の霊、すなわち山女の洞窟の場所を教えた。そして、洞窟の奥底にいる夫のもとへたどりつくまでに、さまざまな邪魔が入るので、それにまどわされないようにして、洞窟の中のものは決して口にせず、外の

雪を壷に入れて、その雪どけ水だけを飲むようにさせた。そして危難に襲われた時に使うように、と自分の鬚を一本与えた。

妻は隠者に礼を言い、雪を満たした壷を受け取ると、山女の洞窟へ入っていった。隠者の言うように、きれいな女の子が現われて妻をすばらしい食卓に誘ったが、妻はそれを断って雪どけ水を飲むと、食卓は消えた。

続いて、ぞっとするような猛獣や竜が現われてつかみかかり、鏡の中に彼女の家が炎上し、彼女の母が死にかかっているようすが映ったが、雪どけ水を飲むとその幻影は消えた。妻は次から次へと現われる幻影を、壷の雪どけ水を飲んでうち消しながら、ついに洞窟の奥底で眠る夫のもとへたどりついた。

彼女が夫をゆり起こすと、夫はたった今仕事が終わって眠ったばかりで、明日の朝また山女の乾草を運ばなければならないから休ませてくれ、と言った。夫が洞窟に来てから洞窟内ではまだ半日もたっていなかったのだ。妻がとにかく帰ってきてくれと頼んだので、夫も言うことをきいて、いっしょに洞窟の入口に向かった。洞窟内には、再び次々と幻影が現われたが、雪どけ水を飲んで消していった。そして、最後の雪どけ水を飲んだ時、洞窟の外の明りが見えた。

妻は無事に外に出られたが、夫は足を滑らせて、再び洞窟の奥底に落ちてしまった。そこで、妻は隠者からもらった鬚を洞窟に入れた。鬚はみるみる丈夫な綱になり、夫のところまで届いた。夫はそれを伝って、無事外に出ることができた。

夫婦が外に出ると、驚いたことに夏になっていた。妻が洞窟に入ってから地上では半年、夫が洞窟に入ってからちょうど一年が過ぎ去っていたのだった。妻が迎えに行かなかったなら、夫は数百年間、山女の洞窟で過ごすことになっただろう。

204　三十年戦争とブレゲンツ

三十年戦争（一六一八―四八）では、オーストリア各地はスウェーデン軍の攻撃に苦しめられ、大変な被害を蒙った。一六四六年にはブレゲンツ市はスウェーデン軍に包囲され、市は危急存亡の秋を迎えていた。ブレゲンツ市の周囲には堅固な土塁があったので、市は容易に落ちなかったが、市内では食糧もどんどん欠乏していた。市民の衰弱とともに、市が陥落するのも時間の問題と思われ、スウェーデン軍の最終攻撃がかかるのも間近とささやかれた。

この時、オーストリア軍の裏切者がスウェーデン軍に、ブレゲンツ市へ通じる狭い迂回路のあることを教えた。裏切者は、莫大な報酬目当てだったのだが、スウェーデン軍のブラングル将軍は彼につるはしとスコップを与えて、ブレゲンツ伯爵が埋めたという純金のボーリングのピンが湿地に埋まっているはずだから、それを掘りあてて自分のものにしろ、と言った。これは三十年戦争当時の噂で、ブレゲンツ伯爵はスウェーデン軍の略奪を恐れて、全財産を純金のボーリングのピンに変えて地中に埋めたといわれていた。真偽のほどはわからない。裏切者は失望したが、今さらオーストリア軍に戻ることもできず、言われた湿地へ行き、端から端まで掘り返した。しかし、純金のピンは見つからず、あきらめきれない彼は執念の鬼となって湿地を掘り続け、ついに死後も幽霊となって掘り続けたという。

一方、ブラングル将軍は次々に村を襲い、略奪しながらブレゲンツに迫った。村々の女性は夫を兵士として奪われ、財産も奪われ、残ったものはほとんど何もなかったが、自分たちもできるかぎり敵と戦って防ごうと、残った農具の中から鎌や脱穀用からざおなど、武器として少しでも使えそうなものを選びとり、全員、白の民族衣装で敵に向かっていった。

スウェーデン軍は、それを見て他愛ない子供だましと考え、付近のアルバーシュベンデの村に駐屯していた。押しよせてくる白い女性軍は、まばゆい光に包まれて、手に手に鋭い「武器」を携えてスウェーデン軍に迫ってきた。スウェーデン軍はその光に押されたのか、天から降りてきた天使の一団と勘違いしたのか、あるいはそれまで抵抗するすべもなく、自分たちに押されていた村民の、鬼気迫る勢いに逆に押されたのか、総くずれとなって逃げ出した。

その後まもなく、スウェーデン軍は退却し、三十年戦争はオーストリア側の勝利で終わりを告げた。ブレゲンツ市に近いベーツァウの村の旅館には、今日もこの時の白い女性軍を記念した絵が掲げられている。しかし、女性たちは、悪夢のような戦争の恐ろしさを忘れようと、民旅衣装を白から黒に変えてしまい、今日でも州の民族衣装は黒である。

205　ブレゲンツを救ったグタ夫人

一四〇七年、スイスのアペンツェル地方の住民は、スイスの他の地方やドイツのライン谷の住民と同盟を結び、ボーデン湖周辺の城と町をすべて自分たちの支配下に治めようと計画を立てていた。彼らはブレゲンツ市も手に入れようとしたが、ブレゲンツ一帯を治めるモントフォアト城のルドルフ伯爵はそれに従わず、市民も市を守ろうと伯爵のもとに結集し、「聖ゲオルグの盾」という義勇軍を結成していた。

スイスの同盟軍がブレゲンツ市に迫り、市の攻撃について、同盟軍将軍と騎士が付近のランクバイル村の旅館で話し合った。彼らは一月十七日の聖キリアンの日にブレゲンツ市を攻めて占領し、同盟軍の領土を広げてから、ドイツのシュヴァーベン侯に対抗しようと計画をたてた。

ちょうどその時、同じ旅館の同じ部屋の暖炉の後ろには、村の老女グタが暖を取りにきて、そのままうたたねをしていた。ところが将軍と騎士の声があまりにも大きかったので、グタは目を覚ましてしまい、一部始終を聞いてしまった。彼らは引き上げようとした時、暖炉の後ろにいたグタに気づいた。グタは、話を聞いていなかったと言い張り、将軍と騎士も、弱々しい老女は自分たちの話が全部理解できたとは信じ難かった。それでも、彼らはグタに、この部屋で聞いたことを決して誰にも話すな、と神かけて誓わせた。

やっとのことで将軍たちから解放されたグタは、ブレゲンツ市を救おうと雪の中を歩いて市まで行き、市庁舎で市長に面会を求めた。ちょうど市議会が開かれていたので、グタは市長と市会議員の前で、重要な話があるが、誓約があるので人に対して話すことはできない、と断わって、部屋の暖炉の前に立った。暖炉に対して、話してはいけないとは言われなかったので、彼女は暖炉に向かってランクバイル村の旅館で聞いた話をすべて市長と話したのである。しかし、その声はすべて市長と市会議員の耳にも入るように大きかった。

話を聞いた市長はただちにモントフォアト城のルドルフ伯爵に報告し、伯爵は八千人の「聖ゲオルグの盾」の騎士を送って援助した。そこで、一月十七日の聖キリアンの日にスイス同盟軍が攻めてきた時、ブレゲンツ市は十分な余裕を持って迎え撃つことができたのである。スイス同盟は敗走し、ブレゲンツ市は救われたのだった。

勝利の後、ブレゲンツ市長はグタに褒美として何がほしいかと訪ねた。欲のないグタは何も求めなかったが、十一月十一日の聖マルティンの日から二月二日のマリアお清めのミサの日まで、つまりキリスト教にとって最も重要なクリスマスの期間、ブレゲンツ市庁舎が夕べの鐘を打つ時、そこから人びとに向かい「グタの栄誉（エーレ・グタ）！」と大声で言ってほしいと願った。彼女の願いはすぐに聞き届けられ、数十年前まで、ブレゲンツ市庁舎では、午後九時の鐘を打つ時に、夜勤が「グタの栄誉」と叫んでいたのである。

206　月の中の男

ある農夫が、日曜日に教会へ行くのをやめて、森へほうき作りに出かけた。

ほうきになるよい枝を選んでしっかり縛り、その出来栄えに口笛を吹くと、天使が彼の前に現われてミサを怠った罰として、永遠に太陽の炎で焼かれるか、永遠に月の寒さに凍えるかどちらがよいかと尋ねた。彼は両方とも嫌だと答えたが、天使は許さなかった。しかたがないので、暑すぎるよりは寒い方がましだと答えた。すると、たちまち彼は月へ飛んでいってしまい、今もそこでほうきを頭にのせて立っているという。

207 ハーバーガイス

「ハーバーガイス」はオーストリア全土に広く見られるが、その正体はまちまちである。山羊の霊という場合が最も多く、フォアラールベアク州では、冬の夜に近くの森から聞えてくる山羊の声とされている。ハーバーガイスの体は山羊だが、脚は馬で、その声は不運、ことに死の前兆といわれる。

同様に、夜鳴く鳥も不吉で、鳥が夜に家のそばで鳴くと、その家の人が死ぬという。

208 カニスの野の幽霊

昔、カニスの野で、ある妬み深い農夫が放牧していた。彼は自分の牝牛にくらべて、隣人の牝牛がよく肥えて色つやもよく、乳をたくさん出すことを知って腹を立てていた。自分の牝牛がやせてあまり乳を出さないことが気に食わないのだ。彼はそれが悔しくてならずなんとかしてやろうと思っていた。

その秋に木の葉が色づき落葉し始めるころ、妬み深い農夫は夜の間にこっそりと森へ行き、樅の幹の樹皮をたくさんはいで、それを牝牛の歩く山道に敷いておいた。そこは崖が迫っていて、足を踏みはずしやすい難所だった、そうしておいて、彼は岩陰に隠れて朝になるのを待った。彼は隣人の牝牛を死なせて、隣人を出し抜こうと考えたのである。

翌朝、隣人の肥えた牝牛が山道を通って放牧地へ向かってきた。そして農夫の計算どおり、牝牛は樹皮の上で足を滑らせて谷底へ落ち、首の骨を折って死んでしまった。農夫はそれを見ながら、勝利の高笑いを浴びせた。自分のたくらみがうまく成功したので嬉しくてしかたがなかったのだ。しかしその時、彼自身も足を滑らせ、谷底へ落ちて死んでしまった。

死後、罰として彼は、毎晩牝牛を谷からかついでカニスの野まで持ち上げ、野の頂上から再び谷底へ突き落とさねばならなくなった。村人は、毎晩彼が牝牛を持ち上げるうめき声やあえぎを聞き、頂上で牝牛を突き落とす時あざけるような高笑いが響くのを聞いた。彼は毎回頂上で牝牛の体毛を一本だけ抜くことができ、全部抜いた時に成仏するという。

209　光の霊の救い

かつて、手職人は仕事道具を持って顧客の家へ行き、こわれたものを修理し、新しく作り直した。ある時、スルツブルク村に住んでいたお針娘が、彼女の見習い娘と顧客のもとへ通って、頼まれた縫い物をしていた。二人は毎晩おそくまで働き、暗い中を家路についていた。帰り途は暗い夜道なのだが、いつも不思議な灯が二人の前の道を照らしてくれるので、少しも困ることがなかった。

見習い娘は、始めは灯が自分たちの前をぴょんぴょん跳ねていくのを見てひどく驚いたが、毎晩のことなので、すっかり慣れてしまった。ある冬の夜、暗い道を照らしてくれる光の霊にすっかり喜んだ見習い娘は、別れ際に、

「神様の祝福を」

と感謝をこめて言った。すると光の霊は大変喜び、自分は前世の贖罪のため、灯となって人びとの道明かりを勤め、神の祝福の言葉を待っていたので、あなたの言葉で私は救われ、これで成仏できる、と言って消えた。それ以来、光の霊は現われなくなった。

210　クルムバッハ丘の鐘

シュレッケンの村には、村の高みに聖ヤコブ教会が建っていて、純銀の鐘を持っていた。それは村民が共同で金を出して買い求めた村一番の宝であった。

けれども、一八〇五年から一八〇九年までのナポレオン戦争の敗北と、ナポレオン軍による村の占領、略奪、放火の際にフォアラールベアク州全土が蹂躙され、シュレッケン村も例外ではなかった。住民はせめて村の宝の鐘だけは守ろうと、村の郊外のクルムバッハ丘にあるガルベレ湖に鐘を鎮めて隠した。

ようやくナポレオン軍が去った後、生き残った住民はガルベレ湖から純銀の鐘を引き上げようとした。しかし、小さな湖でそれほど深くもないのに、鐘は湖底の泥に埋まってしまい、どんなに探しても見つからなかった。住民はあきらめて引き返したが、今でも湖に風が吹き、波が立つと、湖底から純銀の鐘の鳴るかすかな美しい音が聞こえてくるという。

あとがき

魔女、悪魔、幽霊、竜、小人、山の精、水の精、妖精といえば、民話やお伽話には大へんなじみ深い存在である。人びとは、自然災害に見舞われて被害をうけ、あるいは疫病に苦しめられるごとに、その原因を超自然のものに求め、それを退治し、災いを除こうとした。どの時代にも、人びとが災難を避け、幸福を求めるのは自然の摂理であり、虐げられる下積みの人びとは、正義の裁きと勧善懲悪を考えて、救いを求める。自然災害は、神の怒り、すなわち強欲や増上慢に対する天罰だったのである。

民話はもともと口承であり、ひとつひとつにその土地や城、湖、山などの縁起や由来、人びとの活躍や自慢話が籠められている。具体的には、対トルコ戦争やペストの悲話など、実際に起こった事実に基づいている。それが、口伝えに人から人へと語り継がれていくうちに、人びとの想像力が加わって、脚色、潤色され、あり得べからざる妖怪変化や悪竜、バジリスクのような怪物が生み出された。それらは、他愛ない空想の産物として片づけるべきではなく、人びとがその事件をどのように受けとめ、どのように考えていたのか、その土地の人びとの生活風習を窺い知るための格好の材料となるのである。すなわち、硫化水素を含む悪臭のある水は怪物バジリスクを生み出し、夕映えに燃えるアルプスの高い頂の岩塊は、ラウリーン王の真紅のばら園と化し、小柄なイタリア人は小人のベネディガー（ベニスの人）と変わり、ごうごうと吹きまくる風の雄叫びの中に、呪われた狩人の猟犬の吠え声を聞くのである。そして、このような想像から生まれた民話は、強欲、増上慢、身勝手の戒めとなるばかりでなく、それを通して、自然と神を畏敬し、敬虔な心を培う媒体ともなったのであろう。

民話には、自然災害だけでなく、人間の残虐さによる悲話も多い。中世ヨーロッパに敷衍していた魔女狩りの恐ろしい歴史も、その典型である。実際には、本当の魔女などは存在せず、すべて、自分たちより有能な人びとに対する嫉妬の心が、無実の彼らを魔女に仕立てあげたのである。その経過も民話に如実に描かれているから、その意味でも、民話の果たす役割は大きい。民話の中に、その国、その土地の歴史と実態が反映されているからである。

オーストリアという国、ウィーン、サルツブルクという街を知るためには、ただそこを訪れて、祝祭・習慣・宗教などを知るだけでは、単なる表面的な理解に留まってしまう恐れが多分にある。四季とともに営まれるさまざまな祝祭には、かならず由来があり、遡ってそれを知ることによって、はじめてその祝祭を正しく理解することができる。民話はそれを伝える重要な鍵であり、人びとの生活の貴重な逸話である。だから私は、民話を読むことによって、死んだ知識が生きたものになるといっても過言ではない、と信じている。あえて本書を世に問うゆえんである。

二〇〇六年三月

窪　明子

参考文献

1. *Sagen aus Österreich—Wien·Niederösterreich·Burgenland—*, Kurt Benesch, Verlay Kremayr & Scheriau, 1983, Wien.
2. *Sagen aus Österreich—Oberösterreich·Steiermark·Kärnten—*, Kurt Benesch, Verlag Kremayr & Schriau, 1983, Wien.
3. *Sagen aus Österreich—Salzburg·Tirol·Voralberg—*, Kurt Benesch, Verlag Kremayr & Schriau, 1983, Wien.
4. *Die schönsten Sagen aus Österreich*, Hildegard Pezolt, Verlag Carl Veberreuter, 1991,Wien.
5. *Dolomiten Sagen*, Karl Felix Wolf, Tyrolia-Verlag, 1989, Innsbruck-Wien.
6. *Die Habsburger—von Rudolf I bis Karl I.—*, Richard Reifenschneid, Verlag Stryria, 1982, Graz, Wien, Köln.
7. *Sagen aus der Talschaft Bregenzerwald*, Werner Vogt, Vorarlberger Verlagsanstalt GmbH, 1992, Dornbian.
8. *Österreich, Sein Weg durch die Geschichte*, Richard Rickett, Georg Rrachner Verlag, 1989, Wien.
9. *Geschichte der Päpste*, Herman Schreiber, Econ Verlag GmbH, 1985, Düsseldorf, Wien.
10. *Stift Melk*, Dr. Burkhard Ellegast, Eigenverlag der Stift Melk, 1989, Melk.
11. *300 Jahre Pfarre Maria Laach*, Mag, Christian Matern, Druck F. Neuhold, 1988, Wien.

〔付録〕オーストリアの民話 テーマ別分類

本書に採録した210の民話は、地方の特徴がでるように州別の構成にしたが、一方で各地に共通したテーマが多く見いだせる。それらを17のテーマに分けると以下のようである。

1 キリスト教

2 冬に咲く菩提樹の花（ウィーン）
8 忠実な聖母マリアの絵（ウィーン）
9 天の門番娘（ウィーン）
10 天の一押し（ウィーン）
11 下働き娘の守護聖母（ウィーン）
12 主なる神の歯痛（ウィーン）
31 メルク修道院の十字架（下部オーストリア州）
41 クレムス谷の教会争い（下部オーストリア州）
109 草の十字架（シュタイアマルク州）
123 アーノルドシュタイン修道院の白ばら（ケアンテン州）
124 ハイリゲンブルート村の伝説（ケアンテン州）
180 聖レオンハードの石画（ティロル州）
198 赤い泉の鉱泉の由来（フォアラールベアク州）
199 ルッグブルク城の娘（フォアラールベアク州）
200 ダラース市の「兄弟の家」（フォアラールベアク州）

2 悪魔・魔女

1 鉄輪で締められた樫の幹（ウィーン）
3 教会大工と悪魔（ウィーン）
4 聖シュテファン寺院のボーリング（ウィーン）
13 悪魔とがみがみ女（ウィーン）
14 長鼻をこすれ（ウィーン）
30 三人の宝探しと悪魔（下部オーストリア州）

38　魔女の宴会（下部オーストリア州）
44　悪魔の粉屋（下部オーストリア州）
47　ノイジードラー湖の起こり（ブルゲンラント州）
52　ゴーバリング村のしだの種（ブルゲンラント州）
53　サンクト・エルゲン村の悪魔石（ブルゲンラント州）
54　ベアターベアク山の新日曜日の子供（ブルゲンラント州）
55　魔女の鍛冶屋（ブルゲンラント州）
56　キーンベアク山の魔女（ブルゲンラント州）
83　悪魔の馬（上部オーストリア州）
84　魔弾の射手と悪魔（上部オーストリア州）
85　聖ウォルフガングと悪魔（上部オーストリア州）
89　ウェルス町の薬草女（上部オーストリア州）
90　巡礼地マリアツェルの地獄の門番（シュタイアマルク州）
91　ダッハシュタイン山の悪魔の馬（シュタイアマルク州）
92　セックアウ村の悪魔の山（シュタイアマルク州）
108　シュロツスベアク山の起源（シュタイアマルク州）
111　グライヘンベアクの魔女（シュタイアマルク州）
131　ドラウ谷の悪魔の橋（ケアンテン州）
132　ルンペルバッハ村の鍛冶屋の三つの願い（ケアンテン州）
142　ファウスト博士と酒蔵管理人（サルツブルク州）
168　ヘッティングの魔女の音楽師（ティロル州）
169　ランデック市のシュタウセ魔女（ティロル州）
170　呪いをかけられた画家（ティロル州）
177　シュバッツ村の鳥捕り（ティロル州）
189　風の花嫁（フォアラールベアク州）
192　モンタフォン村の悪魔の橋（フォアラールベアク州）

3 幽　霊

22　オッタークリング城の主（ウィーン）
29　幽霊戦争（下部オーストリア州）
39　ペトロネル村の異教徒の門（下部オーストリア州）
43　エプロンをした婦人（下部オーストリア州）
45　夜の訪問者（下部オーストリア州）
58　ベアンシュタイン城の白い女（ブルゲンラント州）

59　キットセー町の農婦の霊（ブルゲンラント州）
60　呪われた狩人（ブルゲンラント州）
61　フォアヒテンシュタイン城のロザリア（ブルゲンラント州）
68　ラナリーデル城の騎士（上部オーストリア州）
69　トラウン川の幽霊船（上部オーストリア州）
70　ベアフェンシュタイン城の黒い修道士（上部オーストリア州）
81　ビンデック城の幽霊（上部オーストリア州）
105　オブダッハ峠の幽霊宿屋（シュタイアマルク州）
113　ローマ軍の守護霊（ケアンテン州）
118　ビッタースベアク城の相続者（ケアンテン州）
122　死者を目覚ますホルン（ケアンテン州）
152　モースハム城の兄弟の争い（サルツブルク州）
156　異教の霊への施し（サルツブルク州）
160　万聖節の食卓（ティロル州）
161　救われた牡牛の霊（ティロル州）
163　ワッテン谷のカースマンドル（ティロル州）
164　カースマンドルのお札（ティロル州）
166　ファルケンシュタイン城の霊（ティロル州）
167　金を守る七人の男（ティロル州）
190　ドアンビアンの町の紡ぎ女（フォアラールベアク州）
202　白い女と金のかたつむり（フォアラールベアク州）
208　カニスの野の幽霊（フォアラールベアク州）
209　光の霊の救い（フォアラールベアク州）

4 小　人

35　シュネーベアク山の小人の石（下部オーストリア州）
36　フンズハイム村の小人の穴（下部オーストリア州）
63　アイセンシュタット市の山の小人（ブルゲンラント州）
74　ワインベアク城主と水の小人（上部オーストリア州）
75　イア湖の起源（上部オーストリア州）
76　地獄山脈の小人（上部オーストリア州）
77　オーバーベアク村の小人の洞窟（上部オーストリア州）
78　ミュール川の小人と音楽師（上部オーストリア州）
79　山の小人のパン（上部オーストリア州）

93　シェッケル山の山の精（シュタイアマルク州）
94　グリミング山の小人（シュタイアマルク州）
95　アルツベアク山の銀の小人（シュタイアマルク州）
96　ツァイアリング鉱山の銀の小人（シュタイアマルク州）
97　マイクスナーの部屋（シュタイアマルク州）
98　小人の祝福（シュタイアマルク州）
117　メトニッツ村の宝の洞窟（ケアンテン州）
139　ウンターベアク山とぶどう酒商人（サルツブルク州）
140　小人ハーネンギッケル（サルツブルク州）
143　小人の宝（サルツブルク州）
144　ヘルブルン宮殿の由来（サルツブルク州）
145　ワッツマン王（サルツブルク州）
147　消えた祝福（サルツブルク州）
165　ヒンタートゥックス地方のアルムの小人（ティロル州）
178　ラウリーン王物語（ティロル州）

5　妖精・水の精・野の女

32　ドナウの乙女（下部オーストリア州）
33　ヤウアーリング山の妖精の城（下部オーストリア州）
34　マーヒフェルド町の赤松（下部オーストリア州）
37　ぶどうの精の祝福（下部オーストリア州）
49　ノイジードラー湖の水の精の呪い（ブルゲンラント州）
50　誘拐されたドナウの水の精（ブルゲンラント州）
51　野の妖精（ブルゲンラント州）
71　石になった兄弟（上部オーストリア州）
72　ドナウ侯と漁師の娘（上部オーストリア州）
73　ドナウの乙女の返礼（上部オーストリア州）
101　鉱山の発見と水の男（シュタイアマルク州）
102　野の女の祝福（シュタイアマルク州）
115　ローゼン谷の野の女（ケアンテン州）
119　ライスエック山の放牧地の精（ケアンテン州）
129　野の男と水の精（ケアンテン州）
130　オシアッハ湖の水の娘（ケアンテン州）
146　カプルン町の水の精（サルツブルク州）

172　ソンベンドヨッホ山の妖精（ティロル州）
173　野の女の帯（ティロル州）
203　山女にさらわれた夫（フォアラールベアク州）

6　怪物・竜

15　バジリスクの家（ウィーン）
16　ハイリゲンシュタット教会の地底湖（ウィーン）
57　グッシング城の巨竜（ブルゲンラント州）
86　十二夜と野猟
110　ミックスミッツ山の悪竜退治（シュタイアマルク州）
121　野猟退治
127　クラーゲンフルト市の悪竜（ケアンテン州）
128　ゴッガウ湖の怪物たち（ケアンテン州）
153　騎士タンホイザーと化物の塔（サルツブルク州）
176　ツィアラー湖の人魚と竜（ティロル州）
183　夜の住人、ヴォータス（フォアラールベアク州）
184　黒いプードル（フォアラールベアク州）
188　宝を守る竜（フォアラールベアク州）
191　アンデルスブーホ村の宝（フォアラールベアク州）
193　ベーツァウ村のヨーラー丘（フォアラールベアク州）
207　ハーバーガイス（フォアラールベアク州）

7　ベネディガー（金を見つける不思議な人びと）

116　ベネディガーの宝（ケアンテン州）
195　フラスタンツ市の石になった三姉妹（フォアラールベアク州）

8　巨　人

114　巨人族の謝礼（ケアンテン州）
159　巨人の女王、ヒット夫人（ティロル州）
201　フェルドキルヘ町の巨人の女（フォアラールベアク州）

9 動物・魚

17 熊の皮（ウィーン）
18 熊の水車小屋（ウィーン）
42 エチャ山洞窟のピラト（下部オーストリア州）
87 蛇の女王の祝福（上部オーストリア州）
103 蛇の宝冠（シュタイアマルク州）
104 蛇の女王の失敗（シュタイアマルク州）
174 イムストの森の危険を知らせる犬（ティロル州）
185 黒犬（フォアラールベアク州）
187 宝を守るがま（フォアラールベアク州）
196 銀の魚（フォアラールベアク州）

10 呪　い

80 湖に沈んだ町（上部オーストリア州）
82 呪いのかかった処女（上部オーストリア州）
106 ミュルツツーシュラーク町の不幸な草原（シュタイアマルク州）
125 グロースクロックナー山の氷河の下（ケアンテン州）
126 ベアタ湖に沈んだ町（ケアンテン州）
133 鉄の動物の呪い（ケアンテン州）
148 ガスタイナー谷のワイトモーザー城（サルツブルク州）
149 呪われたローファーの乙女（サルツブルク州）
150 ゲアロス岩壁の竜女（サルツブルク州）
154 氷河に消えた村（サルツブルク州）
162 呪われた牧牛娘（ティロル州）
179 セアレス王物語（ティロル州）
194 ダミュールスの黄金時代（フォアラールベアク州）

11 ペスト

6 死者たちのミサ（ウィーン）
7 アウグスティン伝説（ウィーン）
88 アタ湖の黒死病（上部オーストリア州）

12 トルコ戦争

19 異教徒射撃（ウィーン）
66 ブライテンブルン村の死の洞窟（ブルゲンラント州）
67 プアバッハ町のトルコ人（ブルゲンラント州）
107 トルコ戦争時代のグラーツ（シュタイアマルク州）
135 グラン谷のトルコ坂（ケアンテン州）

13 戦　争

204 三十年戦争とブレゲンツ（フォアラールベアク州）
205 ブレゲンツを救ったグタ夫人（フォアラールベアク州）
210 クルムバッハ丘の鐘（フォアラールベアク州）ナポレオン戦争

14 十字軍

21 十字架の紡ぎ娘、または十字架の愚か娘（ウィーン）
26 リチャード獅子心王と吟遊詩人（下部オーストリア州）
27 テンプル騎士団の洞穴（下部オーストリア州）

15 ハプスブルク家

23 すみれ祭（ウィーン）
24 王妃のベール（下部オーストリア州）
46 皇帝の写し絵（下部オーストリア州）
136 ウンターベアク山のカール皇帝（サルツブルク州）
181 マクシミリアン皇帝と山の小人（ティロル州）
182 インスブルックの黄金の屋根（ティロル州）

16 人間たち・泥棒

5 死の医者（ウィーン）
20 銅貨にキス（ウィーン）
25 カーレンベアク鉱山（下部オーストリア州）
28 びっくり石（下部オーストリア州）

40　コアノイブルク町のねずみ取り男（下部オーストリア州）
64　マリアの野（ブルゲンラント州）
65　バード・タッツマンスドルフ温泉の起源（ブルゲンラント州）
99　最初のリヒテンシュタイン人（シュタイアマルク州）
112　マウターン町の金貨の穴（シュタイアマルク州）
134　マルガレータ・マウルタッシュのホーホスタービッツ城攻め（ケアンテン州）
141　サルツブルクのパラセルスース（サルツブルク州）
151　ドアフハイム城の犬（サルツブルク州）
158　牛洗いと瓶運び（サルツブルク州）
171　粉屋とろば（ティロル州）
197　一打ちで十匹（フォアラールベアク州）
206　月の中の男（フォアラールベアク州）

17 その他（不思議な事件）

48　ノイジードラー湖と太鼓のばち（ブルゲンラント州）
62　ライタ山脈の嘆き王（ブルゲンラント州）
100　子授けの泉（シュタイアマルク州）
120　ペアヒト婆とクアテンバルカ婆（ケアンテン州）
137　ウンターベアク山の白樺の枝（サルツブルク州）
138　ウンターベアク山の結婚式（サルツブルク州）
155　乞食となって訪れたペアヒタ婆（サルツブルク州）
157　夢のお告げ（サルツブルク州）
175　人魚の鎌（ティロル州）
186　沼女（フォアラールベアク州）

著者紹介

窪　明子（くぼ　あきこ）

1953年　東京生まれ

1979年　学習院大学修士課程修了。ウィーンへ渡る

1980年　ウィーン大学博士課程入学

1985年　ウィーン大学博士課程修了。文学博士

1983年より Vienna International School 日本語講師

1986年から89年までウィーン民俗学博物館勤務

1991年からウィーン市民大学（Volkshochschule）にて日本語講師

著　書：『オーストリアの祝祭と信仰』（第一書房、2000年）

『オーストリア歳時記』（山川出版社、2003年、非売品）

オーストリアの民話
アルプスの人びとの世界

2006年 4 月 5 日初版 1 刷印刷
2006年 4 月15日初版 1 刷発行

著　者　窪　　明 子
発行者　桑 原 迪 也

発行所　株式会社 刀水書房
〒101-0065　東京都千代田区西神田2-4-1 東方学会本館
Tel 03-3261-6190　Fax 3261-2234　振替00110-9-75805
印刷　亜細亜印刷株式会社
製本　株式会社関山製本社

 ISBN4-88708-353-X C1039